GUOJI JINGJI FAXUE
ANLI JIAOCHENG

国际经济法学
案例教程

荆　珍／编著

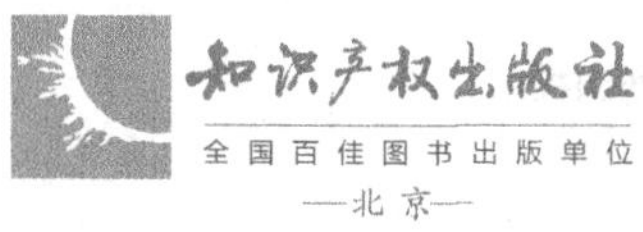

图书在版编目（CIP）数据

国际经济法学案例教程 / 荆珍编著. -- 北京：知识产权出版社，2024. 8. -- ISBN 978-7-5130-9470-2

Ⅰ. D996

中国国家版本馆 CIP 数据核字第 2024RP6865 号

责任编辑：彭小华　　　　**责任校对**：王　岩

封面设计：孙　宇　　　　**责任印制**：孙婷婷

国际经济法学案例教程

荆　珍　编著

出版发行：	知识产权出版社有限责任公司	**网　　址**：	http：//www. ipph. cn
社　　址：	北京市海淀区气象路 50 号院	**邮　　编**：	100081
责编电话：	010-82000860 转 8115	**责编邮箱**：	huapxh@ sina. com
发行电话：	010-82000860 转 8101/8102	**发行传真**：	010-82000893/82005070/82000270
印　　刷：	北京中献拓方科技发展有限公司	**经　　销**：	新华书店、各大网上书店及相关专业书店
开　　本：	720mm×1000mm　1/16	**印　　张**：	14. 25
版　　次：	2024 年 8 月第 1 版	**印　　次**：	2024 年 8 月第 1 次印刷
字　　数：	255 千字	**定　　价**：	88. 00 元

ISBN 978-7-5130-9470-2

本教材属于东北林业大学2022年优秀研究生教材资助项目（DL202235）。

黑龙江省教育厅高等教育教学改革项目“‘一带一路’倡议下法学研究生教育国际化的路径选择”（SJGY20200047）；东北林业大学学习贯彻习近平新时代中国特色社会主义思想主题教育专项课题“我国碳达峰碳中和目标实现的法律保障路径研究”（DGYZY2023－17）；东北林业大学哲学社会科学繁荣计划主题研究项目“我国自然保护地立法问题研究”（2572021DF04）的阶段性成果。

黑龙江省普通高校人文社会科学重点研究基地黑龙江省生态法治研究中心成果。

前　言

国际经济法学是随着经济全球化而发展起来的旨在调整国际经济关系的一门新兴的法学学科，是一门综合性的、边缘性的新学科，它是经过半个多世纪发展起来的一个庞大的法律体系。它涉及国际法、国际私法、国际经济法和各国民商法等法律以及相关法律部门，具有很强的实践性，所以需要紧密结合案例进行学习和研究。

学习和研究国际经济法学在当代中国非常必要，其原因有三。

第一，对外开放政策的需要。20 世纪 80 年代我国打开了国门，开始与其他国家进行贸易往来，由此发展成为世界贸易大国，并且还是吸引外资最多的发展中国家。我国于 2001 年 12 月 11 日加入了世界贸易组织，于是在同各国的交往过程中，就必须遵守一定的“游戏规则”，作为确立自己的经济权利和义务的法律依据。因此，我们必须加强国际经济法学的学习与研究，特别是对国际条约和国际惯例的研究。

第二，空间、信息时代的需要。随着互联网等科学技术的普及，各国间的空间距离相对缩小，人们普遍对国际问题越来越感兴趣，所以学习国际经济法学，就会对认识国际经济问题有一个基本线索。

第三，法学专业学生毕业后工作的需要。众所周知，现在越来越多的法学专业学生毕业后到一些外贸公司、外商投资企业、银行与保险公司的国外业务部，直至海关、商检等部门工作，经常与外国人打交道。所以法学专业学生毕业后不仅要认真执行我国法律，同时又要按公认的国际经济法、国际惯例办事。

要学好国际经济法学，就应当掌握国际经济法学的基本原理、法律制度及其应用，将理论与实践紧密结合起来。本书反映了国际经济法学的最新动态，加强了图片和表格的使用，语言通俗易懂，并收录了丰富、前沿、短小精悍而且更加贴近真实生活的案例以助于读者理解和接受。本书不仅编入了数量较多的案例，还辅以简洁的分析，从而使读者能够更为直观地体会国际经济法学在实践中的应用。总之，本书一方面是为读者提供丰富的国际经济法学理论知识和案例，另一方面是为读者提供学习国际经济法学的方法。本书在编写过程中得到了东北林业大学文法学院硕士研究生季晓琳、谢欣、张馨月和程飞同学的大力帮助，他们帮助我查找资料和案例等，每位同学编写字数均在一万字以上，特此致谢！由于编者水平有限，本书欠缺乃至错讹之处在所难免，敬请读者不吝赐教。

荆　珍

2024 年 4 月

目　录

第一章　国际经济法学概述

一、主要知识点

（一）国际经济法学的概念与特征

1. 国际经济法学的概念

国际经济法是调整国际经济活动和国际经济关系的法律规范的总和，即调整国际经济交往中关于商品、技术、资本、服务在流通结算、信贷、税收等领域跨越国境流通中的法律规范和法律制度的总称，是一个独立的法律部门。这里国际经济活动如一国外贸管理机关对本国外贸公司的管理、跨国银行的法律管制。

2. 国际经济法学的调整范围

（1）国际贸易关系。主要包括国际货物贸易关系、国际技术贸易关系、国际服务贸易关系。

（2）国际投资关系。主要包括资本的国际输出和国际输入、国际投资的保护、国际投资争议解决等制度。

（3）知识产权的国际保护。主要包括工业产权的国际保护、著作权的国际保护、国际许可证贸易等。

（4）国际金融关系。主要包括国际货币制度与国际资金融通制度、金融监管等。

（5）国际税收关系。主要包括国际税收管辖权、国际双重征税和国际重叠征税、国际逃税和国际避税等。

（6）国际经济贸易争议的解决。

3. 国际经济法学的法律地位

（1）国际经济法是国际公法的分支。该观点认为国际经济法是国际公法的分支，它所调整的仅是国家之间、国际组织之间以及国家与国际组织之间的经济关系。不同国家的个人和法人之间的经济关系不属于其调整范围。

（2）国际经济法是国际私法的一部分。该观点认为国际经济法是国际私法的一部分。

（3）国际经济法是一个独立的法律部门。国际经济法是一个新兴的法律部门，是调整从事跨国经济交往的自然人、法人、国家及国际组织间经济关系的法律规范的总称。

（二）国际经济法学的主体

国际经济法学的主体是指在国际经济关系中能够行使权利和承担义务的法律主体。主要包括自然人、法人、国家和国际经济组织。

（1）自然人。自然人作为国际经济法的主体不仅应具有一般的民事权利能力和行为能力，而且还应具有能从事国际经济交往的权利能力或资格。

（2）法人。法人是国际经济法的主要主体，法人在从事国际经济活动时也必须具有从事国际经济活动的权利能力和行为能力。

（3）国家。国家在国际经济活动中有时作为主权者，与其他国家或国际组织订立国际经济条约，对本国的国际经济活动进行管理，有时作为特殊的民事主体，在一定范围内直接参加国际经济活动，与他国的自然人或法人订立国际经济合同等，国家还有其特殊性，即国家及财产享有豁免权。这里的豁免主要指司法豁免，即未经国家同意，国家的主权行为和财产不受外国管辖和侵犯。

（4）国际经济组织。国际经济组织是第二次世界大战后大量出现的国际经济关系的新主体，但必须具有一定的法律人格才能作为主体行使权利和承担义务，并在其职能范围内进行活动。国际经济组织的法律人格取决于各成员方建立该经济组织的基本文件的规定。它还享有一定的特权与豁免，来自成员方的授权。如世界贸易组织、世界银行等。

（三）国际经济法学的法律渊源

（1）国际经济条约（优先适用）。它是国际经济法的重要渊源，分为双边条约和多边条约。多边国际经济条约是国际经济法最主要的渊源，其内容涉及了国际贸易、国际投资、国际金融、知识产权的国际保护等领域。如《联合国国际货物销售合同公约》《海牙规则》《汉堡规则》《建立世界贸易组织协议》《多边投资担保机构公约》《解决国家与他国国民之间投资争端的公约》。

（2）国际商业惯例（补充适用）。它是在长期的国际经济交往中经过反复使用而被国际商业的参与者接受的习惯做法或通例。属任意性规范，只有在当事人明示选择适用的情况下才对当事人有约束力，当事人也可以对选择的商业惯例进行补充和修改。如《国际贸易术语解释通则》《伦敦保险业协会保险条款》《托收统一规则》《跟单信用证统一惯例》《约克—安特卫普规则》。

（3）联合国大会的规范性决议（不是法律）。依传统国际法，国际组织并无立法权，其通过的决议只有建议的效力，并不对其成员国具有强制力。但随着国际实践的发展，理论界已倾向于肯定联大决议的法律约束力。

(4) 国内立法指各国制定的关于调整涉外经济关系的法律规范文件。如一国的对外贸易法、外汇管理法、合同法、海商法、票据法、海关法等。

此外，国内判例在普通法国家是重要的国际经济法的国内法渊源，但判例在我国不属于法律渊源。

（四）国际经济法学的基本原则

国际经济法学的基本原则是指被国际社会公认的、对国际经济法的各个领域都具有普遍指导意义的原则。

1. 国家经济主权原则

该原则是国家主权原则在国际经济领域内的具体体现，表现在国家对其全部财富和资源的拥有权、使用权和处置权以及对经济活动的支配权等。具体包括以下内容：

(1) 国家对其自然资源享有永久主权。

(2) 国家对其境内的外国投资以及跨国公司的活动享有监督、管理权。

(3) 国家对外国资产享有国有化的权利。

2. 国际合作以谋求发展原则

《各国经济权利与义务宪章》确立了该原则，国际合作以谋求发展是所有国家的一致目标和共同义务。该原则要求加强各国间在经济、社会等方面的合作，包括发达国家与发展中国家以及发展中国家之间的合作。它首先强调的是重视发展中国家的经济发展，其次要求予以国际合作。

3. 公平互利原则

该原则在《各国经济权利与义务宪章》提出，指在国际经济交往中，各国不论大小强弱，在法律地位上一律平等，都有权参加国际贸易以及其他各种形式的经济合作。平等是实质上的平等。互利指不能只谋求自身利益，而不顾他方利益。平等互利是不可分割的整体。实现实质意义上的公平互利，是建立国际经济新秩序的最终目标。

二、案例评析

（一）外商独资企业与国内企业之间的合同可否适用《联合国国际货物销售合同公约》案

【基本案情】

A 公司是美国商人在中国厦门设立的独资企业。2002 年 3 月，A 公司与福州B公司签订1 000台电脑买卖合同，2002年6月前交货，交货地点在B公司。除其他条款外，合同还约定：因本合同发生纠纷，双方应友好协商解决。若协商不成，则提交厦门市中级人民法院根据1980年的《联合国国际货物销售合同公约》解决。后由于A公司无法按时交货，遭到福州B公司的索赔，双方因赔偿金额问题发生争议，诉至厦门市中级人民法院①。

【争议焦点】

1. 上述合同对适用法律的约定是否有效？
2. 本案适用什么法律？

【案例分析】

上述合同对适用法律的约定无效。国际经济法是调整国际经济关系的法律规范。A公司作为在中国设立的外商独资企业，是中国企业法人，其与同属中国企业法人的B公司之间的买卖关系，属于国内经济关系，而不是国际经济关系。《联合国国际货物销售合同公约》作为调整国际经济关系的国际公约，适用于营业地在不同国家的当事人之间所订立的货物销售合同。所以，本案不能适用《联合国国际货物销售合同公约》，而应适用原《中华人民共和国合同法》。

（二）圣保罗保险公司诉医疗设备公司案

【基本案情】

一家美国公司Shared Imagining与一家德国公司Neuromed Medical Systems & Support GmbH（以下简称Neuromed）签订了一份买卖合同，销售一套西门子核磁共振成像系统。合同“产品条款”规定系统将以完备的功能交付。合同“交货条件”条款规定CIF纽约港，买方清关和支付关税，并负责将货物运至伊利诺伊州卡尔马特市。“支付条件”条款规定，通过货币转账转至卖方的账户，预付定金93 000美元；装船前支付744 000美元；接收设备后三天内支付93 000美元。“弃权条款”规定，在货款全部支付前，Neuromed保持对设备的所有权。货物到达卡尔马特市后，买方发现货物受损，需要进行大的修理。买方向保险人St. Paul Guardian Insurance索赔。保险人赔付后以代位权人的身份起诉Neuromed。Neuromed认为，在CIF条件下，在它将货物在装运港交付货物后，风险即转移到买方，因此它不应承担责任。原告认为，CIF条件在本案不适用，因为被告保留了所有权，就应该承担货物的风险②。

---

① 肖伟，蔡庆辉．国际经济法学案例教程［M］．北京：知识产权出版社，2003.

② 韩立余．国际经济法学原理与案例教程（第二版）［M］．北京：中国人民大学出版社，2006.

【争议焦点】

1. CIF 条件在本案中是否适用?

2. 为什么驳回了原告的请求?

【案例分析】

首先，由于当事人所在的国家都是 1980 年《联合国国际货物销售合同公约》的缔约国，本案适用该公约。其次，合同中使用了 CIF，适用公约。最后，由于合同中使用了 CIF，Incoterms（《国际贸易术语解释通则》的英文简称）2020 关于 CIF 的规定应予适用。理由是：该公约第 9 条第 2 款规定，对于双方当事人已经知道或理应知道的，在国际商事交易上已为有关特定贸易所涉同类合同的当事人所广泛知道并为他们所经常遵守的惯例，除非当事人另有明示协议，视为当事人默示地同意受其约束。Incoterms2020 即属于这种惯例，即使合同中没有提及，但提及 CIF 本身就表明了 Incoterms2020 的适用。本案已确定适用 Incoterms2020。按照 Incoterms2020 关于 CIF 的规定，本案被告即买卖合同中的卖方在将货物在装运港将货物完好装上轮船时，货物灭失的风险即转由买方承担。因此驳回了原告的请求。

三、课后练习

1. 下列关于“国际经济法学”的说法中正确的有（　）

A. 国际经济法学调整的范围包括有关国际贸易、投资、知识产权、服务、货币与金融、税收、国际经济组织及其交往的法律与制度

B. 国际经济法学是经济法学的一个分支

C. 国际经济法学是调整具有涉外因素的经济关系的法律和制度的总称

D. 以上说法均不正确

【答案】A

【解析】

国际经济法学是调整国际经济活动和国际经济关系的法律规范的总和。其调整范围包括：有关国际贸易的法律规范与制度；有关国际投资的法律与制度；有关国际货币与金融的法律与制度；有关国际税收的法律与制度；有关国际经济组织及其交往的法律与制度。

2. 下列关于国际经济法学的各项陈述，哪些是正确的?（　）

A. 国际商业惯例是在长期的国际经济交往中经过反复使用而形成的成文规则

B. 国际经济条约是国家及国际经济组织为确定其相互之间的权利义务所达成的书面协议

C. 国际经济法学的基本原则是指被国际社会公认的，对国际经济法的各个领域都具有普遍指导意义的原则

D. 国际经济法学的主体是指在国际关系中能行使权利和承担义务的法律人格者

【答案】 BC

【解析】

国际商业惯例是长期的国际交往过程中形成的习惯性做法。

3. 下列哪些属于国际经济法学的调整对象？(　)

A. 一国外贸管理机关对本国外贸公司的管理关系

B. 一国有关机构对跨国银行的法律管制

C. 东道国和跨国银行的母国对跨国银行海外分支机构的设立及经营活动的法律管制

D. 跨国税收关系

【答案】 BCD

【解析】 略

四、延伸阅读

1. 左海聪．国际商法［M］北京：法律出版社，2013.

2. 余劲松，吴志攀．国际经济法［M］．4 版．北京：北京大学出版社，2017.

3. 黄山．经济全球化对国际经济法基本原则的影响［J］．中国国际财经(中英)，2016.

第二章 国际货物贸易法

一、主要知识点

（一）概述

在国际货物买卖领域因买卖双方分处不同的国家，为了简化交易手续，降低交易费用，《联合国国际货物销售合同公约》对合同的成立，买卖双方的权利义务及救济作出统一的规定，在缔约国之间创造了一个可以排除国内买卖法适用的法律秩序。因此国际贸易术语就构成国际货物买卖关系中的重点之一。此外，1980 年《联合国国际货物销售合同公约》缔约方数目众多，在国际货物买卖关系中适用比较广泛。

（二）国际贸易术语

1. 概念

国际贸易术语是在国际贸易中逐渐形成的，表明在不同的交货条件下，买卖双方在交易中的费用、责任及风险划分的以英文缩写字母表示的专门用语。贸易术语是国际惯例的一种，由当事人选择适用，国际上使用最为广泛的是《2020 年国际贸易术语解释通则》（以下简称 2020 年通则），规定了 11 种贸易术语。

2. 内容

国际贸易术语主要规范以下五个方面的法律问题：

（1）交货地点。关于交货地点有三类：

①在内陆交货。指在卖方（出口方）国家的工厂或仓库交货，在 2020 年通则中，关于在此地点的交货，只解释了一个贸易术语，即 EXW。

②在目的地交货。即在买方国家交货，如 DES、DEQ、DDU。

③在一个相对的“中间地段”交货，即在装运港交货。在国际贸易中用的最多的 FOB、CIF、CFR 三个贸易术语，都是在装运港交货。

（2）买卖双方在运输和保险上的分工。在任何一笔买卖交易中，双方都必须约定由哪一方负责运输或保险，即由买方还是卖方负责办理运输、保险事宜及支付运费、保险费。一般双方的分工有以下几种：

①买方负责运输与保险，如 FOB 价格术语；

②卖方负责运输与保险，如 CIF 价格术语；

③卖方负责运输，买方负责保险，如 CFR 价格术语。

（3）货物的价格构成。货物的价格构成取决于双方关于运输与保险的分工，也分三种：

①凡是买方自己负责运输与保险，支付运费与保险费的，货物的价格构成中就不包括运费与保险费，价格构成只有一项，即货物的成本价，如 FOB；

②如果卖方负责运输与保险，支付运费与保险费，货物的价格构成就包括三项：货物的成本价、运费和保险费，如 CIF；

③如果卖方负责运输，而买方负责保险，则货物的价格构成就包括两项：货物的成本价和运费，如 CFR。

（4）进出口清关手续的办理。

（5）风险的转移。货物灭失或损坏的风险在何时由出口方转移给进口方，也是买卖交易中很重要的一个法律问题。价格术语中包含了风险转移界限的确定。概括而言，风险在交货时由出口方转给进口方，也即交货时即转移风险。

尽管 2020 年通则在每一个贸易术语中列了 10 项解释内容，但起核心作用的主要是这 5 项。

（三）《联合国国际货物销售合同公约》

本节内容主要包括 1980 年《联合国国际货物销售合同公约》（以下简称《公约》）的适用范围，排除的买卖，《公约》规定的内容和不涉及的问题，《公约》在适用上的任意性及我国对《公约》的保留。

1.《公约》的适用范围

依《公约》第 1 条的规定：本公约适用于营业地在不同国家的当事人订立的货物销售合同；（a）如果这些国家是缔约国；或（b）如果国际私法规则导致适用某一缔约国的法律。此条包含以下内容：

（1）《公约》适用于缔约国中营业地分处在不同国家的当事人之间订立的货物买卖合同，即货物买卖是否具有国际性，唯一的标准是当事人营业地必须在不同国家，至于国籍如何，则不予考虑。

（2）由国际私法规则导致适用某一缔约国的法律。依（a）款的规定，本来《公约》只适用于双方营业地均为缔约国的情况，双方均不位于缔约国或只有一方位于缔约国均不适用《公约》。而依（b）款的规定，即使双方或一方的营业地不在缔约国，但只要依国际私法规则导致适用缔约国的法律，则适用《公约》。

2.《公约》排除某些货物的买卖

并非所有的国际货物买卖合同都适用《公约》，《公约》在第2条和第3条对不适用《公约》的合同进行了规定。

（1）从种类上排除。《公约》第2条是从合同的种类上排除了六种不适用《公约》的合同：

①购买供私人、家人或家庭使用的货物销售。

②以拍卖的方式进行的销售。比如法院拍卖。这种销售交易通常是处于拍卖地法律的实际控制之下的，因此，亦不受《公约》的限制。

③依法律执行令状或其他令状进行的销售。这种销售交易不是由当事人的销售合同规定的，所以，自然也就不能适用旨在确立国际货物销售合同统一规则的《公约》了。

④公债、股票、投资证券、流通票据和货币的销售。

⑤船舶、船只、气垫船或飞机的销售。

⑥电力的销售。这一类电力也是因为该标的物不可触及的特殊性。

（2）从合同内容上排除。《公约》也不适用于合同中的主要部分是为提供劳务和服务而成立的货物销售合同。《公约》第3条规定，下列两种合同排除适用：

①通过劳务合作方式进行的购买，如补偿贸易。补偿贸易是指买方在信贷的基础上，从国外厂商进口机器、设备、技术以及某些原料，约定在一定期限内，用产品或劳务偿还的一种贸易方式。

②通过货物买卖方式进行的劳务合作，如技贸结合。

3.《公约》的适用根据

《公约》在以下三种情况下适用：

（1）关于缔约国当事人之间的适用。依《公约》第1条第1款（a）项的规定，适用《公约》的国家是缔约国，即双方营业地分别处在两个缔约国的当事人之间订立的国际货物买卖合同应适用《公约》。但这种适用不具有强制性，即当事人可以通过明示选择某个国家的法律来全部或部分排除《公约》的适用，如未选择则当然适用《公约》。

（2）关于非缔约国当事人的适用。《公约》允许非缔约国当事人通过意思自治选择适用《公约》，这种选择应该明示。

（3）《公约》的扩大适用。如非缔约国当事人未作法律或《公约》的选择，《公约》可以在以下情况适用。《公约》第1条第1款（b）项规定，对于当事人双方或一方营业所在地不是缔约国，如果国际私法规则导致适用某一缔约国的法律时，《公约》可以适用于它们之间订立的货物买卖合同。在此情况下适用《公约》，须具备三个条件：货物买卖合同具有国际性，即双方当事人的营业地处在不同国家；双方当事人或一方当事人的营业地所在国家不是《公约》的缔约国；受理纠纷的法院或仲裁机构根据国际私法规则认为该合同适用某一缔约国法律。

4.《公约》没有涉及的几个法律问题

《公约》只对合同的订立（要约、承诺）、买卖双方的权利义务以及违约补救作了统一规定，而对下面几项主要法律问题并未涉及。

（1）《公约》不调整国际货物买卖合同及其条款的有效性问题。

（2）《公约》不调整国际货物买卖合同所引起的有关货物所有权的两个问题：一是关于货物所有权转移的时间问题，即货物所有权从什么时候起由卖方转移给买方；二是第三方对国际货物买卖合同的标的可能提出的权利和要求的问题。

（3）《公约》不调整卖方对所售货物所引起的人身伤亡责任。这属于产品责任法或消费者权益保护法调整的范畴。

（四）国际货物买卖合同

1. 国际货物买卖合同的成立

国际货物买卖合同是指营业地分处不同国家的当事人之间订立的货物买卖合同。国际货物买卖合同是合同的一种，因此，适用合同法的一般原则。

《联合国国际货物买卖合同公约》只适用于国际货物销售合同的订立和国际货物买卖双方因此种合同而产生的权利义务关系。

根据《公约》的规定，适用《公约》的国际货物买卖合同除了当事人营业地必须分处不同国家外，还必须满足以下条件：（1）双方当事人的营业地分处《公约》的成员国之内。如果只有一方在《公约》成员国内，或双方均不在《公约》成员国领土内，则《公约》不适用。（2）在上述情况下，由国际私法规则导致适用某一缔结国的法律。

根据我国《对外贸易法》的规定，我国的自然人、法人和其他经济组织在履行了法律规定的登记手续后具有对外签署国际货物买卖合同的能力。

2. 要约（offer）与承诺（acceptance）

（1）要约的概念及构成要件。要约是向一个或一个以上特定的人提出的订立合同的建议。在国际货物买卖合同中，要约既可以由买方发出，也可以由卖方发出。在我国俗称发价或发盘。有两方当事人：要约人和受约人。一项有效的要约必须具备以下条件；①向一个或一个以上特定的人发出；②内容十分明确、肯定，一经对方接受，合同即能成立；③要约于送达受约人时生效。

（2）要约发出后可否撤回和撤销的问题。根据要约理论，要约在送达受约人时生效。要约在生效前的收回称为撤回；要约生效后的收回称为撤销。

《公约》第16条第2款规定，一项要约即使是不可撤销的，也可以撤回，只要撤回通知于要约送达受约人之前或同时送达受约人。在未订立合同之前，只要撤销通知于受约人发出承诺通知之前送达受约人，要约即可撤销，本项规定基本采纳了普通法的观点。

然而，在但书部分，《公约》采纳了大陆法系的信赖原则，规定在合同成立前，写明接受要约的期限或以其他方式表示发价是不可撤销的，则不能撤销；受约人有理由信赖发价是不可撤销的，而且受约人已本着这种信赖行事，则发价不能撤销。它的目的是保障交易的安全和维护受约人的利益。

（3）要约的失效。在要约失效后，无论是要约人或受约人均不再受要约的约束。要约失效的原因主要有以下几种情况：①要约因有效期已过而失效。②要约因受约人的撤销而失效。③要约因受约人的明示或默示的拒绝而失效。

（4）承诺的效力。承诺，又称为“接受”，是受约人对要约表示无条件接受的意思表示。一项有效的承诺必须满足以下条件：①承诺要由受要约人作出才生效力；②承诺必须与要约的条件保持一致；③承诺应在要约有效的时间内作出；④承诺必须通知要约人才生效力。

（5）承诺的撤回。《公约》第22条规定，承诺可以撤回，只要撤回的通知能在承诺生效之前或与其同时送达要约人。

3. 国际货物买卖合同双方的义务

（1）卖方义务。根据《联合国国际货物买卖合同公约》的规定，卖方的义务主要有两项：

①交付货物与移交单据的义务。卖方的该项义务既是卖方的主要义务，也是其行使收取货款权利的前提条件，既包括实际交货，也包括象征性交货。依照《公约》的规定，卖方应按合同规定的时间、地点及方式完成其交货的义务。

②担保义务。根据《公约》的规定，卖方有义务保证提交的货物在各方面符合合同的规定，包括卖方对所交货物的质量保证和权利保证。

（2）买方的义务。根据《公约》的规定，买方的义务主要两项：

①支付货款。买方需履行必要的付款手续。关于支付地点有以下规定，合同有约定的，从约定；以卖方的营业地作为付款地点；以交付货物或单据的地点作为付款地点。关于付款时间有以下规定，合同有约定的，从约定；交货时

付款；先付款，后发运；先检验，后付款。

②收取货物。根据《公约》规定，买方收取货物的义务包括两方面：采取一切理应采取的行动，以期卖方能提交货物。以及接收货物，买方要按时提取货物，将货物置于自己的实际控制之下。

（五）违反合同的补救方法

1. 卖方违约的补救方法

卖方违约是指卖方不交付货物或单据或交付延迟；交货不符合合同规定以及第三者对交付货物存在权利或权利主张。当发生以上违约行为时，《公约》给买方提供了以下救济方法：

（1）卖方实际履行。当卖方违反合同时，买方可以采取要求实际履行的补救办法，包括要求卖方提交合同规定的货物或对不符合规定的货物进行修理、更换或提交替代物等。买方并可通过法院采取强迫手段强迫卖方履行以上义务。

（2）减少价金。《公约》规定，如货物与合同不符，不论货款是否已付，买方都可减低价格。减低价格应按实际交付的货物在交货时的价值与符合合同规定的货物在当时的价值两者之间的比例计算。如买方请求了损害赔偿就不能再进行减价了。当然，如减价不足以补偿买方的损失，还可同时请求损害赔偿。

在下列情况下，买方丧失要求减少价金的权利：如果卖方已对交货不符采取了补救办法；买方拒绝了卖方对违约采取的补救办法或对卖方提出的补救办法未在合理时间内作出答复。

（3）解除合同（宣告合同无效）。根据《公约》规定，当卖方不履行合同或《公约》义务构成根本违反合同时，买方可以宣告合同无效。

所谓根本违反合同，是指一方当事人违反合同的结果，使另一方蒙受损害，实际上剥夺了其根据合同规定有权期待得到的东西。具体包括以下三项内容：①卖方不交付货物，延迟交货或交货不符或所有权有瑕疵构成根本违反合同；②卖方声明其不在规定的时间内履行交货义务；③卖方在买方给予的宽限期届满后仍不履行合同。

如果卖方有以上三种情况的任何一种，买方都可以宣布解除合同。如果卖方已交货，买方则丧失宣告合同无效的权利，除非：①在延迟交货的情况下，买方在得知交货后的合理时间内宣布合同无效；②在交货不符的情况下，买方在检验货物后的合理时间内提出宣告合同无效；③在给予卖方作出履行合同或作出补救的宽限期届满或在拒绝接受卖方履行义务之后的合理时间内宣告合同无效。

根据《公约》规定，买方宣布合同无效的声明，只有在向卖方发出通知时才产生效力。

(4) 损害赔偿。根据《公约》规定，买方要求损害赔偿的权利不因其行使采取其他救济办法的权利而丧失。也即，无论买方采用了实际履行并给予宽限期，或减少价金或解除合同等救济方法，如果不足以弥补由于卖方违约造成的损失，买方仍可以继续要求损害赔偿。

根据《公约》的规定，损失赔偿额应与卖方违约给买方造成的实际损失与可得利润相等。

2. 买方违约的补救方法

买方违约包括买方不按合同规定支付货款和不按合同规定收取货物。在这种情况发生时，根据《公约》规定，卖方可选择以下补救方法：

(1) 买方实际履行。《公约》第61—63条规定，如买方不履行其合同约定和《公约》规定的任何义务，卖方可要求买方支付价款，收取货物或履行其他义务。除非卖方已采取了与此项要求相抵触的救济方法，当然，卖方并不因此而丧失因买方迟延履行要求损害赔偿的权利。

(2) 损害赔偿。当买方违约拒绝履行合同时，卖方可向买方要求损害赔偿，根据《公约》规定，卖方享有要求损害赔偿的权利不因其行使采取其他救济办法的权利而丧失。损失赔偿额应与买方违约给卖方造成的实际损失与可得利润相等。此外，卖方为保全货物支出的合理费用可以从转售额中予以扣除。

(3) 解除合同（宣告合同无效）。根据《公约》的规定，在下列情况发生时，卖方可以宣布合同无效：①买方不履行其合同中约定或《公约》规定的义务构成根本违反合同；②买方不在卖方给予的宽限期内履行合同；③买方声明不履行合同。

根据《公约》规定，如果买方已支付了货款，卖方则不能宣告合同无效，除非在得知买方履行义务前，宣布合同无效；或对于其他违反合同的事件，卖方在得知这种情况后的合理时间内宣布合同无效；或在给予买方的宽限期届满或在得知买方声明不履行合同的一段合理时间内宣布合同无效。

对于未收货款的卖方，在不同情况下，可行使以下四种权利：停止交货权、留置权、停运权、再出售权。

3. 适用于买卖双方的一般规定

上述是适用于买卖双方的特殊规定，此外《公约》还规定了适用于买卖双方的一般原则，主要有中止履行合同、损害赔偿、支付利息、免责、宣告合同无效的效果、货物保全等。

(1) 先期违约——中止履行合同。先期违约，又叫预期违约，是指在合同订立之后，履行期到来之前，一方明示拒绝履行合同的意图，或通过其行为推断其将不履行。

（2）损害赔偿。损害赔偿是公约补救制度中应用最广泛的一种补救办法，买方或卖方所进行的其他补救，并不妨碍其同时提出损害赔偿。

（3）支付利息。支付利息指拖欠价款或其他金额的一方当事人应向另一方当事人支付上述款项的利息。有两种，一种是货款的利息，另一种是欠款金额的利息。采取这种补救办法后，仍可要求损害赔偿。

（4）免责。

①免责的条件。不履行必须是由于当事人不能控制的障碍所致，如战争、禁运等；这种障碍是不履行一方在订立合同时不能预见的，这种障碍是当事人不能避免和不能克服的。

②免责的通知。依《公约》第79条第4款的规定，不履行义务的一方必须将障碍及其对他履行义务能力的影响通知另一方。

③免责的后果。免责的一方所免除的是对另一方损害赔偿的责任，但受损害一方依《公约》采取其他补救措施的权利不受影响。

（5）保全货物。保全货物指在一方当事人违约时，另一方当事人仍持有货物或控制货物的处置权时，该当事人有义务对他所持有的或控制的货物进行保全。目的是减少违约一方当事人因违约而给自己带来的损失。

（6）宣告合同无效。宣告合同无效的后果，是指合同无效对买卖双方基于合同产生的权利义务的影响。主要有以下三个：

①合同一经被宣告无效，即解除了买卖双方在合同中的义务。但当事人还可以要求损害赔偿；

②宣告合同无效，要求买方必须按实际收到货物的原状归还货物。

③合同宣告无效后，买卖双方必须归还因接受履行所得的收益。

（六）货物所有权与风险的转移

1. 货物所有权的转移

《公约》对货物所有权何时转移以及合同对所有权的影响均不涉及。该问题的解决适用国际商业惯例或国内法律。

（1）国际贸易惯例的规定。只有1932年《华沙—牛津规则》明确规定了货物所有权的转移时间为卖方将有关单据交买方掌握的时间。此外，国际商会《国际销售示范合同》B部A7款规定，如果双方当事人已经有效地同意保留所有权，则直至完全付清价款之前，或依照另外的约定，货物的所有权不发生转移。

（2）各国国内法的有关规定。归纳各国的立法，国际上对货物所有权转移有以下几种原则和做法：

①合同订立时间为所有权转移时间（《法国民法典》）；

②货物特定化后在交货时所有权发生转移（《美国统一商法典》）；

③货物特定化后，以双方当事人的意图决定所有权转移（1893 年《英国货物买卖法》，现 1979 年《英国货物买卖法》（1995 年修订本））；

④交货时所有权转移（我国《民法典》）；

⑤订立物权合同转移货物所有权（德国法）。

2. 货物风险的转移

在国际货物买卖中，货物风险主要指货物在高温、水浸、火灾、盗窃、查封等非正常情况下发生的短少、变质或灭失等损失。划分风险的目的就是确立这些损失应当由谁来承担。

（1）风险划分原则。《公约》对风险转移确定了以下原则：

①以交货时间确定风险转移。《公约》第 69 条规定，从买方接收货物时起，风险转移于买方承担。

②过失划分原则。《公约》第 66 条规定，货物在风险转移到买方后遗失或损坏，买方仍需履行付款义务，除非这种遗失或损坏是由卖方的作为或不作为所致。

③国际惯例优先原则。《公约》第 9 条规定，双方当事人业已同意的任何惯例和他们之间确立的任何习惯做法，对双方当事人均有约束力。

④划拨是风险发生转移的前提条件。根据《公约》的规定，货物在划拨合同项下前风险不发生转移。所谓划拨又称特定化，是指对货物进行计量、包装、加上标记或以装运单据向买方发通知等方式表明货物已归于合同项下。经过划拨的货物，卖方不得再随意进行提取、调换或挪作他用；当交货涉及运输时，《公约》第 67 条规定，风险于货交第一承运人时起转移到买方，但在货物未划拨合同项下前不发生转移；在交货不涉及运输时，《公约》第 69 条规定，风险是在货物交由买方处置时发生转移，但当货物未划拨合同以前，不得视为已交给买方处置。

（2）风险转移时间。按照以交货时间作为风险转移时间的原则，《公约》将交货分为三种不同的情况来具体规定风险转移的时间。

①涉及运输的交货。涉及运输的交货又可分为两种情况：卖方没有义务在指定地点交货，此时，风险于货交第一承运人时起转移给买方；卖方必须在某一特定地点交货，此时，风险于在该地点货交承运人时起转移给买方。由于《公约》采用的是所有权与风险转移分离的原则。因此，卖方保留控制货物处置权的单据，不影响风险的转移。

②在途货物的交货。对于在运输途中出售的货物，《公约》规定，原则上

从订立合同时起，风险转移到买方。假如卖方通过向买方转移运输单据作为交货依据时，则从货物交付给签发载有运输合同的承运人时起，风险由买方承担。

为了保护买方的利益，《公约》给出售在途货物的卖方施加了一项义务，即如果卖方在订立合同时已知道或理应知道货物已经损坏或遗失，如不将这一事实告知买方，则上述风险转移的原则不予适用。

③不涉及运输的交货。不涉及运输的交货也有两种情况：在卖方营业地交货，此时，风险从买方接收货物时转移给买方；或在货物交买方处置但遭无理拒受时起转移给买方；在卖方营业地以外地点交货，当交货时间已到，而买方知道货物已在该地点交他处置时，风险才开始转移给买方。

（七）国际贸易支付

1. 国际贸易支付概述

国际贸易支付是指在买卖双方之间对货款及其附属费用的计价结算以及支付方式和手段。国际贸易中主要的支付手段是货币与金融票据，主要是汇票。货币用于计价结算，汇票主要作为支付手段。

（1）汇票的概念。我国《票据法》中汇票的概念是指出票人签发的，委托付款人在见票时或在指定的日期无条件支付确定的金额给收款人或者持票人的票据。

汇票（Bill of Exchange）是在国际贸易中，出口方开给进口方的要求其在见票时或见票后的一定时间内无条件支付一定金额的书面命令。通过汇票的移转代替现金的运送来实现货币的结算。

（2）汇票的背书是指持票人一般在背面签上自己的名字，写上或不写受让人的名字并将汇票支付给受让人的行为。持票人称为背书人，受让人称为被背书人。记名背书是持票人在汇票背面写上被背书人的姓名，并签上自己的名字，然后将汇票交付给被背书人。空白背书，又称无记名背书，即持票人仅在汇票背面签上自己的名字，而不填写被背书人的姓名。

（3）汇票的提示指持票人向付款人出示汇票，要求其承兑或付款的行为，包括承兑提示和付款提示。

（4）汇票的承兑指汇票的付款人表示接受出票人的付款提示，同意承担付款义务。

（5）汇票的付款指汇票的持票人于汇票的到期日，向汇票的付款人提示汇票，要求支付汇票金额的行为。

（6）汇票的拒付与追索，其中拒付包括拒绝承兑和拒绝付款两种情形。当付款人对远期汇票拒绝予以承兑时，持票人可以立即行使追索权。付款人拒绝承兑，就表示他拒绝对汇票承担付款义务。

拒付不仅包括付款人明示拒绝承兑或拒绝付款，也包括付款人避而不见、死亡或破产等情形，因为在这种情形下，持票人已无法从付款人那里取得汇票上的金额，其实际结果与拒付并无不同。

汇票的追索是当汇票遭到拒付时，持票人就获得了向其前手背书人、出票人、承兑人及担保人追索的权利。

2. 国际贸易支付方式

（1）汇付（Payment）。汇付又称买方直接付款，是由国际货物买卖合同的买方委托银行支付给卖方的一种结算方式。在国际贸易中主要用于样品、杂费等小额费用的结算。依方式可分为信汇、电汇和票汇。汇付的信用基础是商业信用风险（信用风险来源于普通的商业企业），风险高。汇付属于顺汇法，即资金的流通方向与凭证的流通方向一致。

（2）托收（Collection）。在国际贸易中，托收都是通过银行进行的，是出口方在发货后开给进口方或付款人汇票，委托出口地银行（托收行）通过它在进口地银行（代收行）代其向进口方收取货款的方式。托收是一种逆汇法，即信用工具的传递与资金的转移方向相反。

（3）信用证（Letter of Credit，L/C）。国际贸易中的信用证定义为银行应买方（开证申请人）的请求，开给卖方（受益人）的一种保证银行在满足信用证要求的条件下承担付款责任的书面凭证。在信用证付款方式下，开证银行以自身的信誉为卖方提供付款的保证，因此是一种银行信用。信用证属于逆汇方式（资金的流通方向与凭证的流通方向相反）。

国际信用证的特征：信用证体现的是银行信用；信用证独立于国际货物买卖合同；信用证交易是单据交易，和货物没有关系；信用证遵守严格相符原则。

二、案例评析

（一）树苗买卖案例

【基本案情】

原告是意大利的一家苗圃公司，被告是德国的一家苗圃公司。2001 年 3 月 12 日，被告（买方）向原告（卖方）送达了购买树苗的订单。订单包含运输方式、树苗名称和数量以及运输费用等。

2001 年 3 月 22 日，卖方将树苗准备完毕，之后将树苗装入买方承运人货车时，发现买方提供的货车内已经载有 10 个袋装货物托盘，剩余的装载空间只有 $6m^3$，而不是约定的 $8m^3$。卖方负责人便通知买方将少装载一些植物，以防植物在运输过程中发生任何可能的损害。但是买方却希望所有的植物都通过此辆货车运输。于是卖方将植物放进黄麻袋，装到货车内托盘的周围，运往买方所在地。与此同时，卖方开出货物发票，总金额 8 263.31 美元。

2001 年 3 月 23 日，承运人将货物交付给买方，并收取运费 1 000 美元。买方负责人在接收货物的时候，发现其中一种植物没有主芽，于是在交货单上就货物瑕疵做了批注，并于 2001 年 3 月 26 日写信告知卖方货物存在瑕疵。

2001 年 6 月 20 日，卖方写信提醒买方支付价款，而买方因植物存在瑕疵拒绝支付价款。因此，双方就合同履行问题发生争议，卖方向德国地方法院提起诉讼，要求买方支付植物的价款 8 263.31 美元以及自 2001 年 4 月 23 日起，按照优惠贷款利率 5% 计算的利息①。

【争议焦点】

1. 植物发生损坏时风险是否转移?

2. 买方是否可以要求减价?

【案例分析】

在本案中，植物没有主芽是由于植物培养不当造成的，并且发生在货物交给承运人之前。所以植物损害的风险没有转移给买方，卖方应当承担植物损害的责任。根据《公约》第 78 条的规定，如果一方当事人没有支付价款或有任何其他拖欠金额，另一方当事人有权对这些款额收取利息，所以本案中被告（买方）应支付原告（卖方）自 2001 年 4 月 23 日起按照利率 5% 计算的利息。

综上，卖方将货物交付第一承运人之前，损害已经发生，那么风险没有转移给买方，卖方承担货物损坏的责任。而针对货物存在瑕疵，与合同不符，买方可要求适当减价，而卖方则可要求买方支付减价后的价款以及相应的利息。

（二）Klockner, Inc. v. Navrom 克洛克纳公司诉纳夫罗姆公司

【基本案情】

原告 Klockner, Inc. 克洛克纳公司是一家纽约公司，想要购买钢板。钢板由罗马尼亚 Metal Import Export 金属进出口公司制造，之后卖给德国 Klockner & Co. 克洛克纳公司，然后再转卖给原告 Klockner Inc. 克洛克纳公司，被告 Navrom 纳夫罗姆公司是一家船运公司，承担公司货物的运输。

Klockner, Inc. 与 Klockner & Co. 签订的钢板买卖合同包含 CIF 条款，即 CIF 布里奇波特，康乃狄克（美国）。订单还包含了“附注”条款，规定任何运费的波动差价或附加费、终端码头管理费或装载费、任何强加的关税或税务

---

① 联合国国际贸易法委员会. 法规判例法案例. [DB/OL] (2007-09-12) [2016-04-25]. http://cisgw3.law.edu/cases/061023gl.html.

都由买方即 Klockner，Inc 承担。

Metal Import Export 为了安排货物的运输，与 Navrom 签订了租船合同，将钢板从罗马尼亚运往布里奇波特。之后，根据该租船合同的协议条款，Navrom 就已装船货物签发了 8 份提单。每份提单的收货人都是 Klockner & Co.，4、5、6 号提单是收货人为 Klockner & Co. 的不可转让记名提单，7 号和 8 号提单是“凭指示”交货的提单。之后 Klockner & Co. 将 8 份提单转让给 Klockner，Inc.，其中 7 号和 8 号提单没有经过背书。

在海上运输过程中，恶劣天气使海水灌入船舱，造成了货物损失。之后 Klockner，Inc. 在布里奇波特依据 8 份提单接收了钢板，并就钢板遭到的损害提起诉讼，要求被告 Navrom 赔偿自己因海水灌入船舱造成的货物损失①。

【争议焦点】

1. Klockner，Inc 与 Klockner & Co 签订的买卖合同是不是 CIF 合同？

2. 4—8 号提单的转让是否影响货物所有权和风险的转移？

【案例分析】

首先，本案中 Klockner，Inc. 订单中额外的规定不会与 CIF 买卖合同本质特征产生不可调和的矛盾，双方当事人只是在合同中指定了买方承担运费的波动差价或附加费等额外费用，这与标准 CIF 合同的偏差如此之小，以至于不能作为推翻当事人订立 CIF 合同意图的理由。买卖合同中清楚地记载了“CIF 布里奇波特，康乃狄克”，也就是说双方当事人具有订立 CIF 买卖合同的意图，而 Navrom 没有提供买卖双方不想订立 CIF 合同的证据。所以本案中 Klockner，Inc. 订单中的额外规定不会影响 CIF 合同的成立，也就是说 Klockner，Inc. 与 Klockner&Co. 签订的买卖合同是 CIF 合同。

其次，关于4—8 号提单的转让是否影响货物所有权和风险的转移，Navrom 认为记名提单以及未经背书的“凭指示”提单不能将货物权利转移给 Klockner，Inc.，理由如下：第一，本案中涉及的提单，作为权利的凭证，规定了收货人 Klockner & Co. 是货物的所有权人；第二，4、5、6 号提单是收货人为 Klockner & Co. 的不可转让记名提单，7 号和 8 号提单是“凭指示”提单，而 Klockner & Co. 没有将 7 号和 8 号提单背书转让给 Klockner，Inc.；第三，当货物损害发生时，Klockner & Co. 而非 Klockner，Inc. 拥有钢板的所有权。因此 Klockner，Inc. 没有权利提起诉讼。

最后，卖方将货物装船后，将提单与其他单据一起及时提交给买方，就已

① LexisNexis. Lexis. com China. [DB/OL]. [2016 - 04 - 25]. http://www.lexisnexis.com/ap/auth/.

经完成了交付，所以货物丢失毁损灭失的风险就转移给了 Klockner, Inc. 因此，Klockner, Inc. 就拥有向承运人就货物损失索赔的权利，Navrom 应赔偿 Klockner, Inc 相应的损失。

（三）中化国际（新加坡）有限公司诉蒂森克虏伯冶金产品有限责任公司国际货物买卖合同纠纷案

【基本案情】

2008 年 4 月 11 日，中化国际（新加坡）有限公司（以下简称中化新加坡公司）与蒂森克虏伯冶金产品有限责任公司（以下简称德国克虏伯公司）签订了购买石油焦的《采购合同》，约定本合同应当根据美国纽约州当时有效的法律订立、管辖和解释。中化新加坡公司按约支付了全部货款，但德国克虏伯公司交付的石油焦 HGI 指数仅为 32，与合同中约定的 HGI 指数典型值为 36—46 之间不符。中化新加坡公司认为德国克虏伯公司构成根本违约，请求判令解除合同，要求德国克虏伯公司返还货款并赔偿损失①。

【争议焦点】

1. 双方当事人在合同中约定应当根据美国纽约州当时有效的法律订立、管辖和解释，该约定是否有效？

2. 德国克虏伯公司是否构成根本违约？

【案例分析】

本案双方当事人在合同中约定应当根据美国纽约州当时有效的法律订立、管辖和解释，该约定不违反法律规定，应认定有效。关于德国克虏伯公司的上述违约行为是否构成根本违约的问题。中化新加坡公司一方提交的上海大学材料科学与工程学院出具的说明亦不否认 HGI 指数为 32 的石油焦可以使用，只是认为其用途有限。故可以认定虽然案涉石油焦 HGI 指数与合同约定不符，但该批石油焦仍然具有使用价值。综合考量其他国家裁判对《联合国国际货物销售合同公约》中关于根本违约条款的理解，只要买方经过合理努力就能使用货物或转售货物，甚至打些折扣，质量不符依然不是根本违约。故应当认为德国克虏伯公司交付 HGI 指数为 32 的石油焦的行为，并不构成根本违约。

（四）Genuine German GmbH 正品德国有限公司与上海纺织装饰有限公司合同纠纷案

【基本案情】

2020 年 4 月 17 日，原告：Genuine German GmbH（买方）与被告上海纺织

① 最高人民法院网指导性案例第 107 号.

装饰有限公司（卖方）共同签订了一份售货确认书，约定购买300万个一次性保护性口罩（非医用），总价3 642 000美元，FOB上海，目的地德国法兰克福。凡因执行本合同或有关本合同所发生的一切争议，应由签约双方根据本合同规定解决。

合同签订后，原告于2020年4月17日向被告付款3 642 000美元。后因口罩生产厂商万康公司的原因，该批货物未实际交付。2020年4月22日，口罩生产厂商万康公司向原告的中国子公司退款人民币500万元。2020年6月到2021年4月期间，被告多次向原告退还部分款项。

2020年7月28日，被告员工出具一份还款计划。2021年12月27日，被告向第三人杨某、周某发送联络函，表示：2020年4月期间，被告作为杨某、周某的出口代理，负责原告的口罩出口业务，并由杨某、周某选定口罩生产商为万康公司。为完成代理出口，被告根据杨某、周某指示，与原告签订售货确认书，并签署对应的采购合同（口罩）。现被告收到原告起诉材料，要求第三人积极配合被告应诉，立即偿付被告垫付的人民币6 379 355.75元，并承担被告在本案中负担的全部义务①。

【争议焦点】

1. 原被告之间签订的销售确认书何时无效？

2. 法院如何处理该案？

【案例分析】

本案系国际货物买卖合同纠纷，因原、被告的营业地分别位于德国和中国，两国均为《公约》缔约国，且双方并未合意排除公约的适用，故本案应自动适用《公约》。在本案合同的履行过程中，被告已构成违约，应承担相应的违约责任。2020年4月22日万康公司向原告的中国子公司退款人民币500万元，应视为双方以自己的实际行动宣告合同无效。根据《公约》第81条的规定，宣告合同无效解除了双方在合同中的义务，但应负责的任何损害赔偿仍应负责。已全部或局部履行合同的一方，可以要求另一方归还其按照合同供应的货物或支付的价款。据此，上海浦东新区法院判决：原告Genuine German GmbH与被告上海纺织装饰有限公司签订的售货确认书于2020年4月22日宣告无效；被告上海纺织装饰有限公司于本判决生效之日起10日内返还原告剩余货款1 156 811.22美元并支付相应的利息损失。

---

① 中国裁判文书网（2021）沪0115民初103940号.

三、课后练习

1. 中国甲公司向加拿大乙公司出口一批农产品，CFR2020 价格条件。货装船后，乙公司因始终未收到甲公司的通知，未办理保险。部分货物在途中因海上风暴毁损。根据相关规则，下列哪一选项是正确的？（ ）

A. 甲公司在装船后未给乙公司以充分的通知，造成乙公司漏保，因此损失应由甲公司承担。

B. 该批农产品的风险在装港船舷转移给乙公司。

C. 乙公司有办理保险的义务，因此损失应由乙公司承担。

D. 海上风暴属不可抗力，乙公司只能自行承担。

【答案】A

【解析】

A 项说的是保险。在 CFR 术语下，卖方甲公司有义务向乙公司提供资料并通知，没有通知则有错，所以选项 A 正确。选项 B 错误。依 2020 年通则的规定，在 CFR 术语下，货物的风险不是在船舷转移，而是在货物装上船时转移。2000 年通则的贸易术语则是规定越过船舷风险转移。由于本题中双方当事人没有约定适用的版本，所以无法确定具体的风险转移时间。选项 C 错误。C 项说的是保险。参见 B 项解析，CFR 术语下，买卖双方均没有购买保险的义务。选项 D 错误。虽然海上风暴属于不可抗力，但如果甲公司装船后及时通知了乙公司，乙公司就能投保，从而由保险公司赔偿这一损失。本题是甲公司没有及时通知，所以甲公司应承担因漏保引起的损失，而不是由乙公司自行承担。

2. 甲公司（卖方）与乙公司订立了国际货物买卖合同。由于甲公司在履约中出现违反合同的情形，乙公司决定宣告合同无效，解除合同。依据《联合国国际货物销售合同公约》，下列哪些选项是正确的？（ ）

A. 宣告合同无效意味着解除了甲乙公司在合同中的义务

B. 宣告合同无效意味着解除了甲公司损害赔偿责任

C. 双方在合同中约定的争议解决条款也因合同宣告无效而归于无效

D. 如甲公司应归还价款，它应同时支付相应的利息

【答案】AD

【解析】

合同一经宣告无效，即免除了买卖双方在合同中的义务。但它并不免除违约一方损害赔偿责任，所以选项 A 正确，选项 B 错误。合同中的争议解决条款不因合同效力而受到任何影响，选项 C 错误。合同宣告无效后，买卖双方必须归还因接受履行所获得的收益，即卖方应归还所收取的货款及利息，买方应归

还由于使用货物或转卖货物所得的收益，选项 D 正确。故本题答案为 AD。

3. 我国甲公司向瑞典乙公司发出传真：“购高级新闻纸 2000 吨，每吨 38 美元，以信用证支付，CIF 上海，2021 年 5 月 1 日至 5 日装船。”乙公司回电称：“同意你方条件，但是由于目前原材料价格上涨，现在价格为每吨 40 美元。”根据国际惯例，乙公司的回电属于（　）

A. 承诺　　B. 反要约　　C. 交叉要约　　D. 逾期承诺

【答案】 B

【解析】

合同的订立承诺与反要约有点相似，但只要抓住是否对交易条件进行了实质性的更改，如果对交易条件进行了实质性的更改，就是反要约。根据《联合国国际货物销售合同公约》的规定和我国原《合同法》第 30 条规定，受要约人对要约的内容作出实质性变更的为新要约，而有关合同标的、数量、质量、价款或者报酬、履行期限、履行地点和方式、违约责任和解决争议方法等条款的变更，均属实质性变更。乙公司的回电对货物价格的修改属实质性改变交易条件，属于反要约。

四、延伸阅读

1. 单海玲.《从国际私法角度看〈联合国国际货物销售合同公约〉在我国的适用》，载《政治与法律》2003 年第 5 期.

2. 高旭军.《联合国国际货物销售合同公约》适用评释［M］. 中国人民大学出版社，2017.

3. 中国国际经济贸易仲裁委员会《联合国国际货物销售合同公约》在中国仲裁的适用［M］. 北京：法律出版社，2021.

第三章　国际货物运输法

一、主要知识点

国际货物运输以海上货物运输为主，目前国际上 80% 的货物使用海上运输方式，这也突出了国际海上货物运输法的重要性。

（一）国际海上货物运输法

1. 国际海上货物运输

（1）概念及特点。国际海上货物运输是由承运人负责将托运人托运的货物经海路由一国的港口运至另一国的港口，而由承运人收取运费的运输。其既有优点又有缺点，优点是：运输量大、通过能力强、成本低；缺点是：运输速度慢，风险大。

（2）种类。国际海上货物运输依船舶经营方式的不同，可分为以下三种：

①班轮运输。班轮运输是由航运公司以固定的航线、固定的船期、固定的运费率、固定的挂靠港口组织的将托运人的件杂货。运往目的地的运输。由于班轮运输的书面内容多以提单的形式表现出来，所以此种运输方式又被称为提单运输。从班轮运输货物的特征考虑，班轮运输又被称为件杂货运输。这种运输就像公共汽车和学校的班车一样比较固定。

②租船运输。租船运输合同包括航次租船合同、定期租船合同和光船租船合同。租船运输合同都必须以书面形式订立。

③国际多式联运。国际多式联运是联运经营人以一张联运单据，通过两种以上的运输方式将货物从一个国家运至另一个国家的运输，它以集装箱为媒介，将海上运输、铁路运输、公路运输、航空运输和内河运输等传统的运输方式结合在一起，形成一体化的门到门运输。这种运输方式速度快、运费低、货物不易受损。由海—陆—海组成的运输形式又被称为大陆桥运输。

2. 班轮运输（提单运输）

（1）班轮运输的当事人。班轮运输的基本当事人是托运人和承运人。托运人是指与承运人订立海上货物运输合同的当事人，其将货物交给承运人承运，并按约定付给运费的人，通常是国际货物买卖合同的卖方。承运人是指承担运输工作的航运公司，包括与托运人订立运输合同的船舶所有人或租用船舶的承租人。

（2）班轮运输合同的订立。

①订舱。由托运人或代理人向承运人或代理人申请货物运输，承运人对这种申请予以承诺即订舱，这时双方意思表示一致，运输合同成立。订舱的地点可以是航线的始点或终点。

②签发装货单。承运人在接受了托运人的装运申请后，即将装货单签发给托运人，凭此命令船长将承运的货物装船。托运人应凭装货单办理报关手续。

③收货装船。在装货单上加盖海关图章后，船长才能收货装船。装船完毕后，大副签发收货单（又称“大副收据”），用以证明货物已装上船，托运人凭大副收据要求承运人签发已装船提单。

④签发提单。货物装船完毕后，在运费预付的情况下，托运人可持收货单到船公司交付运费后换取已装船提单，在运费到付的情况下，则在提出一定的书面保证后，再以收货单换取已装船提单。提单可以由承运人或其授权的人签发。

（3）提单的概念和法律特征。提单是指用以证明海上货物运输合同和货物由承运人接管或装船，以及承运人保证据以交付货物的单证。从上述定义中可以看出，提单具有下列法律特征：

①提单是海上运输合同的证明。在提单运输条件下，通常没有规范的海上货物运输合同，而提单可以作为海上货物运输合同的有效证明文件。托运人拿到承运人或其授权的人签发的提单后，可以将提单转让给其他受让人，即善意第三人。这时，提单在承运人与提单的受让人之间就不仅是运输合同的证明，而且是运输合同本身。原因是提单的受让人对托运人与承运人之间在订舱时有什么约定不知情。

②提单是承运人出具的接收货物的凭证。提单是在承运人收到所交运的货物后向托运人签发的，提单的正面记载了许多收据性的文字，如货物的标志、货物的包装、数量或重量及货物的表面状况等。如运输合同在开航前解除或于中途终止，托运人可依提单的记载领回货物。

提单的证明作用在托运人手中和托运人以外的第三方持有人手中的效力是不同的。提单在托运人手中时只是初步证据，所谓初步证据指如承运人有确实的证据证明其收到的货物与提单上的记载不符，承运人可以向托运人提出异议。但在托运人将提单背书转让给善意第三人的情况下，对于提单受让人来说，提单就成了终结性的证据，即最终证据。因为提单的受让人是根据提单上的记载事项受让提单的，他对货物的实际情况并不知情，如提单中的记载不实是由于托运人的误述引起的，承运人可以向托运人提出抗辩。但承运人不得以此对抗提单的受让人，这样才可以保证提单的流通性。如图3-1所示：

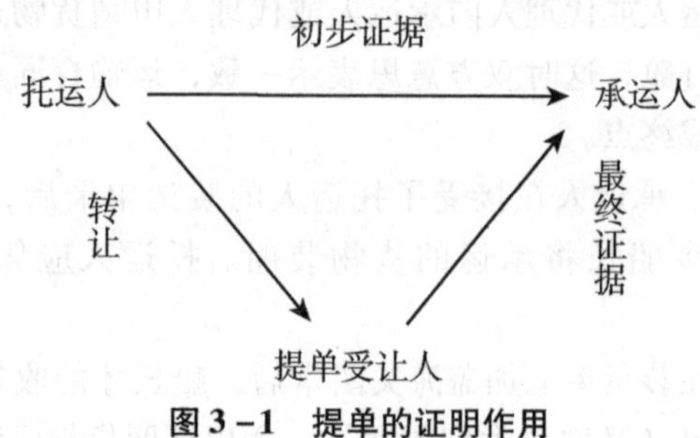

图3-1 提单的证明作用

③提单是承运人凭以交付货物的具有物权特性的凭证（即代表货物权利的凭证）。提单的流通性决定了它所具有的物权凭证的特性。提单签发后，货物的控制权即和提单紧密联系在一起，一般情况下，只有持有提单才能控制货物。提单的流通性使得提单的最终持有人总是处于不确定的状态，只有到了目的港，承运人才知道应将货物交给谁。为了避免错交货物，承运人只能采用谁持有提单就向谁交货的做法。

提单作为货物所有权的凭证，在国际货物买卖中具有三方面的意义：首先，有利于提单的转让，提单的转让实际上就是货物所有权的转让。提单转让可以大大加速资金周转和货物流通的过程；其次，提单持有人有权要求承运人交货，最后，承运人保证向提单持有人交付提单所代表的货物。

（4）提单的签发。货物由承运人接收或者装船后，应托运人的要求，承运人应当签发提单。提单可以由承运人授权的人签发。提单由载货船舶的船长签发的，视为代表承运人签发。提单签发人在签发提单前，应检查一下提单的内容。提单签发时间为货物装船后，这种提单叫“已装船提单”。

（5）提单的种类。

①根据货物是否已装船可将提单分为已装船提单和收货待运提单。已装船提单的正面载有装货船舶的名称和装船日期，表明货物确已装船。备运提单，又称收货待运提单，指船方在收到货物后，在货物装船以前签发的提单，在国际贸易中，买方一般不愿意接受这种提单。

②依收货人的抬头可将提单分为记名提单、不记名提单和指示提单。（抬头：指提单上写收货人的地方）记名提单指提单正面载明收货人名称的提单，

承运人只能将货物交给提单上指定的收货人，记名提单不能转让。不记名提单，指提单正面未载明收货人名称的提单，承运人向提单持有人交付货物，无须背书，只要将提单交给受让人即可转让。

③根据提单有无批注可将提单分为清洁提单和不清洁提单。清洁提单指提单上未附加表明货物表面状况有缺陷的批注的提单，承运人只确认目力所及的范围内货物表面状况良好，即承运人向收货人负责的是货物表面的清洁，而不是货物内在质量的保证。不清洁提单指在提单上批注有表明货物表面状况有缺陷的提单，如提单上有“破包”“撕破”等批注。不清洁提单对承运人来说限定了其责任范围，对收货人来说增加了风险。因此，国际货物买卖中买方一般不接受不清洁提单，银行一般也会拒绝接受用不清洁提单办理结汇。卖方为了获得清洁提单以便及时收汇，往往在货物表面状况有缺陷的情况下通过向承运人提供保函来换取清洁提单。

④根据运输方式可将提单分为直达提单、转船提单和联运提单。直达提单是表明中途不经转船直接将货物运往目的地的提单。转船提单指当货物的运输不是由一条船直接运到目的港，而是在中途需转换另一船舶运往目的港时，船方签发的包括全程的提单。联运提单指依联运合同签发的提单。

⑤依是否已付运费可将提单分为运费预付提单和运费到付提单。运费预付提单指载明托运人在装货港已向承运人支付运费的提单。运费到付提单指载明收货人在目的港提货时向承运人支付运费的提单。

⑥其他几种特殊提单有电子提单、预借提单、倒签提单等。电子提单是指通过电子传送的，包括海事运输合同主要内容的数据，是现代电子通信和计算机发展的产物。

预借提单是承运人在其接管的货物装船之前或尚未装船完毕之前，应托运人的要求而签发的已装船提单。

倒签提单是指承运人在货物装船后，应托运人的要求以早于货物实际装船的日期作为签发日期的提单。

后两种提单的共同特征是：托运人通常以出具保函的形式，请求承运人签发提单时将实际装船日期提前，以符合信用证的要求，便于托运人顺利结汇。

（6）提单的转让和流通性。

提单作为物权凭证，只要具备一定的条件就可以转让。提单的合法持有人可以通过转让提单来转移货物所有权及提单所体现的运输合同中的权利与义务，这即提单的可流通性。

①提单转让的条件。A. 提单必须根据提单上关于“收货人”一栏如何填

写来确定其能否流通转让。如收货人一栏写有“凭指示”、“凭某人指示”或“交给持有人”字样，则是指示提单或不记名提单，可以转让；但如收货人一栏写明交给指定的收货人，则是记名提单，其不具有流通性，不能以背书方式转让。B. 出让人把提单转让给受让人是否就是转让提单项下的货物的所有权，还要取决于出让人的意图而定。如当事人的意图是通过交付提单来转移货物的所有权，那么，提单的转让就是货物所有权的移转；如当事人的意图是把提单交给银行作为借款的抵押品或交给目的港的代理人代收货物，在这种情况下，提单的转让就不能产生移转所有权的效果。

②提单转让的方式。A. 指示提单。由提单持有人在提单上背书，并把提单交付给受让人，才能产生转让提单的法律效力。B. 不记名提单。仅凭交付提单就可实现转让的目的。

注意：提单的转让与票据的转让不同，提单一经合法手续背书转让后，转让人与受让人之间不必负连带责任。

③提单的内容。各航运公司一般都有自己的提单格式，尽管各公司提单的内容不尽相同，但其主要内容是基本一致的。提单分正反两面，提单正面是提单记载的事项及一些声明性的条款，提单的背面为关于双方当事人权利和义务的实质性条款。

提单的正面应记载哪些事项，我国《海商法》第 73 条作了规定。依该条规定：“提单的内容包括下列各项：货物的品名、标志、包数或者件数、重量或者体积，以及运输危险货物时对危险性质的说明；承运人的名称和主营业所；船舶名称；托运人的名称；收货人的名称；装货港和在装货港接收货物的日期；卸货港；多式联运提单增列接收货物地点和交付货物地点；提单的签发日期、地点和份数；运费的支付；承运人或者其代表的签字。”同时该条还规定，提单缺少前款规定的一项或者几项内容的，不影响提单的性质。

海运提单的背面通常载有关于双方当事人权利和义务的条款。各种提单格式的条款虽不尽相同，但主要内容基本上是一致的。提单背面的主要条款包括管辖权条款、法律适用条款、承运人责任条款、责任期间条款、赔偿责任限额条款、特殊货物条款、共同海损和新杰森条款、双方有责碰撞条款等，此外，提单中还有关于留置权、战争、检疫、冰冻、罢工、拥挤、转运等内容的条款。

3. 调整班轮运输的国际公约

目前调整班轮运输的国际公约主要有三个，即《海牙规则》《维斯比规则》和《汉堡规则》，如表 3－1 所示。

表 3-1 三大国际公约比较

类别	《海牙规则》	《维斯比规则》	《汉堡规则》
全称	《1924 年统一提单的若干法律规定的国际公约》	《1968 年修改统一提单的若干法律规定的国际公约的议定书》	《1978 年联合国海上货物运输公约》
通过时间	1924 年	1968 年	1978 年
生效时间	1931 年	1977 年	1992 年
承运人的基本义务	适航、管货义务	适航、管货义务	适航、管货义务
责任基础	不完全过失责任制	不完全过失责任制	完全推定过失责任制
承运人的免责	包括“航行过失免责”在内的 18 项免责	包括“航行过失免责”在内的 18 项免责	取消了“航行过失免责”
承运人赔偿限额	每件或每单位 100 英镑	(1) 每件或每单位 10000 金法郎；(2) 毛重每千克 30 金法郎，以高者为准	(1) 每件或每单位 835 特别提款权；(2) 毛重每千克 2.5 特别提款权，以高者为准
索赔通知	(1) 提货时发现，当时；(2) 损坏不明显，3 日内；(3) 联合检查，无须提交	(1) 提货时发现，当时；(2) 损坏不明显，3 日内；(3) 联合检查，无须提交	(1) 提货时发现，次日；(2) 损坏不明显，15 日；(3) 延迟交货，60 日
诉讼时效	1 年	1 年，双方协商可延长，对第三者的追偿诉讼，还有三个月的宽限期	2 年，双方协商可延长，对第三者的追偿诉讼，还有 90 日的宽限期

4. 我国《海商法》对三公约的吸收

我国虽未加入此三公约，但是我国《海商法》包含三公约的部分内容：

(1) 基本采用了《海牙规则》中的法律制度。①承运人的适航和管货的最低限度的义务；②承运人的过失免责；③承运人的“钩至钩”的责任期间等。

(2) 对《维斯比规则》内容的吸纳。①提单对善意第三人是最终证据；②承运人的责任限制和赔偿额；③关于规则适用于承运人的代理人及雇员的规定；④拼装货（如集装箱）赔偿金额的计算。

(3) 对《汉堡规则》内容的吸纳。①实际承运人的概念；②延迟交货的责任；③对集装箱运输的责任期间，采纳《汉堡规则》中的“从收货到交货规则”。

（二）国际航空货物运输法

1. 国际航空货物运输的种类

国际航空货物运输合同是由航空运输公司或其代理人与托运人签订的关于由航空公司将托运人的货物由一国的航空站运至另一国的航空站而由托运人支付约定运费的运输合同。有以下三种：

（1）班机运输。指飞机按照固定时间、固定航线、固定始发站、目的站进行定期航行的货物运输。

（2）包机运输。包括整包机和部分包机。

（3）集中托运。指航空货运代理公司将若干单独发运的货物组成一整批货物，用一份总运单将货物整批发运到目的地的航空运输。

2. 国际航空货物运输合同的当事人

当事人为承运人和托运人。承运人一般是航空公司，托运人一般是货主。（由于航空运输是一项专业性较强的运输业务，因此一般货主会委托国际航空货运代理来办理有关航空货物运输的事宜）

3. 国际航空货物运输合同和航空运单

国际航空货物运输合同是指由航空运输公司或其代理人与托运人签订的关于由航空公司将托运人的货物由一国的航空站运至另一国的航空站而由托运人支付约定运费的运输合同。

航空运单是由承运人出具的证明承运人与托运人已订立了国际航空货物运输合同的运输单证。航空运单须由托运人或其代理人和承运人或其代理人签署后方能生效。航空运单与海运提单不同，它是货物的物权凭证，一般都印有“不可转让”的字样，因为航空运输速度快，没有必要通过转让单证来转移货物的所有权。

4. 有关国际航空货物运输的国际公约

目前有关国际航空货物运输的国际公约主要有1929年《关于统一国际航空运输某些规则的公约》（简称《华沙公约》），修改《华沙公约》的1955年《海牙议定书》，1961年《统一非缔约承运人所办国际航空运输某些规则以补充华沙公约的公约》（简称《瓜达拉哈拉公约》），1999年的《蒙特利尔公约》。我国未加入《瓜达拉哈拉公约》，其余三个公约都加入了。

《华沙公约》主要包括下列的内容：（1）航空货运单；（2）承运人的责任；（3）承运人责任的免除与减轻；（4）承运人的责任限额；（5）索赔期限

和诉讼时效。

（三）国际铁路货物运输法

1. 国际铁路货物运输概述

国际铁路货物运输是指在两个或两个以上国家的铁路运送中，使用一份运输单证，并以连带责任办理货物全程运输的运输方式。

国际铁路货物运输一般不受气候条件的影响，可保障全年的正常运输，并具有运量较大，速度较快，有连续性，安全可靠，运输成本较低等特点。

2. 有关国际铁路货物运输的国际公约

有关国际铁路运输的国际公约主要有 1934 年《国际铁路货物运送公约》（CLM）（简称《国际货约》），1980 年 5 月 9 日，《国际铁路货物运送公约》与《国际铁路旅客和行李运输公约》（CIV）合并为一个新的公约《国际铁路运输公约》（COTIF），1985 年 5 月 1 日生效，之后又经过 1990 年和 1999 年的修改。COTIF 主要规范欧洲国家间的货物、旅客及行李的运输问题。

此外还有 1951 年北大西洋公约组织通过的《国际铁路货物联运协定》（CMIC）（简称为《国际货协》）。我国于 1954 年 1 月参加《国际货协》。由于《国际货协》成员方发生变化，国际铁路货物联运的做法与以前相比也有所改变。这些变化主要体现为联运货物在办理运送票据的手续上的变化和货物价格方面的变化。

《国际货协》主要规定了运单和运送合同的订立与变更、发货人的责任、运价和运送费用、货物的交付、铁路的责任期间和责任范围、诉讼、赔偿请求时效和诉讼时效。

（四）国际货物多式联运

1. 国际货物多式联运概述

国际货物多式联运是联运经营人以一张联运单据，通过两种以上的运输方式将货物从一个国家运至另一个国家的运输。

2. 关于国际货物多式联运的国际规则

20 世纪 60 年代以来，许多国家提出了制定调整多式联运的国际公约的要求。1973 年，国际商会首先制定了《联合运输单证统一规则》，该规则并没有根本解决在多式联运中存在的问题。因为该规则不是强制性的法规，且该规则的规定也很不完善。

3. 《联合国国际货物多式联运公约》

为了促进国际多式联运的发展，在联合国贸易发展委员会的主持下，于 1980 年通过了《联合国国际货物多式联运公约》，公约目前尚未生效。

公约的内容主要包括多式联运单据，多式联运经营人的责任期间，多式联运经营人的赔偿责任原则，多式联运经营人的赔偿责任限额，索赔与诉讼时效和管辖。

（1）多式联运经营合同。多式联运合同是指多式联运经营人凭以收取运费，负责履行或实现履行国际多式联运的合同。该合同涉及如下当事人：多式联运经营人、发货人和收货人。

（2）多式联运单证。多式联运单证是多式联运合同的证明，是多式联运经营人收到货物的收据及凭其交货的凭证。多式联运单证的签发，多式联运单证的内容及证据效力。

（3）多式联运经营人的赔偿责任。多式联运经营人的责任期间，赔偿责任限制，赔偿责任限制权利的丧失，发生区段确定的货损，多式联运经营人为其受雇人、代理人和其他所负的赔偿责任。

（4）发货人的责任。包括陈述真实准确的责任、赔偿责任、危险货物的特别责任。

（5）索赔和诉讼、仲裁。指货物灭失、损坏或迟延交货的索赔、诉讼与仲裁。

二、案例评析

（一）朗力（武汉）注塑系统有限公司诉天地国际运输代理（中国）有限公司武汉分公司航空货物运输合同纠纷案

【基本案情】

2014 年 6 月，浙江隆达不锈钢有限公司（以下简称隆达公司）由中国宁波港出口一批不锈钢无缝产品至斯里兰卡科伦坡港，货物报关价值为 366 918.97 美元。隆达公司通过货代向 A. P. 穆勒 - 马士基有限公司（以下简称马士基公司）订舱，涉案货物于同年 6 月 28 日装载于 4 个集装箱内装船出运，出运时隆达公司要求做电放处理。2014 年 7 月 9 日，隆达公司通过货代向马士基公司发邮件称，发现货物运错目的地要求改港或者退运。马士基公司于同日回复，因货物距抵达目的港不足 2 天，无法安排改港，如需退运则需与目的港确认后回复。次日，隆达公司的货代询问货物退运是否可以由原船带回，马士基公司于当日回复“原船退回不具有可操作性，货物在目的港卸货后，需要由现在的收货人在目的港清关后，再向当地海关申请退运。海关批准后，才可以安排退运事宜”。2014 年 7 月 10 日，隆达公司又提出“这个货要安排退运，就是因为清关清不了，所以才退回宁波的，有其他办法吗？”此后，马士基公司再未回复邮件。

涉案货物于2014年7月12日左右到达目的港。马士基公司应隆达公司的要求于2015年1月29日向其签发了编号603386880的全套正本提单。根据提单记载，托运人为隆达公司，收货人及通知方均为VENUSSTEEL PVT LTD（维纳斯钢铁私人有限公司），起运港中国宁波，卸货港斯里兰卡科伦坡。2015年5月19日，隆达公司向马士基公司发邮件表示已按马士基公司要求申请退运。马士基公司随后告知隆达公司涉案货物已被拍卖。

【争议焦点】

1. 涉案货物被海关拍卖，相应货损风险应由谁承担？

2. 马士基公司作为承运人需要承担相应的风险吗？

【案例分析】

最高人民法院认为，合同法与海商法有关调整海上运输关系、船舶关系的规定属于普通法与特别法的关系。根据《海商法》第89条的规定，船舶在装货港开航前，托运人可以要求解除合同。本案中，隆达公司在涉案货物海上运输途中请求承运人退运或者改港，因《海商法》未就航程中托运人要求变更运输合同的权利进行规定，故本案可适用原《合同法》第308条关于托运人要求变更运输合同权利的规定。基于特别法优先适用于普通法的法律适用基本原则，原《合同法》第308条规定的是一般运输合同，该条规定在适用于海上货物运输合同的情况下，应该受到《海商法》基本价值取向及强制性规定的限制。托运人依据原《合同法》第308条主张变更运输合同的权利不得致使海上货物运输合同中各方当事人利益显失公平，也不得使承运人违反对其他托运人承担的安排合理航线等义务，或剥夺承运人关于履行海上货物运输合同变更事项的相应抗辩权。

同时，合同法总则规定的基本原则是合同法立法的准则，是适用于合同法全部领域的准则，也是合同法具体制度及规范的依据。依据原《合同法》第308条的规定，在承运人将货物交付收货人之前，托运人享有要求变更运输合同的权利，但双方当事人仍要遵循原《合同法》第5条规定的公平原则确定各方的权利和义务。海上货物运输具有运输量大、航程预先拟定、航线相对固定等特殊性，托运人要求改港或者退运的请求有时不仅不易操作，还会妨碍承运人的正常营运或者给其他货物的托运人或收货人带来较大损害。在此情况下，如果要求承运人无条件服从托运人变更运输合同的请求，显失公平。因此，在海上货物运输合同下，托运人并非可以无限制地行使请求变更的权利，承运人也并非在任何情况下都应无条件服从托运人请求变更的指示。为合理平衡海上货物运输合同中各方当事人的利益，在托运人行使要求变更权利的同时，承运人也相应地享有一定的抗辩权利。如果变更运输合同难以实现或者将严重影响承运人正常营运，承运人可以拒绝托运人改港或者退运的要求，但应当及时通知托运人不能执行的原因。如果承运人关于不能执行原因等抗辩成立，承运人未按照托运人退运或改港的指示执行则并无不当。

涉案货物采用的是国际班轮运输，载货船舶除运载隆达公司托运的 4 个集装箱外，还运载了其他货主托运的众多货物。涉案货物于 2014 年 6 月 28 日装船出运，于 2014 年 7 月 12 日左右到达目的港。隆达公司于 2014 年 7 月 9 日才要求马士基公司退运或者改港。马士基公司在航程已过大半，距离到达目的港只有两三天的时间，以航程等原因无法安排改港、原船退回不具有可操作性为抗辩事由，符合案件事实情况，该抗辩事由成立，马士基公司未安排退运或者改港并无不当。

马士基公司将涉案货物运至目的港后，因无人提货，将货物卸载至目的港码头符合《海商法》第 86 条的规定。马士基公司于 2014 年 7 月 9 日通过邮件回复隆达公司距抵达目的港不足 2 日。隆达公司已了解货物到港的大体时间并明知涉案货物在目的港无人提货，但在长达 8 个月的时间里未采取措施处理涉案货物致其被海关拍卖。隆达公司虽主张马士基公司未尽到谨慎管货义务，但并未举证证明马士基公司存在管货不当的事实。隆达公司的该项主张缺乏依据。依据《海商法》第 86 条的规定，马士基公司卸货后所产生的费用和风险应由收货人承担，马士基公司作为承运人无须承担相应的风险。

（二）东方海外货柜航运有限公司诉中国外运江苏集团公司苏州公司国际多式联运合同陆路运输段货物损害追偿纠纷案

【基本案情】

2011 年 11 月 18 日，华映公司与特灵台湾公司签订了进口 3 套冷水机组的贸易合同，交货方式为 FOB 美国西海岸，目的地为中国苏州吴江。2011 年 12 月24 日，买方华映公司就运输的冷水机组向中国人民财产保险股份有限公司吴江中心支公司（以下简称人保吴江公司）投保一切险，保险责任期间为“仓至仓条款”。同年 12 月 27 日，原告东方海外公司从美国西雅图以国际多式联运方式运输了装载于三个集装箱的冷水机组经上海到吴江。原告签发了空白指示提单，发货人为特灵台湾公司，收货人为华映公司。货物到达上海港后，2012 年 1 月 11 日，原告与被告中国外运江苏集团公司江苏公司（以下简称中外运江苏公司）约定，原告支付被告陆路直通运费、短驳运费和开道车费用共计 9 415 元，将提单下的货物交由被告陆路运输至目的地吴江。但事实上，被告并没有亲自运输，而由吴淞公司实际运输，被告向吴淞公司汇付了 8 900 元运费。同年1月21日，货到目的地后，收货人发现两个集装箱破损，货物严重损坏。

收货人依据货物保险合同向人保吴江公司索赔，保险公司赔付后取得了代位求偿权，向原告进行追偿。原告与保险公司达成了和解协议，已向保险公司做出11万美元的赔偿。之后，原告根据货物在上海港卸船时的理货单记载“集装箱和货物完好”，以及集装箱发放/设备交接单（出场联和进场联）对比显示的“集装箱出堆场完好，运达目的地破损”，认为被告在陆路运输中存在过错，要求被告支付其偿付给保险公司的11万美元及利息损失。

【争议焦点】

1. 买方华映公司应向谁进行索赔？为什么？

2. 原告东方海外公司是否应该承担责任？为什么？

3. 被告中外运江苏公司是否应该承担责任？为什么？

【案例分析】

1. 华映公司向人保吴江公司投保一切险，双方达成的保险合同依法成立有效，货损属于货物运输保险单下的保险事故范畴，保险公司对涉案货损进行赔付符合情理和法律规定。故买方应向人保吴江公司要求索赔。

2. 应当承担赔偿保险公司的责任，但并非最终责任承担者。

全程运输方式属于国际多式联运。原告是多式联运的全程承运人（经营人），其与被告之间订立的合同是有效成立的。涉案两个集装箱货物的损坏发生在上海至吴江的陆路运输区段，故被告应对货物在其责任期间内的损失承担赔偿责任。

原告作为多式联运全程承运人对保险公司承担赔偿责任后有权就其所受的损失向作为陆路运输承运人的被告进行追偿。

3. 应该承担责任。本案的集装箱在卸下船时良好，在陆运出场时也完好无损，而到目的地进场时出现破损，那么自然推定集装箱及箱内的货物损坏发生在陆路运输阶段。在运输中，法律规定对承运人责任的归责原则为过错推定责任原则，只要货物在该运输途中发生了损坏，若没有相反的证据，就推定承运人存在过错，必须对自己的过错行为负责。因此，当多式联运经营人对收货人赔付后，向发生货损的区段承运人追偿于法不悖，所以，被告中外运江苏公司应当承担赔偿责任。

（三）“仙人”轮货损纠纷案

【基本案情】

1993年3月16日，永航船务公司将“仙人”轮租给辽宁外运，从日本衣浦和丰桥两港装载废旧电机和钢材运往中国宁波。21日托运人向香港民安保险公司投保了货物运输险。22日，辽宁外运签发了已装船提单，提单背面条款第2条规定："任何属本提单或与提单有关的争议由中华人民共和国法庭裁决。"第4条规定："本提单有关承运人的义务、责任、权利和豁免遵照《海牙规则》。"23日，该船取得日本丰桥港有关部门签发的船舶出口许可证。当日16时，船舶启航驶往中国宁波港。25日，"仙人"轮沉没在日本纪伊水道，所载货物随船沉没。无任何SOS信号被陆上或海上救助者收到，也无任何他船与其发生碰撞的消息。根据永航船务公司提供的日本气象厅发布的亚太地区地面气象实况图及中国气象局发布的天气实况图记载，事发当时有一温带气旋，风力8—10级。该轮持有中国船级社颁发的有关有效设备入级证书、检验证书及适航证书。

保险公司依据保险合同于1993年8月3日按全损赔付了货主，尔后取得代位求偿权，起诉永航船务公司。认为船舶沉没的原因是积载不当，船东没有在开航前和开航当时恪尽职责使船舶适航，应对货损负全部责任。

永航船务辩称："仙人"轮持有各种有效适航证书，表明其为适航船舶。本航次并未超载，且各舱配载合理，船舶稳性高度绝无问题。开航前，日本港口当局经检验，认为船舶符合安全要求，为该轮签发了出口许可证。可见在开航前和开航时，船舶处于适航状态。船舶之所以沉没，是因为事故当时风力达10级的恶劣天气。

一审法院支持船务公司的意见，免责理由成立。

保险公司不服判决，提起上诉。认为：根据《海牙规则》和我国《海商法》的规定，船舶和船员持有有效合法的证书，只是其适航的初步证据。具有上述证书也不能证明货物已正确积载；签发出口许可证，是各国港务机关对进出港的船舶的行政管理措施，与船舶是否适航毫无关系。冬季的西北太平洋海域7—10级的大风是常见的，绝对不是"不能合理遇见、不可避免、不可克服的"。而根据当地气象观测站的记录，事发当时的瞬间最大风力是8级，而非10级。事故的真正原因是积载不当。据公证人出具的调查报告，事故是4号舱二层甲板下塌造成船身破洞。4号舱二层甲板上装载着400吨废马达，平均承重为2.8吨/平方米，而正常的负重是2—2.5吨/平方米。永航船务公司提交的记载图中的虚线表示货物"中间高，四周低"，说明装货后没有进行平舱。

而船务公司没有举证证明损失是《海牙规则》所规定的"海上或其他通航水域的灾难、危险或意外事故"造成的。

【争议焦点】

1. 该船是否适航？谁负举证责任？
2. 该船是否遇到灾难、危险或意外事故？

【案例分析】

1. 根据《海牙规则》，索赔人应当举证船舶的不适航，而承运人应当举证已做到“谨慎处理”。本案中，保险公司以记载图和调查报告证明船舶不适航，应该说已经尽到了所承担的举证责任。而永航船务却没能举证其已经做到了谨慎处理使船舶适航。故船舶于开航时不适航。

2. 船务公司提供的气象资料的证明力不如保险公司提供的气象资料。在本案中，地面气象实况图只是表面证据，可以为当地气象观测站的观测记录所推翻。所以本案中的大风不足以构成灾难、危险或意外事故。

三、课后练习

1. 中国甲公司通过海运从某国进口一批服装，承运人为乙公司，提单收货人一栏写明“凭指示”。甲公司持正本提单到目的港提货时，发现货物已由丙公司以副本提单加保函提取。甲公司与丙公司达成了货款支付协议，但随后丙公司破产。甲公司无法获赔，转而向乙公司索赔。根据我国相关法律规定，关于本案，下列哪一选项是正确的？（　）

A. 本案中正本提单的转让无须背书

B. 货物是由丙公司提走的，故甲公司不能向乙公司索赔

C. 甲公司与丙公司虽已达成货款支付协议，但未得到赔付，不影响甲公司要求乙公司承担责任

D. 乙公司应当在责任限制的范围内承担因无单放货造成的损失

【答案】 C

甲公司和丙公司虽已经达成货款支付协议，但未得到赔付，不影响甲公司要求乙公司承担责任。

【解析】

选项A错误。《海商法》第79条第2款规定，指示提单：经过记名背书或者空白背书转让。本案中，正本提单收货人一栏写明“凭指示”，该提单属于提示提单，因此，其转让需要经过背书。

2. 甲公司向乙公司出口一批货物，由丙公司承运，投保了中国人民保险公司的平安险。在装运港装卸时，一包货物落入海中。海运途中，因船长过失触礁造成货物部分损失。货物最后延迟到达目的港。依《海牙规则》及国际海洋运输保险实践，关于相关损失的赔偿，下列哪些选项是正确的？（　）

A. 对装卸过程中的货物损失，保险人应承担赔偿责任

B. 对船长驾船过失导致的货物损失，保险人应承担赔偿责任

C. 对运输延迟造成的损失，保险人应承担赔偿责任

D. 对船长驾船过失导致的货物损失，承运人可以免责

【答案】ABD

【解析】

本题考核平安险、《海牙规则》。

选项A正确。在装卸或转运时由于一件或数件整件货物落海造成的全部或部分损失，属于平安险的责任范围。因此，保险公司要对此承担赔偿责任。

选项B正确。由于运输工具遭受搁浅、触礁、沉没、互撞、与流水或其他物体碰撞以及失火、爆炸等意外事故造成货物的全部或部分损失，属于平安险的责任范围。因此，保险公司要对此承担赔偿责任。

选项C错误。根据《海牙规则》的规定，运输迟延引起的损失和费用不在平安险范畴之内，故保险人不承担赔偿责任。

选项D正确。根据《海牙规则》的规定，船长、船员、引水员或承运人的雇佣人在驾驶或管理船舶中的行为、疏忽或不履行职责造成货物的灭失、损害的，承运人免责。

3. 关于海上货物运输中的迟延交货责任，下列哪一表述是正确的？（ ）

A. 《海牙规则》明确规定承运人对迟延交付可以免责

B. 《维斯比规则》明确规定了承运人迟延交付的责任

C. 《汉堡规则》只规定了未在约定时间内交付为迟延交付

D. 《汉堡规则》规定迟延交付的赔偿为迟交货物运费的2.5倍，但不应超过应付运费的总额

【答案】D

【解析】

《海牙规则》规定的承运人的免责共有17项，包括2项过失免责和15项无过失免责，根据第4条第2款的规定，对由于下列原因引起或造成的货物的灭失或损害，承运人不负责任：(1) 船长、船员、引水员或承运人的雇佣人在驾驶或管理船舶中的行为、疏忽或不履行职责；(2) 火灾，但由于承运人实际过失或私谋所造成者除外；(3) 海上或其他可航水域的风险、危险或意外事故；(4) 天灾；(5) 战争行为；(6) 公敌行为；(7) 君主、统治者或人民扣留或拘禁或依法扣押；(8) 检疫限制；(9) 货物托运人或货主、其代理人或代表的行为或不行为；(10) 不论由于何种原因引起的局部或全面的罢工、关厂、停工或劳动力受到限制；(11) 暴乱和民变；(12) 救助或企图救助海上人命或损害；(13) 由于货物的固有瑕疵、性质或缺陷所造成的容积或重量的损失，或任何其他灭失或损害；(14) 包装不当；(15) 标志不清或不当；(16) 尽适当的谨慎所不能发现的潜在缺陷；(17) 不是由于承运人的实际过失或私谋，

或是承运人的代理人或受雇人员的过失或疏忽所引起的任何其他原因。可见，《海牙规则》没有规定承运人对迟延可以免责，故选项A错误。《维斯比规则》的内容主要是对《海牙规则》的补充和修改，没有规定承运人迟延交付的责任，故选项B错误。《汉堡规则》规定，承运人对火灾所引起的灭失、损坏或延迟交付负赔偿责任，但索赔人需证明承运人、其受雇人或代理人有过失。《汉堡规则》所规定的延迟交付是指未在约定的时间内交付，或在无约定的情况下，未在合理的时间内交付。故选项C错误。《汉堡规则》规定，承运人对延迟交付的赔偿责任限额为延迟交付应付运费的2.5倍，但不应超过应付运费的总额。故选项D正确。所以本题答案为D。

四、延伸阅读

1. 约翰·威尔逊. 海上货物运输法：第7版［M］. 袁发强，译. 北京：法律出版社，2014.

2. 朱作贤. 司玉琢论《海牙规则》“首要义务”原则——兼评UNCITRAL运输法承运人责任基础条款［J］. 中国海商法年刊，2002，13.

3. 刘铁英. 国际海上货物运输承运人免责条款规定［J］. 现代商业，2016（2）.

4. 王捷. 海上货物运输［M］. 大连：大连海事大学出版社，2015.

5. 邢海宝，海上货物运输合同中的关系人［J］. 法学家，2002（3）.

6. 闻银玲.《全程或部分海上国际货物运输合同公约》前景分析及中国的对策［J］. 法治研究，2010（9）.

7.《中华人民共和国民事诉讼法》《中华人民共和国海商法》《中华人民共和国海事诉讼特别程序法》。

8.《海商法》第42条第2项规定，“实际承运人，是指接受承运人委托，从事货物运输或者部分运输的人，包括接受转委托从事此项运输的其他人”。

第四章　国际货物运输保险法

一、主要知识点

（一）国际货物运输保险的基本原则

在国际贸易中，货物通常需要经过长途运输，在运输、装卸、储存的过程中，货物可能会遇到各种风险而遭受损失，为了在货物遭受损失时能得到一定的及时补偿，货物的买方和卖方就要向保险人或保险公司投保货物运输保险，也即把货物的风险转嫁给保险人或保险公司来承担。国际货物运输保险现已成为国际货物贸易中的一个不可缺少的组成部分。

国际货物运输保险的种类因运输方式的不同而有所不同，主要有海上货物运输保险、陆上货物运输保险、航空货物运输保险和国际联运货物保险，其中，历史最悠久、业务量最大、法律规定最全的是海上货物运输保险。

目前国际上还没有统一的货物运输保险法，实践中保险人与被保险人的权利义务是由各国国内法和当事人双方订立的保险合同确立的。但无论是哪一种国际货物运输保险，都应当遵循一定的基本原则。主要有以下四个基本原则。

1. 保险利益原则

保险利益又叫作可保利益，是指被保险人对保险标的所具有的合法的利害关系，既可以是经济上的利益，也可以是被保险人依法或依合同所承担的义务、责任而产生的利害关系，即必须是合法的、确定的、可用货币补偿的利害关系。

保险利益原则也称可保利益原则，是财产保险的基本原则，由于保险合同是一种赔偿合同，因此要求获得保险赔偿的人必须对保险标的具有可保利益。保险利益原则可防止以他人财产的灭失损坏来谋取自己的利益，也可以确定保险人的责任额度，实现保险的真正目的——对受到损害的被保险人进行补偿。

2. 最大诚实信用原则

最大诚实信用原则是指国际货物运输保险合同的当事人应当以诚实信用为基础订立和履行保险合同。该原则主要体现在被保险人在订立合同时的告知义务和在履行保险合同时的保证义务。

3. 损失补偿原则

损失补偿原则是指在保险事故发生而使被保险人遭受损失时，保险人必须在责任范围内对被保险人所遭受的实际损失进行补偿。保险合同是一种损失补偿合同，即当保险标的因保险事故而造成损失，保险人必须按照合同规定履行赔偿义务，包含及时赔偿原则、全部赔偿原则以及赔偿实际损失原则。

4. 近因原则

1906 年《英国海上保险法》第 55 条第 1 款规定：除保险单另有约定外，保险人对其承保风险近因造成的损失，承担赔偿责任，但对非由其承保危险近因造成的损失一概不承担赔偿责任。这一规定，确立了保险责任认定中的一个重要原则——近因原则，即保险事故的发生与保险标的的损害之间存在着因果关系。

我国《保险法》《海商法》只是在相关条文中体现了近因原则的精神而无明文规定，我国司法实务界也注意到这个问题，在最高人民法院《关于审理保险纠纷案件若干问题的解释》第 19 条中规定：近因，即人民法院对保险人提出的赔偿责任限于以承保风险为近因造成损失的主张应当支持。近因是指造成承保损失起决定性、有效性的原因。

这就是国际货物运输保险的四个基本原则，需要重点掌握保险利益原则和损失补偿原则。

（二）国际货物运输保险合同

1. 国际货物运输保险合同概述

（1）国际货物运输合同的订立。国际货物运输保险合同的订立是由被保险人以填制投保单的形式向保险人提出保险要求，即要约，经保险人同意承保，并就货物运输保险合同的条款达成协议后（即承诺后），保险合同即成立。投保申请可以由被保险人提出，也可以由其委托的代理人提出。

（2）国际货物运输保险合同的变更。国际货物运输保险合同的变更是指在国际货物运输保险合同主体不变的情况下，对合同中事先约定的某些内容进行的改变。

（3）国际货物运输保险合同的解除。国际货物运输保险合同的解除分两种情况：

①保险责任开始前，被保险人可以要求解除合同，但应向保险人支付手续费，保险人应当退还保险费。

②保险责任开始后，除保险合同另有约定外，被保险人和保险人均不得解除合同。

（4）国际货物运输保险合同的终止。国际货物运输保险合同的终止原因有自然终止、义务已履行而终止、违约终止、因危险发生变动而终止、保险标的因保险事故之外的原因灭失而使保险合同终止五种。

2. 国际货物运输保险合同的内容

国际运输货物保险合同的内容主要包括下列几项：

（1）当事人。国际运输货物保险合同的当事人为保险人和被保险人。

（2）保险标的。国际运输货物保险合同的保险标的主要是货物，包括贸易货物和非贸易货物。如扩大一点还包括船和运费。

（3）保险价值。保险价值是被保险人投保的财产的实际价值，即货值多少钱。可以核定，也可以约定，实践中经常是约定，核定比较麻烦。

（4）保险金额。保险金额指保险合同约定的保险人的最高赔偿数额。

（5）保险责任和除外责任。保险责任是保险人对约定的危险事故造成的损失所承担的赔偿责任。“约定的危险事故”就是保险人承保的风险。保险人承保的风险可以分为保险单上所列举的风险和附加条款加保的风险两大类，前者为主要险别承保的风险，后者为附加险别承保的风险。除外责任就是保险人不承保的责任。

（6）保险期间。保险期间也就是保险责任的期间。

（7）保险费和保险费率。保险费率是计算保险费的百分率。保险费是投保人向保险人支付的费用。保险费等于保险金额乘以保险费率。

3. 承保的风险与损失

（1）风险。中国人民保险公司货物运输保险条款所包含的承保风险具体可包括以下几种：

①自然灾害。是指不以人的意志为转移的自然力量所引起的灾害，包括与航行有关的海啸、地震、飓风、雷电、洪水等恶劣气候和自然灾害。

②意外事故。是指由于偶然的、非意料中原因所造成的事故，包括与航行有关的如触礁、沉没、颠覆、碰撞、失踪、火灾、爆炸等意外事故。

③外来风险。是指除上述风险以外的外来原因造成的风险，如偷窃、受潮、串味、钩损、玷污等外来原因，以及由战争、暴动、罢工等特殊原因造成的货物损失、灭失等。这类风险往往都规定在各种附加险中。

（2）损失。损失程度可分为两类：全部损失和部分损失。其中全部损失又可分为实际全损和推定全损；部分损失又可分为共同海损和单独海损。

①实际全损。指保险标的发生保险事故后灭失或者严重损坏完全失去原有形体、效用或者不能再归被保险人所有。对于实际全损，保险公司应按保险标的的全额给予赔偿。

②推定全损。指货物发生保险事故后，认为实际全损已不可避免，或者恢复、修复受损货物以及运送货物到原定目的地的费用超过运到该目的地的货物价值。

对推定全损，被保险人可以采用以下两种处理方式：

A. 按实际全损进行索赔，但必须向保险人发出委付通知，将全损货物委付给保险人。

B. 按部分损失索赔，损余货物的所有权还归被保险人所有。

在实践中，被保险人向保险人提出委付必须具备以下五个法定条件才能成立委付：

a. 委付必须以保险标的物的推定全损为条件。保险标的物发生推定全损后，被保险人可以把保险标的物委付给保险人，当保险人接受委付后，被保险人就能得到全部保险金额的赔付。

b. 委付必须以保险标的物的整体性为条件。被保险人必须以保险标的物的全部请求委付，不能只就一部分标的物委付。

c. 委付必须将保险标的物上的一切权利义务转移给保险人。这时保险人有权处置保险标的物，有权追偿与该标的物有关的债务。

d. 委付必须经保险人承诺方能生效。被保险人提出委付，保险人可以接受，即被保险人可以将委付财产的全部权利义务转移给保险人。保险人也可以不接受委付，即委付不成立，被保险人仍可以对其标的物行使权利。委付一经接受不得撤回。

e. 委付不能附有额外条件。因为如果允许委付附有额外条件，比如一艘已投保的船舶失踪，被保险人提出委付，但同时又附有条件：日后船舶有着落时，愿返还受领的保险金而要求返还船舶，这样就导致了保险合同当事人权利义务的复杂化，必然会影响保险人的利益，所以法律不允许。

如果此时被保险人的损失是由第三方的原因造成的，比如一货主的货因船方的原因致损，他首先会找船方，船方拒绝的话，他再去找保险人，保险人赔偿之后就会取代货主的位置，向船方（即第三责任人）求偿，这就是代位求偿权。

委付制度和代位求偿制度都是海上保险特有的法律制度，这些制度已为海上保险所广泛采用。

代位求偿权是指保险标的的损失是由于第三者的疏忽或过失造成的，在保险人依保险合同向被保险人支付了约定的赔偿后，即取得了由被保险人转让的对第三者的损害赔偿请求权。

代位求偿应具备四个条件才能成立：

A. 保险标的物的损失是由第三者造成的，该第三者应当承担责任。

B. 保险标的物的损失包括全部损失和部分损失。

C. 被保险人遭受保险标的物损失后未向加害人索赔。

D. 保险人向被保险人支付赔偿金。

委付和代位求偿权的关系如下：

A. 联系。二者都是保险人接受权利后而采取的一种法律行为。

B. 区别。

a. 委付适用于推定全损，而代位适用于全部损失或部分损失；

b. 委付转让的是保险标的的所有权及其他有关的权利和义务，而代位转化的是向第三者追偿的权利；

c. 委付是保险人取得保险标的所有权后向被保险人支付保险赔偿，而代位是以保险人向被保险人支付赔偿为前提的。

③部分损失。即除了全部损失以外的一切损失。可分为两种：

A. 共同海损。是指在同一海上航程中，船舶、货物和其他财产遭遇共同危险，为了共同安全，有意地、合理地采取措施所直接造成的特殊牺牲或支出的特别费用。例如：船舶搁浅，为了保护船货的共同安全，船长下令将部分货物扔进海里减负，这样船舶才能得救，那么扔进海里的货物损失就是共同海损。

由此可知共同海损的构成要件：a. 危险：共同的；b. 措施：有意地、合理地；c. 牺牲和费用：特殊的；d. 结果：有效果，即保全了船货。

B. 单独海损。是指因自然灾害或意外事故直接造成船货的损失。例如：船上的货物不慎被浪打落掉进海里，被浪打落的货物属于单独海损。

举例：船舶因意外失火导致一部分货物着火，为灭火导致另一部分货物湿损，那么因意外着火的货物属于单独海损，湿损的货物属于共同海损。

单独海损是由风险直接造成的损失，其损失由受损方自行承担，是否能从保险公司得到赔偿取决于当事人投保的险别及保险单的条款是如何制定的。共同海损则相反，其损失是有意地按照人的安排作出的，所以应当由被获救船舶、货物、运费获救后的价值按比例在所有与之有利害关系的受益人之间进行分摊。

共同海损与单独海损的区别如下：a. 共同海损涉及船货的共同危险，单独海损中的危险只涉及船货其中一方的利益；b. 共同海损有人为因素，单独海损无人为因素；c. 共同海损损失由各方分摊，单独海损损失由单方承担。

(3) 保险人承保的费用。

保险人除了承保因约定风险所造成的保险标的损失外，还承保保险事故发生后产生的费用损失。

①施救费用。指当保险标的遭遇保险事故发生损失时，被保险人为防止损

失的扩大而采取措施所支出的费用。此时，被保险人能从保险公司那里得到赔偿，但以不超过该批获救货物的保险金额为限。

②救助费用。指当保险标的遭遇保险事故后，被保险人为防止或减少货物损失或灭失，对第三方进行救助，而且获得成功，被保险人向第三方支付的救助报酬，这个费用保险人也负责赔偿。

4. 保险单的种类

（1）定值保险单。载明保险标的的约定价值，通常为 CIF 价或 CIP 价 + 10% 的买方预期利润，按约定价值赔付。

（2）不定值保险单。没有约定保险标的的保险价值，按实际损失赔付，但不得超过保险金额。

（3）航程保险单。以一次或多次航程为期限的保险单。

（4）流动保险单。保险人与被保险人就总的承保条件事先予以约定，细节留待以后商定。

（5）预约保险单。又称开口保险单，与流动保险单类似，只是在保单中未规定固定的保险总金额。

（6）重复保险单。投保人对同一保险标的，在同一保险期间内，就同一保险利益，同一保险事故分别向两个及以上保险人订立保险合同的保单。

（7）保险凭证。又称小保单，不载明保险条款的简化的保单。

（8）联合保单。一种简化的保险凭证，附在外贸发票上，只注明承保险别和保险金额。

（9）保险批单。对保险单或保险凭证的内容进行修改、补充或删除时出具的单证，其效力大于保险单或保险凭证。

5. 保险责任的起讫

按照一般的国际保险实践，保险人的责任期间是从被保险货物运离保险单所载明的启运地仓库或储存处开始运输时起，至该货物到达保险单所载目的地收货人的最后仓库或储存处，或被保险人用作分配、分派或非正常运输的其他储存处所为止。即通常称为“仓至仓条款”。具体是指：（1）从启运地仓库或储存处开始运输时起至该货物到达目的地收货人的最后仓库或储存处为止；（2）如未抵达上述仓库或储存处，则以货物到达卸货地后满 60 天为止（航空运输：30 天）；（3）如在上述 60 天内（航空运输：30 天）货物被运至保单所载目的地以外的地点，则保险责任从货物开始转运时止。

6. 被保险人的义务

被保险人通常需要承担以下义务：（1）如实申报；（2）支付保险费的义务；（3）及时提货；（4）当获悉航线改变或发现保单所载货物运输工具、航程有遗漏或错误时，被保险人应立即通知保险人；（5）对遭受承保范围内危险的货物，应迅速采取合理措施、减少或防止货物损失；（6）索赔。

7. 索赔期限

2 年，即从被保险货物在最后卸运地全部卸离运输工具时起算。

8. 国际货物运输保险索赔

（1）索赔。索赔是指在保险事故发生后，投保人或被保险人按照保险合同的约定，向保险人要求履行赔偿责任的行为。

（2）理赔。保险理赔是指保险人处理保险索赔案的过程。保险的理赔包括保险人根据保险合同约定，对保险标的的损失情况进行现场勘查、审核保险责任和赔偿范围，并履行赔偿或支付保险金的义务等。

（3）代位求偿。代位求偿权指如果保险标的的损失是由于第三者的疏忽或过失造成的，在保险人依保险合同向被保险人支付了约定的赔偿后，即取得了由被保险人转让的对第三者的损害赔偿请求权，也就是代位求偿权。

（4）委付。委付发生在保险标的出现推定全损的情况下，当保险标的出现推定全损时，被保险人可以选择按部分损失向保险人求偿或按全部损失求偿。当被保险人选择后者时，则由被保险人将保险标的权利转让给保险人，而由保险人赔付全部的保险金额。这种转让保险标的权利的做法被称为委付。对于保险人来说，可以接受委付，也可以不接受委付。

（三）国际海上货物运输保险条款

海洋货物运输保险是国际货物运输保险中最主要的一种保险，主要承保海上运输中自然灾害、意外事故或外来原因造成的货物损失。国际海洋货物运输保险条款常用的是伦敦保险协会制定的货物保险条款。我国对外贸易运输中除上述条款外，还经常使用中国人民保险公司制定的海洋货物运输保险条款。因为英国的《伦敦协会条款》影响最大，所以许多国家都以它为参照，因此海洋货物运输保险条款已在很大程度上达到了一致。

1. 中国人民保险公司海洋货物运输保险条款

中国人民保险公司参照国际保险界的习惯做法，并结合各国制定的国际货物运输保险条款，制定了中国海洋货物运输保险条款，目前使用的是经过 1981 年 1 月 1 日修订的中国海洋货物运输保险条款。

（1）保险条款及险别。中国人民保险公司制定的海洋货物运输保险条款分基本险和附加险。

第一，基本险。又称主险，是指可以独立承保、不必附加在其他险别下的险别。主要承保海上风险（自然灾害和意外事故）所造成的货物损失，主要包括三种。

①平安险。是三种基本险别中保险人责任最小的一种。原文是“单独海损不赔”，即实际上对单独海损不负赔偿责任，以赔偿全损为主，主要承保的责任范围为：

A. 自然灾害造成的货物全部损失或推定全损，但自然灾害造成的部分损失不赔。自然灾害即天灾，如地震、海啸等。

B. 运输工具遭遇意外事故造成货物全部或部分损失。意外事故是小一点的事故，如撞船、搁浅、触礁等。

C. 运输工具先发生意外事故又遭受自然灾害造成的部分损失。

D. 一件或整件货物落海造成的全部或部分损失，如一批货物从一只船装卸到另一只船上时不慎掉进了海里。

E. 被保险人的施救费用，即被保险人对遭受承保责任内危险的货物采取抢救，防止或减少货损的措施而支付的合理费用，但以不超过该批被救货物的保险金额为限。

F. 共同海损的牺牲、分摊和救助费用。比如一条船搁浅了，为了船货的共同安全，船长下令把部分货物扔进海里，这样船货才能获救，那么被扔进海里的货物损失就是共同海损。

②水渍险。原文为“单独海损负责”，即对单独海损负赔偿责任，实际上它除承保平安险的各项责任外，还负责被保险货物由于恶劣气候等自然灾害造成的部分损失，也就是平安险不负责的部分损失，由水渍险负责。

③一切险。除承保平安险和水渍险的各项损失外，还承保由于外来原因导致货物的全部或部分损失。外来原因是指除自然灾害、意外事故以外的原因，如偷窃、提货不着、淡水雨淋、短量、串味异味等原因。这里的外来原因还是后面要讲的一般附加险承保的范围。所以一切险实际上是平安险、水渍险和一般附加险的总和，是最高险，责任范围最广。

以上三种基本险，实践中被保险人可按货物的特性及可能遇到的风险选择一种来投保。

第二，附加险。不能单独投保，必须和主险一起投保的险别。有三种：

①一般附加险。承保各种外来原因造成的货物全损或部分损失。有 11 种，包括偷窃、提货不着险、淡水雨淋险、短量险、混杂、玷污险、渗漏险、碰损、破碎险、串味异味险、受潮受热险、钩损险、包装破裂险、锈损险等。一般附加险不能单独投保，它必须包括在一切险中，或投保人在投保了平安险或水渍险后，根据需要加保其中一种或几种险别。

②特别附加险。必须附属于主险项下，对因特殊风险造成的保险标的的损

失负赔偿责任的附加险，所承保的责任已超过一切险范围，包括 7 种：交货不到险、进口关税险、舱面险、拒收险、黄曲霉素险、出口货物到香港或澳门存仓火险、卖方利益险等。

③特殊附加险。有 3 种，即战争险、战争险的附加险费用和罢工险。特殊附加险在投保人向保险公司提出申请后，经特别同意，在投保了基本险后可以加保。

（2）保险人的除外责任。保险人的除外责任是指保险人对于某些原因所引起的货物损失不负赔偿责任。中国海洋货物运输保险条款规定，保险人在基本险别中的除外责任有以下五个方面：

①被保险人的故意行为或过失所造成的损失；

②属于发货人责任所引起的损失；

③在保险责任开始前，被保险货物已存在的品质不良或数量短差所造成的损失；

④被保货物的自然损耗、本质缺陷、特性以及市价跌落、运输延迟所引起的损失和费用；

⑤海洋运输货物战争险条款和货物运输罢工险条款规定的范围和除外责任。

2. 保险人的责任期间

保险人的责任期间即保险人对运输货物承担赔偿责任的期间。根据中国人民保险公司海洋货物运输保险条款的规定，平安险、水渍险和一切险三种基本险别承保责任的起止时间，均采用国际保险中惯用的“仓至仓条款”，即保险人的责任期间是从启运地仓库或储存处开始运输时起到该货物到达目的地收货人的最后仓库或储存处为止。中国人民保险公司海洋货物保险条款主要以“仓至仓条款”“扩展责任条款”“航程终止条款”和“驳运条款”来确定保险人的责任起讫。

3. 索赔时效

海洋运输货物保险的索赔时效为 2 年。

（四）其他国际货物运输保险法律制度

1. 国际陆上货物运输保险条款

（1）承保范围。中国人民保险公司的陆上运输货物保险条款以火车和汽车为限，其主要险别分为陆运险和陆运一切险，陆上运输货物战争险是陆上运输货物保险的附加险。

（2）责任起讫。陆运货物保险条款负“仓至仓”责任，包括正常运输过程中的陆上和与其有关的水上驳运在内。如货物未抵达目的地仓库或储存处所，则以被保险货物运抵最后卸货的车站满60天为止。

（3）被保险人的义务。及时提货、采取合理的抢救措施、索赔提供单证。

（4）除外责任主要包括：被保险人的故意行为或过失造成的损失；属于发货人责任引起的损失；在保险责任开始前，被保险货物存在的品质不良或数量短差造成的损失；被保险货物的自然损耗、本质缺陷、特性以及市场跌落、运输延误造成的损失和费用；本公司陆上运输货物战争险条款和货物运输罢工险条款规定的责任范围和除外责任。

2. 国际航空货物运输保险条款

（1）承保范围。《航空货物运输保险条款》将国际航空货物运输分为两种：航空运输险和航空运输一切险。

（2）责任起讫。《航空货物运输保险条款》同样规定了“仓至仓”责任以及责任扩展，但期限为30天。

二、案例评析

（一）海南丰海粮油工业有限公司与中国财产保险有限公司海南省分公司海运货物保险合同纠纷案

【基本案情】

1995年11月28日，海南丰海粮油工业有限公司（以下简称丰海公司）在中国财产保险有限公司海南省分公司（以下简称海南人保）投保了“哈卡”轮（HAGAAG）所运载的4 999.85吨桶装棕榈油的货物运输保险，投保险别为一切险。根据保险条款规定，一切险的承保范围除包括平安险和水渍险的各项责任外，海南人保还“负责被保险货物在运输途中由于外来原因所致的全部或部分损失”。该条款还规定了五项除外责任。1995年11月23日至29日，“哈卡”轮起航后，由于该轮的船东与期租船人之间发生船舶租金纠纷，“哈卡”轮中止了提单约定的航程并对外封锁了该轮的动态情况，直至1996年4月“哈卡”轮走私至中国汕尾被我海警查获。根据广州市人民检察院《免予起诉决定书》的认定，“哈卡”轮所载棕榈油已被盗卖或被我国检察机关作为走私货物没收上缴国库。丰海公司向海南人保提出索赔申请，海南人保明确表示拒赔，丰海公司因此向海口海事法院提起诉讼。

海口海事法院一审认为，本案投保货物的损失是由于船东盗卖和走私行为造成的，应属于丰海公司所不能预测和控制的外来原因，符合丰海公司投保的一切险的承保条件。一审判决海南人保应赔偿丰海公司保险价值损失

3 593 858.75美元。海南省高级人民法院二审认为，根据保险单所附的保险条款和保险行业惯例，一切险的责任范围属于列明风险，包括平安险、水渍险和普通附加险。丰海公司投保货物的损失不属于一切险的责任范围。

二审撤销一审判决，驳回丰海公司的诉讼请求。丰海公司向最高人民法院申请再审。最高人民法院再审认为，本案保险标的的损失不属于保险条款中规定的除外责任之列，应为收货人即被保险人丰海公司无法控制的外来原因所致，本案保险事故属一切险的责任范围。最高人民法院于2004年7月13日判决撤销海南省高级人民法院二审判决，维持海口海事法院一审判决。

【争议焦点】

如何理解海洋运输货物保险条款中一切险的责任范围？

【案例分析】

此问题在海上保险法理论界和司法实践中一直存在不同的观点，本案一、二审法院也作出截然相反的判决结果。本案再审判决对于海洋运输货物保险条款中一切险的理解作出最终的论断，即“海洋运输货物保险条款”规定的一切险，除包括平安险和水渍险的各项责任外，还包括被保险货物在运输途中由于外来原因所致的全部或部分损失。在不存在被保险人故意或者过失的情况下，除非被保险货物的损失属于保险合同规定的保险人的除外责任，保险人应当承担运输途中外来原因所致的一切损失。这一认定，对统一海洋运输货物保险纠纷案件的审判实践具有重要的指导意义。

（二）中国人民财产保险股份有限公司航运保险运营中心与泰州三福船舶工程有限公司船舶建造保险合同纠纷案

【基本案情】

泰州三福船舶工程有限公司（以下简称三福公司）与波兰赫密恩公司于2008年4月28日签订了造船合同，同日，三福公司、赫密恩公司与设计方上海佳豪公司签订该船舶建造的技术规格书，约定船舶达到干舷吃水8.25米时，载重吨大约为16 900吨。三福公司于2011年5月14日为该艘船舶的建造向中国人民财产保险股份有限公司航运保险运营中心（以下简称人保航运中心）投保船舶建造险，人保航运中心于5月17日向三福公司签发保险单。涉案保险单背面印制的保险条款第三条列明保险责任范围包括“保险船舶任何部分因设计错误而引起的损失”，第四条列明的除外责任包括“建造合同规定的罚款以及由于拒收和其他原因造成的间接损失”。涉案船舶基本建成前进行的空船测试显示：空船重量为6 790吨，吃水8.25米时载重吨为15 968.60吨，比设计合同的约定少载931.40吨。三福公司发现上述问题后，于2012年3月10日与赫密恩公司签订备忘录协商同意降价286万美元。此后，三福公司通过增加船舶干舷吃水0.2米将船舶载重吨增加至16 593.90吨，于2012年3月16日向赫密恩公司实际交付船舶。三福公司于2012年7月9日就上述降价损失向人保航运中心提出保险索赔被拒，遂于11月26日提起诉讼。

【争议焦点】

三福公司因船舶吃水设计错误所遭受的经济损失是否属于船舶建造险的承保范围，人保航运中心是否需要赔偿该损失及其利息。

【案例分析】

最高人民法院再审认为：(1)《海商法》规定的船舶原则上应限于基本建成而具有航海能力的船舶，船舶建造险所承保的船舶是否属于该法规定的船舶，需要根据其是否具有航海能力分阶段相应认定。在三福公司投保当时造船材料尚未移上船台，远未建成为海商法一般意义上的船舶，且涉案保险事故及其原因发生在船舶基本建成前的建造与设计阶段，本案纠纷不应适用《海商法》的规定。一、二审法院适用《海商法》关于海上保险的规定作出的判决错误，应予纠正。(2)对保险条款首先应当按照通常理解予以解释，涉案保险条款规定"本公司对保险船舶的下列损失、责任和费用，负责赔偿"，以船舶指代船舶所有人、经营人或者建造人等相关利益主体，"损失和费用"是指被保险人的"损失和费用"。在没有特别限定的情况下通常可以理解为包含有形物理损害(损坏)和无形的经济损失。(3)船舶建造保险单已经明确以造船合同文本为基础，应根据保险单和保险条款确定保险责任范围。被保险人与船舶买方在造船合同约定之外另行协商赔偿，超出保险合同当事人订立合同时的合理预期，保险人有权拒绝赔付。遂改判人保航运中心赔偿三福公司损失人民币5 640 640.45元及其利息。

上海海事法院一审认为，三福公司因船舶吃水设计错误所遭受的经济损失人民币18 038 878元属于船舶建造险的承保范围，判决人保航运中心赔偿该损失及其利息。上海市高级人民法院二审基本同意一审判决意见，但认为一审判决没有扣除保险单约定的免赔额人民币14万元不当，遂在此基础上相应改判。人保航运中心不服二审判决，向最高人民法院申请再审。

中国作为造船大国，多年来持有的造船订单和实际造船总载重吨位居全球第一。本案涉及船舶建造险的法律适用、保险条款的解释，以及船舶设计错误、损失赔偿数额认定等一系列比较复杂的法律适用和海事专门技术问题。航运和保险业特别关注，将本案再审作为依法解决类案的一个示范性诉讼。最高人民法院再审判决通过通俗地阐明专业技术问题和抽丝剥茧的法律论证，逐一厘清了船舶建造险的法律适用规则、保险条款的解释方法、船舶设计错误及有关损失的认定依据，积极回应了船舶建造业与保险业长期争执不休的法律热点问题，对指导全国法院公正审理同类纠纷案件、规范相关市场主体的履约行为、促进航运保险业稳定健康发展，均具有积极作用。

（三）MCC Non Ferrous Trading Inc. v. AGCS Marine Insurance Co. MCC 有色金属贸易公司诉 AGCS 海上保险有限公司

【基本案情】

原告 MCC Non Ferrous Trading Inc.（以下简称 MCC），是一家从事有色金属买卖的公司，被告 AGCS Marine Insurance Co.（以下简称 AGCS）是一家保险公司。原告与被告就日后交易的货物签订了海上货物运输保险合同，保险类别为一切险。根据该保险合同，AGCS 为 MCC 所有 2013 年 1 月 15 日之后装运的货物提供保险，保险责任自货物离开证书、专门保单或运输起始地申报单中标明的仓库开始，直至将货物送达到证书、专门保单或申报单中载明的目的地仓库为止，并且在正常的运输过程中持续有效。保险合同还规定，不承保 MCC 以 CIF 条件购买的货物，除非被保险人遭受到损害或损失，卖方或其他当事人以及卖方投保的保险人拒绝或没有能力赔偿时，本保险予以赔偿；货物在其他保险承保的范围内，MCC 遭受到损失或损害而不能获得赔偿的，也在本保险承保范围内；另外，保险合同还规定了“不诚实行为排除适用”条款：被保险人、其唆使者、其他货物买卖利害关系人或他们的雇员、代理人的侵吞、隐匿、转卖、背信或其他任何不诚实行为造成的损失或损害不在保险范围内。

2013 年 9 月 30 日，McQanCorporation（以下简称 McQan）与 Riverbend Enterprises（以下简称 Riverbend）签订了一份合同，约定从 Riverbend 处购买废铜，之后再转卖给 MCC。2013 年 10 月 16 日，McQan 将 300 吨废铜转卖给 MCC，约定交付条件为 CIF Hamburg（德国）或 Bremerhaven（德国）。之后，MCC 又将废铜转卖给铜熔炼厂 AurubisAG Recycling（以下简称 Aurubis），交付条件为 CIF Rotterdam（荷兰），交付时间为 2013 年 11 月或 12 月。然而，当船到达 Rotterdam 之后，货物集装箱中装满了建筑材料等杂物而非废铜，因此，Aurubis 拒绝接收货物。而实际上，这批货物在装运时，Riverbend 将装有废铜的集装箱运到了其他地方，而用建筑材料废料的集装箱代替装船。

根据 MCC 与 McQan 之间的货物买卖合同，交付条件为 CIF Hamburg 或 Bremerhaven，也就是说，McQan 有义务为货物购买保险，并对货物装上船之前的风险负责。2013 年 12 月 18 日，MCC 将货物丢失的情况通知了 McQan，并要求赔偿自己的损失。索赔无果之后，2014 年 10 月，MCC 将保险公司 AGCS 告上法庭，要求判定货物的丢失带来的损失在保险赔偿范围内，并要求 AGCS 对自己遭受的损失进行赔偿。而 AGCS 却认为 Riverbend 的行为属于盗窃，属于保险单中排除适用条款规定的情形，因此应免除自己的责任。法院驳回了原告的请求。

【争议焦点】

作为被保险人的 MCC 公司应当进行哪些举证？

【案例分析】

通常来说，一切险中的被保险人想要获得赔偿，负有以下举证责任：①存在保险合同关系；②对保险合同中的标的具有可保利益；③保险承保的财产遭受到意外损失。本案中，要求被告 AGCS 对货物丢失带来的损失负责，MCC 要对以上三点进行举证。

第一，MCC 与 AGCS 签订了海上货物运输保险合同，两者存在保险合同关系。第二，在 MCC 与 ACCS 的保险合同中，包含保险人承认 MCC 对运输途中保险标的物具有可保利益的条款。这种包含承认被保险人具有可保利益条款的保险单被称为“信誉保单”。根据此项条款保险人承认被保险人对承保的财产享有经济利益，被保险人在计算承保范围内的损失时，除了需要提交保险单之外，不必提交任何自己对保险标的物具有权益的证据。当被保险人不具有可保利益时，保险人应该通过证明被保险人不具有可保利益来避免承担责任。也就是说当信誉保单适用于争议中的货物时，被保险人不必证明具有可保利益，相反的，由保险人证明不存在可保利益来免除自己的责任。因此，MCC 只需要证明存在一定数量遭受损失的货物，并且这些货物损失在保险单承保范围之内即可。

首先，保险合同中规定不承保 MCC 以 CIF 条件购买的货物，除非 MCC 遭受到损害或损失，卖方或其他当事人以及卖方投保的保险人拒绝或没有能力赔偿。而本案中，MCC 以 CIF 条件从 McQan 处购买废铜，MCC 没有责任购买保险，在遭受到损害或损失之后，卖方以及卖方投保的保险人没有对 MCC 进行赔偿，那么此时 MCC 可以向 AGCS 索赔。

其次，MCC 主张与 AGCS 的保险单包含通过欺诈手段盗窃货物造成的损失。但是 AGCS 却对此进行反驳，一切险承保的范围包括盗窃及通过欺诈盗窃造成的损失，除非另有排除条款规定。而根据本保险单中“不诚实行为排除适用”条款，被保险人、其他货物买卖利害关系人或他们的雇员、代理人的侵吞、隐匿、转卖、背信或其他任何不诚实行为造成的损失或损害不在保险范围内。因此，AGCS 主张，本案中的 Riverbend 将废铜卖给 McQan，之后 McQan 又将废铜卖给 MCC，Riverbend 自然是货物买卖的利害关系人，而且 Riverbend 的行为构成盗窃，所以废铜丢失造成的损害不在保险范围之内。

MCC进一步辩称，“不诚实行为排除适用”条款内容模糊不清，应作不利于保险人的解释。被保险人、其他货物买卖利害关系人或他们的雇员、代理人的侵吞、隐匿、转卖、背信或其他任何不诚实行为造成的损失或损害不在保险范围内这一规定中，其他货物买卖利害关系人在本案中应被理解为保险只适用于MCC与McQan之间的买卖合同，MCC、McQan或他们的代理人没有不诚实行为，Riverbend不是MCC与McQan之间买卖合同的利害关系人，所以Riverbend的盗窃行为不属于“不诚实行为排除适用”条款规定的情形。

法官认为，一般而言，保险单中的词句应被赋予自然、通常的解释，拥有一般理解力的投保人和保险人都能理解它。如果具有一般理解力的人，经过对全文的阅读与把握，以及对贸易中的习惯、实践、惯例以及术语都有所了解并客观地阅读一份合同条款时仍存在多种理解，那么这条合同条款就是模糊不清的。而MCC对“不诚实行为排除适用”条款的理解太过狭隘，其主张的其他与交易有关的利害关系人只能依据MCC与McQan之间的买卖合同来判断，并且不诚实行为只能由此合同的当事人作出是不正确的，因为利害关系人虽然不是交易合同的当事人，但却可以与合同存在利害关系，如本案中的Riverbend，其是否将废铜交付给McQan的行为，将影响着McQan能否履行与MCC之间的买卖合同义务，所以Riverbend可以认定为MCC与McQan之间买卖合同的利害关系人。而且任何通情达理的被保险人都不会臆断“不诚实行为排除适用”条款只适用于一份买卖合同签字双方当事人的不诚实行为。因此本案Riverbend的盗窃行为包含在“不诚实行为排除适用”条款中，也就是说废铜的丢失不在承保范围之内。

综上，一切险的责任范围除包括平安险和水渍险的责任外，还包括由于盗窃、提货不着、淡水雨淋、短量、混杂、玷污、渗漏、碰损破碎、串味、受潮受热、钩损、包装破裂、锈损造成的损失，但保险合同双方当事人可以约定除外责任。本案中保险合同当事人约定了除外责任，即被保险人、其他货物买卖利害关系人或他们的雇员、代理人的侵吞、隐匿、转卖、背信或其他任何不诚实行为造成的损失或损害不在保险范围内。而Riverbend可以被认定为MCC与McQan之间买卖合同的利害关系人，所以其盗窃行为造成的货物损失属于保险合同当事人约定的除外责任。

因此，法院对MCC要求判定货物丢失带来的损失在保险赔偿范围内，AGCS须对自己遭受的损失进行赔偿的请求不予支持。

三、课后练习

1. 中国甲公司与德国乙公司签订了购买成套设备的进口合同。价格条件为

CFR 上海，信用证付款。货物按时装上了承运人所属的利比里亚籍“玛丽”轮，甲公司投保了平安险。“玛丽”轮航行到上海港区时与日本籍“小治丸”轮因双方的过失发生碰撞，致使“玛丽”轮及其货舱中的部分货物受损。基于上述情况，下列哪一选项是正确的？（　）

A. 本题碰撞引起的货损应由甲公司自行承担

B. 依《海牙规则》，“玛丽”轮所有人对过失碰撞引起的货损可以免责

C. 因甲公司投保的是平安险，保险公司对本题碰撞引起的部分货物损失不承担赔偿责任

D. 因已知货物受损，所以即使单证相符，甲公司仍有权要求银行拒付货款

【答案】 B

【解析】

选项 A 错误。这个选项迷惑性很强。虽然 CFR2020 术语中，货物损毁灭失的风险是由甲公司承担的，但其已投保平安险，损失在平安险保险范围内，其可以向保险公司索赔，故 A 项错误。注意术语和保险的嵌套。

选项 B 正确。依照《海牙规则》，船舶碰撞属于航行过失，承运人可以免责，所以 B 项正确。

选项 C 错误。船舶碰撞属于平安险的赔偿范围。

选项 D 错误。信用证合同独立于基础合同之外，不论基础合同履行情况如何，只要单证相符，银行必须付款。

2. 关于海洋运输货物保险，下列哪一选项是正确的？（　）

A. 平安险项下赔偿的因自然灾害造成的全部损失只包括实际全损

B. 保险人的责任期间自保险合同订立时开始

C. 与平安险相比，水渍险的保险范围还包括因自然灾害造成的保险标的的部分损失

D. 附加险别可独立承保

【答案】 C

【解析】

选项 A 错误。海洋货运保险中的所有险种对于因自然灾害造成的货物全部损失都给予赔偿。由于海洋运输的特点，货物的全损既包括实际全损，也包括推定全损。

选项 B 错误。保险人的责任期间通常不是自保险合同订立时开始，而常常是从起运地仓库到目的港仓库，或者是双方专门约定的起讫时间。

选项 C 正确。水渍险 = 平安险 + 自然灾害造成的部分损失。

选项 D 错误。附加险不可独立承保。

3. 甲国A公司向乙国B公司出口一批货物，双方约定适用2010年《国际贸易术语解释通则》中CIF术语。该批货物由丙国C公司“乐安”号商船承运，运输途中船舶搁浅，为起浮抛弃了部分货物。船舶起浮后继续航行中又因恶劣天气，部分货物被海浪打入海中。到目的港后发现还有部分货物因固有缺陷而损失。该批货物投保了平安险，关于运输中的相关损失的认定及赔偿，依《海牙规则》，下列选项正确的是（ ）

A. 为起浮抛弃货物造成的损失属于共同海损

B. 因恶劣天气部分货物被打入海中的损失属于单独海损

C. 保险人应赔偿共同海损和因恶劣天气造成的单独海损

D. 承运人对因固有缺陷损失的货物免责，保险人应承担赔偿责任

【答案】 AB

【解析】

选项A正确。“共同海损”指在同一海上航程中，船舶、货物和其他财产遭遇共同危险，为了共同安全，有意地、合理地采取措施所直接造成的特殊牺牲和支付的特殊费用。其构成要件是：首先，所涉及的海上危险应该是共同的；其次，是为共同的安全有意采取的措施；最后，损失是为了共同安全的利益牺牲。为起浮抛弃的货物满足共同海损的构成要件，是为了共同安全，有意地并有效果地采取措施。

选项B正确。“单独海损”指货物由于非共同威胁船、货的风险造成的损失。恶劣天气将货物打入海中的描述只能看出这种风险只是针对货物的，所以是单独海损。

选项C错误。平安险下单纯由自然灾害造成的部分损失不赔。C项中的单独海损正式属于不予赔偿的情形。但有读者会感到困惑，不是说意外事件+自然灾害造成的部分损失要赔吗？大家注意，前一次搁浅抛货不应单纯地认定为意外事件，而是属于共同海损。二者的结合应该是“共同海损+自然灾害”造成的部分损失。这里的自然灾害造成的部分损失不属于平安险赔偿范围。

选项D错误。固有缺陷造成的货损，承运人依《海牙规则》可以免责，固有缺陷也属于保险人的除外责任之一，按照老师的总结，这叫“不关我事”。所以保险人不承担责任。

四、延伸阅读

1. 张苗．国际货物运输与保险［M］．北京：清华大学出版社，2010.

2. 《保险法》第60条第1款规定：“因第三者对保险标的的损害而造成保险事故的，保险人自向被保险人赔偿保险金之日起，在赔偿金额范围内代位行

使被保险人对第三人请求赔偿的权利”，其构成要件为：（1）被保险人因保险事故对第三者享有损失赔偿请求权。首先保险事故是由第三者造成的；其次根据法律或合同规定，第三者对保险标的的损失负有赔偿责任，被保险人对其享有赔偿请求权。（2）保险标的损失原因属于保险责任范围，即保险人负有赔偿义务。（3）保险人给付保险赔偿金。

第五章　世界贸易组织法

一、主要知识点

（一）世界贸易组织概述

1. 关贸总协定（GATT）及世界贸易组织的产生

1930年的时候世界出现了经济危机，各个国家都希望保护自己的市场，好多国家都垒起了关税高墙，自己的市场自己做，不让外国的产品进来，保护自己的市场。这时美国站出来，它觉得这种封闭的方式对贸易不利，所以它通过双边的降关税的协定来打破这种关税壁垒，后来慢慢从双边走向多边，就形成了《国际贸易组织宪章》（《哈瓦那宪章》）。由于当时签这个宪章的目的是想建立一个国际贸易组织，需要各国的批准，而美国国会认为建立这样一个组织是限制了美国的立法权，所以没有批准，然后其他国家都看美国的脸色，很多国家都没批准，所以在1948年1月1日只临时生效了《关税与贸易总协定》，美国想形成一个组织的愿望没有得到实现。因此从1948年到1995年，关贸总协定一直是管理国际贸易的唯一的多边条约，成为事实上的“国际贸易组织”。1994年关贸总协定主持了“乌拉圭回合”谈判，宣布成立世界贸易组织，世界贸易组织是根据1994年4月15日通过的《建立世界贸易组织协议》成立的，并于1995年1月1日正式开始工作。

2. 关贸总协定的基本内容和理论基础

（1）1994年《关税与贸易总协定》（GATT 1994）基本内容。GATT 1994由序言等四个部分，共38条正文组成。序言阐述了关税与贸易总协定的宗旨。第一部分（第1条和第2条）是总协定的核心，规定缔约方之间应当相互提供无条件最惠国待遇，关税减让谈判中达成的关税减让表列入总协定附件，成为其一部分。第二部分（第3条至第23条）是总协定的实质内容。规定缔约方之间应当相互给予国民待遇；对非关税贸易壁垒予以约束，以及对争端的防止与解决作出了规定。第三部分（第24条和第25条）阐述关税同盟与自由贸易区与总协定的关系，关贸总协定的适用范围、生效方式，加入与退出的程序。第四部分（第36条至第38条）规定发达国家缔约方应给予发展中国家缔约方非互惠的更优惠的待遇。

（2）关贸总协定的理论基础及规则特征。关贸总协定建立在自由市场经济理论的基础之上。GATT规则的重要特点是其灵活性，体现为一般规则与具体承诺，基本原则与原则例外，条约义务与道义责任的有机结合，这一规则特征已被世界贸易组织继承。

（3）关贸总协定的法律地位。关贸总协定是临时生效的协定，是非正式的国际组织。

3. 乌拉圭回合谈判成果及世界贸易组织的宗旨、目标、基本职能和法律地位

（1）乌拉圭回合谈判成果。GATT一共进行过8个回合的多边谈判，每次都取得不同成果，其中尤以最后三个回合的谈判成果较为显著。第六回合亦称“肯尼迪回合”，此次谈判大幅度减低了关税，达成第一个非关税壁垒协议，即《反倾销协议》，增加了贸易与发展部分，开创了计划经济国家“入关”的先例。第七回合亦称“东京回合”，此次谈判范围广泛，特别在约束非关税壁垒协议方面取得了突出成果，达成9项守则和协议。第八回合亦称“乌拉圭回合”，此次谈判最重要的成果是通过了《建立世界贸易组织协议》，建立了管理多边贸易的正式国际组织——世界贸易组织。

（2）WTO的宗旨。在提高生活水平和保证充分就业的前提下，扩大货物和服务的生产与贸易，按照可持续发展的原则实现全球资源的最佳配置；努力确保发展中国家，尤其是最不发达国家在国际贸易增长中的份额与其经济需要相称；保护环境。

（3）WTO的目标。提高生活水平，保证充分就业，保证实际收入和有效需求的大幅稳定增长以及扩大货物和服务的生产和贸易。

（4）WTO的基本职能。管理和执行共同构成世贸组织的多边和诸边贸易协定；作为多边贸易谈判的讲坛；寻求解决贸易争端；监督各成员方的贸易政策，并与其他有关制定全球经济政策的国际机构合作。

（5）WTO的法律地位。具有法人资格；每个成员向世界贸易组织提供为履行其职责所必需的特权和豁免，范围等于联合国大会于1947年11月21日通过的《专门机构特权和豁免公约》所规定的特权与豁免。

4. 世界贸易组织的成员

（1）原始成员（创始成员）。于1995年1月1日WTO协议生效前加入的

国家和地区。截至2004年10月有成员148个。

(2) 新成员（加入成员）。于1995年1月1日WTO协议生效后加入的国家和地区。由其决策机构部长级会议以三分之二多数票通过后方可加入。

(3) 中国。我们中国本来在复关之前能成为原始成员，但是没有实现，所以是后加入的，属于新成员，2001年12月11日正式成为WTO的第143个成员。

5. 世界贸易组织机构体系，如图5-1所示。

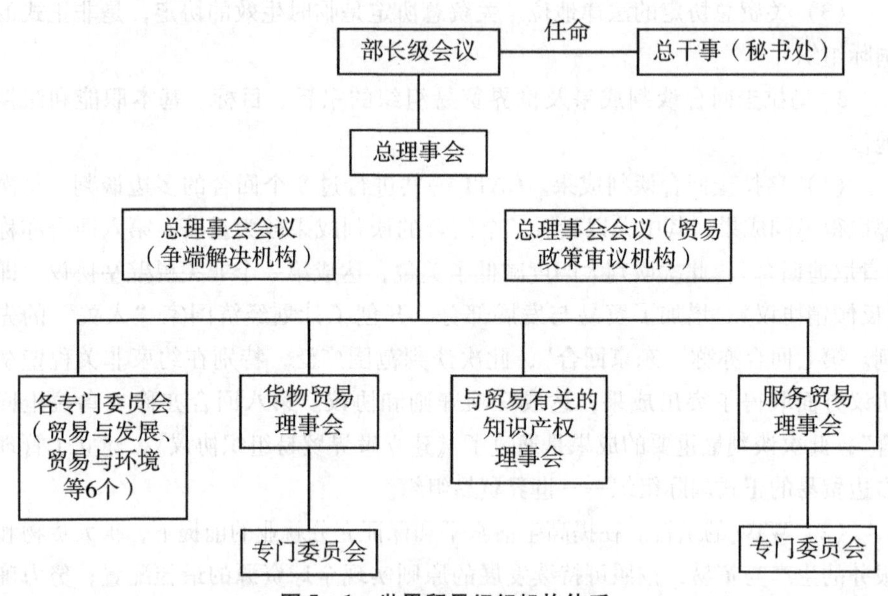

图5-1 世界贸易组织机构体系

(1) 部长级会议是世界贸易组织的最高权力机构，由所有成员的代表组成，每两年举行一次会议，可以对多边贸易协议的所有事务作出决定。

(2) 总理事会是WTO的常设执行机构，从事日常工作，下设争端解决机构和贸易政策评审机构，还有三个理事会（货物贸易、服务贸易和知识产权），五个委员会（贸易与发展、国际收支、区域集团、行政预算、环境与贸易），以及诸边协议委员会。

(3) 秘书处是日常办事机构，目前有员工约500人，由部长级会议任命的总干事领导，总干事的权力、职责和任期等由部长级会议确定。

6. 世界贸易组织法律体系，如图5－2所示。

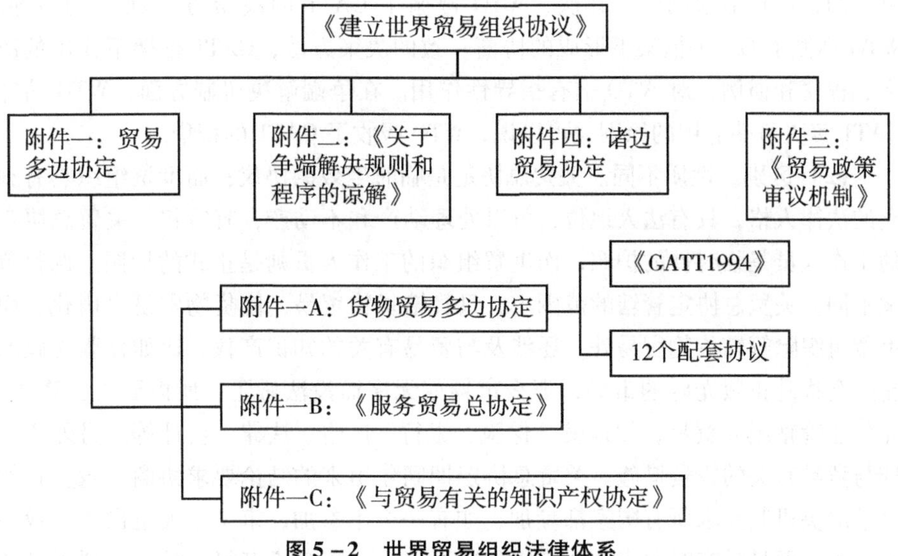

图5－2　世界贸易组织法律体系

7. 世界贸易组织的决策程序

（1）协商一致。这是WTO沿用关贸总协定协商一致做决策的惯例，即出席会议的成员没有一个对所作决议提出正式反对意见，那么决策机构就以协商一致的方式对提交审议的事项作出决定，也即没意见就通过。

（2）WTO成员投票表决。有三种情况：部长级会议和总理事会对协议条款的解释需经WTO成员四分之三多数票通过；WTO协议和所属多边贸易协定的一般条款修改以三分之二多数票通过，某些重要条款如“最惠国待遇”的修改需全体成员通过才有效；豁免某成员WTO的义务须经四分之三多数票通过。

8. WTO规则的法律效力，约束的主体，空间效力范围

WTO规则对其成员方中央政府有直接约束力，其成员方中央政府有义务采取一切合理措施确保其领域内的地方政府和当局遵守该协议。WTO法律规则对成员方境内的企业、私人无直接约束力，但有直接影响力。WTO并没有规定各成员方应以何种国内措施履行协议义务，各成员可以采取与其传统和政治体制相适应的方式实施协议。

9. WTO与GATT的关系

（1）WTO是对GATT的继承和发展。主要表现在以下两个方面：首先，世贸组织协定吸收了关贸总协定的规则。GATT1947经过修改成为GATT1994的一部分，也成为WTO规则的一部分。在GATT框架下行之有效的原则，如最惠国

待遇原则，扩大适用到了新制定的协定中，如《服务贸易总协定》和《与贸易有关的知识产权协定》。其次，WTO 遵循了 GATT 的决策方法和惯例指导。WTO 遵循了 GATT 框架下形成的协商一致的决策方法，GATT 框架下作出的决定、程序和惯例，对 WTO 也有指导性作用。在争端解决机制方面，WTO 信守 GATT 解决争端适用的原则。可以说，WTO 吸收了 GATT 的精华。

（2）区别。性质不同。关贸总协定是临时生效的协议；而世贸组织具有独立的法律人格，具有法人地位，可以处理动产和不动产，有特权。关贸总协定的工作人员是临时性的护照，而世贸组织的工作人员则是正式的护照。调整范围不同。关贸总协定管辖的范围小，只管辖货物贸易，使货物贸易自由化；而世贸组织除管辖货物贸易外，还涉及与贸易有关的知识产权，比如盗版光碟的流通会扰乱正版光碟的市场，那么市场就无序而没法做了，所以要打击盗版。此外还管辖服务贸易，如运输、保险、银行、广告、法律、会计等。另外还管辖与贸易有关的投资措施。关贸总协定期间作出来的结论要求协商一致，它的争端解决机制要求所有国家都参加，如有一个不参加，审了半天也白审，裁决也没用，而且没有时间表，会造成久拖不决，一个案子审很长时间；到了世贸组织时创造出一个“反向一致”原则，就是你想让一个裁决不通过，除非全体都不通过，全体是包括你的同盟和对手的，很难出现全体都通过或全体都不通过这么一种情况，有一个通过就得通过，很容易通过，而且有一个时间表，最长不超过一年多。所以关贸总协定 50 年才审 20 多万个案子，而世贸组织 5 年审了 20 万个案子，效率很高。谈判的处理结果不同。关贸总协定是自愿接受，所签的协议有的国家接受，有的国家不接受，很乱；而世贸组织所签的协议是“一揽子”接受方式，除四个诸边贸易协定可有选择地自愿参加以外，其余的大家都要接受，所以比较统一。与国内法的关系不同。关贸总协定是个临时性的协议，有个“祖父条款”，效力比较高，就是原来有个国内立法，与现在关贸总协定不一致，那么这个国内立法优先适用，这时国内立法的效力就可以超越国际协议。到了世贸组织期间，如果国内立法和世贸组织规定不一致，则用世贸组织的，国内的必须改，但给你一个过渡期，比如我们中国就有三年的过渡期，最后把国内与世贸组织不符的法律改掉。

（二）世界贸易组织货物贸易规则

1. GATT1994 基本原则

有四个基本原则，是从协定的规定中总结出来的，它并没有明确规定。

（1）最惠国待遇原则（WTO 整个体系的基石）。

①含义。GATT 最惠国待遇原则具有不同于其他经贸领域最惠国待遇原则

的特殊含义，它是指一成员给予原产于或运往另一成员的任何产品的利益、优惠、特权与豁免应当立即无条件地给予原产于或运往所有其他成员领土的同类产品。也即一国在经济关系中给予另一国国民的优惠待遇不应低于该国现在和未来给予任何第三国国民的待遇。也就是双方达成的东西要多边化，比如我们和美国谈判达成的东西，后来大部分国家都可以享受到，就是外国人之间平等，外国产品之间平等。实行此原则的目的是消除 WTO 各成员方之间的待遇差别，使所有成员方具有同等的贸易机会和条件，进行公平贸易竞争，从而促进国际贸易的发展。

由于 GATT 最惠国待遇是给予原产于和运往所有其他成员的进出口货物，原产地规则对于执行这一原则有重要作用。

②适用范围。与进出口有关的任何关税和费用；进出口关税和费用的征收方法；与进出口有关的规章手续；进出口货物的有关国内税费，影响进口货物销售的法律、规章和要求；例外条款中允许实施数量限制的行政管理措施（如配额分配方式）。

③特点。A. 内容的确定性。世贸组织体系下的最惠国待遇具有明确的适用范围，如上所述，所以它不是抽象的原则，而是有明确具体内容的、可执行的制度。B. 多边化。多边化是指 WTO 某成员给予另一成员在货物贸易方面的优惠、特权和豁免都必须同样给予所有其他成员，不应歧视其中任何一个成员，不应存在特殊的双边互惠关系。例如，中国和美国进行贸易谈判，同意将茶叶的进口关税由 10% 降为 5%，削减后的这个税率必须适用于来自其他所有成员如英、日、法等的进口茶叶。再比如，中国对出口到美国的茶叶征税，就必须对出口到所有 WTO 成员如如英、日、法等国的茶叶也要征税。所以最惠国待遇的多边性在缔约方之间起了统一和平衡的作用，不但省去了缔约方之间进行双边贸易谈判的必要性，也克服了双边谈判不可避免的互换性和局限性。C. 制度化。世贸组织体系的最惠国待遇以成员之间谈判达成的关税减让表或承诺为依据，在有关规则的约束范围内实施，不但有明确的标准和操作程序要求，而且规定有明确的时间表。部长级会议、总理事会及相关机构负责监督和执行，比较完善的争端解决机制可以迅速、高效地解决争端，从制度上保证最惠国待遇原则及其例外得到贯彻执行。D. 无条件。其含义是指世贸组织内部一成员与另一成员之间达成的任何优惠安排自动地适用于其他成员，但不包括在确定多边最惠国待遇关系时相互讲条件或附加条件，以及在给惠时多边贸易规则允许附加的条件。

（2）国民待遇原则。

①含义。GATT 国民待遇原则不同于其他经贸领域国民待遇原则，它是指

一成员产品输入另一成员境内时，进口国不得直接、间接地对该产品征收高于本国相同或类似产品的国内税和国内费用。在关于产品在国内销售的法律规章实施方面，不得用来歧视外国产品，保护本国相同或类似产品。

②适用范围。仅适用于进口国对进口产品采取的不合理的国内税和国内规章方面的措施。要求进口产品一旦被课、征关税和其他通用费用入境后，就应与国内产品享有同等待遇，不应随意征收高于相同或类似国内产品的税费。国民待遇不适用于边境措施（如海关估价、通关征税手续、进出口商品检验、许可证手续），不适用于投资措施（涉及 TRIMs 协议者除外），不适用于政府采购（涉及政府采购协议成员除外）。

③与最惠国待遇原则的比较。A. 相同点。都建立在非歧视原则基础上，是实现非歧视贸易的两大手段。B. 不同点。国民待遇原则要求本国产品和进口产品的待遇平等，而最惠国待遇原则要求对不同出口国的产品予以平等待遇。国民待遇旨在保证其他国家的产品在本国境内享有与本国产品同等的待遇，而最惠国待遇原则的目的是保证两个或两个以上不同的国家在同一国家境内享有同样的待遇，以达到不同国家之间在同一国家境内的公平竞争。因此，国民待遇所提供的优惠要高于最惠国待遇。国民待遇是指在外国产品进入国内市场之后，在国内税以及国内规章方面给予和本国产品同样的待遇；而最惠国待遇原则在两个环节中实施：一是在海关关税和其他海关费用的征收以及征收的方法方面给予最惠国待遇，二是在外国产品进入国内市场以后，在国内税或国内费用的征收方面实施最惠国待遇。

（3）逐步削减关税和约束关税原则。这里的关税主要指进口关税，进口关税的高低直接影响一个国家的出口量，尤其是高关税在很大程度上排斥了他国商品的进口，因此，减低进口关税是真正实现贸易走向自由的重要手段和措施。

逐步削减关税是指通过互惠互利的谈判，大幅度地降低关税和进出口的其他费用水平，特别是降低使少量进口都受阻碍的高关税，以发展国际贸易。

约束关税是指每一成员通过谈判达成的削减关税和其他贸易障碍的承诺载入减让表中，形成有约束力的义务，各成员不得随意实施超过减让表水平的关税率或增加其他税费。

（4）一般禁止实行数量限制原则。对外贸易措施有两类：一是关税措施，即要约束关税，可以用，因为它透明度高，但要不断削减；二是非关税措施，尽量要取消，但有些可以用，我们要按规则去用，比如数量限制措施，是政府惯用的手段，常被用来限制进出口数量。

数量限制是指限制进口数量的措施，其表现形式多种多样，如实行配额制、采用进口许可证等。数量限制是非关税壁垒中最常见的形式，对贸易自由化的影响不亚于关税，它不仅缺乏透明度，而且比较隐蔽，阻碍了自由贸易。

一般禁止实行数量限制原则的含义是：普遍禁止实行数量限制，任何成员不得对其他成员产品进口和本国产品出口实行禁止和限制，不论采取配额、许可证还是其他形式。允许各成员采取一定的保护本国工业或其他产业的措施，应运用关税和国内税手段，并尽可能维持在较低的合理的水平，不应采取数量限制。在 GATT 允许的例外情况下，各成员可以对某些产品进口实行数量限制，这种数量限制应在非歧视的基础上实施。

该原则仅适用于边境措施，即适用于尚未进出口的货物，对已经进出口的货物实行歧视性禁止或销售限制由国民待遇原则调整。

2. GATT1994 例外条款

（1）属于整个 GATT 原则、规则的例外。①一般例外。依第 20 条规定的一般例外，缔约方采取的为保护人民、动植物生命健康所必须的措施（b 项），为保证与本协定无抵触的法规、条例的执行所必需的措施（d 项）；为保护可能用竭的天然资源的有关措施（g 项），不受 GATT 的阻碍。但是在采取这些措施时不得对情况相同的各国构成武断、不合理的差别待遇或变相限制国际贸易。

②安全例外。GATT 第 21 条是安全例外，规定缔约方提供有关国家安全的资料和为国家安全利益所采取的行动，以及依联合国宪章为维持国际和平安全采取的行动不受总协定约束。

WTO 成员保留是否接受新义务的权利。

WTO 成员之间互不适用 WTO 协议。

毗邻成员之间边境贸易的例外（第 24 条）。

（2）最惠国待遇（MFN）原则的例外。最惠国待遇不得阻止建立关税同盟和自由贸易区（24 条），以及区域经济一体化对多边贸易体制的影响。大家注意区别关税同盟和自由贸易区，关税同盟是以有关单独关税领土代替两个或两个以上的关税领土，同盟内实质上取消了关税和贸易限制，对外作为有关整体实行共同的关税和贸易规章，如南部非洲关税同盟。自由贸易区是指两个或两个以上的关税领土组成的贸易集团，其内部实质上取消了货物的关税和其他贸易限制，实现了货物贸易自由，但对外各成员保持自己独立的关税和贸易政策，如北美自由贸易区、东盟自由贸易区。

MFN 不得阻止 WTO 成员根据 GATT 第四部分及授权条款给予另一成员单方优惠。即发达国家给予来自某些发展中国家的产品单方面的优惠，这种优惠不必扩展到其他发展中国家，也不要求受惠国给以回报。主要有“授权条款”——普遍优惠制。这个条款是在 1979 年 11 月 28 日 GATT 东京回合谈判中达成的，其允许发展中国家相互给以优惠。发达国家对发展中国家给以优惠，而发达国家不能要求发展中国家给以反向优惠。

虽然 GATT 没有规定 MFN 不适用于政府采购，但由于政府采购由政府采购协议调整，使这个诸边协议成员之间在政府采购方面相互给予的待遇优于非成员。

(3) 国民待遇原则的例外。国民待遇原则不适用于政府采购。即不适用于有关政府机构采购供政府公用、非商业转售或非用于生产商业销售的物品的管理法令、条例和规定。国民待遇原则不妨碍成员政府给国内生产者某种补贴。国民待遇原则并不禁止有关电影片的国内放映数量限制。

(4) 一般禁止实行数量限制原则的例外。A. 普遍禁止的例外。如成员方有权以实施其农业计划、稳定农业市场为由，对农、渔产品进口实施数量上的限制。

B. 为保障国际收支实施的数量限制，即成员方为保障其对外金融地位、维持国际收支平衡，在短期内对进口实行必要的数量限制。

C. 保障条款及《保障措施协定》。GATT 第 19 条规定：当一成员国发生了不能预见的情况以及因为关税减让造成某种进口产品大量增加，以致对国内相关产品的生产造成严重损害或严重损害威胁，该成员可以实施临时性限制进口措施（保障措施）。保障措施不同于针对倾销、补贴产品进口采取的限制，它是对外国正当合法的进口产品实行限制。

D. 与反倾销措施的不同。保障措施是指成员在进口激增并对其国内产业造成严重损害或严重损害威胁时，依据 GATT1994 所采取的进口限制措施。该措施是成员政府在正常贸易条件下维护本国国内产业利益的一种重要手段。它与针对不公平贸易的反倾销措施不同。设置该措施的目的在于：使成员所承担的国际义务具有一定灵活性，以便其在特殊情况出现时免除其在有关 WTO 协定中应当承担的义务，从而对已造成的严重损害进行补救或避免严重损害之威胁可能产生的后果。

E. 采取保障措施的条件。a. 因发生了不能预见的情况（指在关税减让谈判时不能预见）和在协定项下承担关税减让义务的影响，来自某一成员的某种进口产品数量剧增。b. 该剧增的进口产品给国内同类或直接竞争产品的生产者造成严重损害或严重损害威胁，在决定严重损害及损害威胁时应考虑的因素。c. 损害与进口的因果联系。d. 应依据 WTO《保障措施协定》规定的其他程序条件。

F. 保障措施实施的方式。a. 保障措施为增加关税和实行数量限制。b. 时间限制。c. 非歧视地实行保障措施。d. 应依据立案调查、通知、协商程序。e. 贸易损失的补偿。

3. GATT1994 关于发展中国家特殊待遇的规定。

(1) 第 18 条规定。第 18 条题为政府对经济发展援助，允许发展中国家有更多自由使用数量限制和其他措施保护其幼稚工业和国际收支平衡，但由于其运用受程序限制，较少采用。

(2) GATT 第四部分及授权条款和普惠制。GATT 第四部分要求发达国家给予发展中国家在贸易谈判中减让关税和其他贸易壁垒的优惠，不希望得到互惠；扩大发展中国家初级产品的出口；在考虑总协定其他特殊问题时特别注意发展中国家的贸易利益和根本利益。GATT 东京回合谈判通过《对发展中国家差别的和更优惠待遇，互惠和更全面参与的决定》的授权条款，进一步确认了发展中国家在多边贸易体制中享有差别的更优惠待遇的法律地位，依授权条款，发展中国家享有的差别的更优惠待遇，不需要经过 GATT 豁免义务程序，弥补了 GATT 第四部分的不足。但是 GATT 第四部分与授权条款不是有约束力的法律义务，不能强制实行。

普惠制即普遍优惠制，是发达国家对于来自发展中国家的某些产品给予的普遍的、非歧视性的、非互惠的关税优惠制度。普惠制通过发达国家执行的给惠方案来实施，给惠方案中包括受惠国地区、给惠产品、减税幅度、保护措施、原产地规则等。

(三) WTO 货物贸易规则之二，约束非关税壁垒主要协议

1.《反倾销协议》(《关于实施 GATT1994 第 6 条的协定》)

1995 年 1 月 1 日生效的乌拉圭回合《反倾销协议》在实体和程序两方面严格限制了国际反倾销的纪律，使关贸总协定确立的国际反倾销立法臻于完善。此协议共有三部分，正文 18 条和两个附件。依照协议，反倾销措施是仅在 GATT1994 第 6 条规定的情况下实施，并按照协议的规定发起和进行调查。

(1) 倾销的含义和认定。A. 倾销的含义。GATT 第 6 条规定，一国产品以低于正常价格进入另一国市场，如果因此对一缔约方领土内已经建立的某项工业造成实质性损害或实质性损害威胁，或对某一国内工业新建产业产生实质阻碍，而且损害与倾销产品进口有因果关系，这样即构成倾销。

B. 倾销的认定。认定正常价格的标准是国内价格、向第三国出口价格、结构价格，认定损害需要考虑的因素是倾销对进口国和出口国的影响。协议还规定产品以低于成本价格向进口国销售也是倾销。

C. WTO《反倾销协议》。约束成员对外国倾销反应（反倾销措施），而不能约束企业的倾销行为。

(2) 反倾销程序。通常需要立案调查、初裁、终裁三个阶段。在立案调查

阶段涉及申诉人资格，通知要求，证据提供；初裁阶段涉及采取临时措施（指向进口商征收临时附加税或保证金）和价格承诺。临时措施应自调查之日起60天后采取，最长时间不超过6个月。终裁阶段涉及反倾销税的征收方式，包括征收反倾销税的对象、期限、原则和税率。

A. 反倾销税的性质。是进口国对来自外国的倾销产品征收的一种进口附加税。

B. 征税对象。自作出终局裁定之日起对进入消费领域的被控倾销的进口产品征收。

C. 纳税人。是进口倾销产品的进口商。

D. 征税标准。反倾销税率不得高于倾销幅度。

E. 征税期限。一般不得超过5年。

2.《反补贴协议》(《补贴与反补贴措施协议》)

《反补贴协议》既约束成员政府的补贴措施，也约束成员政府对补贴的反应，它明确提出了补贴的定义和分类，规定了相应的救济措施。

（1）补贴的定义。补贴是指政府或任何公共机构提供的财政捐助和对收入或价格的支持。要被称为补贴，一项具体措施必须能带来某些好处。若该措施不能带来好处，即使按常理可以认为是补贴，但根据协议的规定却不能被界定为补贴。其范围包括：政府直接转让资金、捐赠或贷款，资产注入或贷款担保；政府财政收入的放弃或不收缴；政府提供货物、服务或购买货物；政府向基金机构拨款或委托指令私人直属机构履行前述政府职能；构成GATT第16条含义的任何形式的收入或价格支持。

（2）补贴的分类。依补贴性质和危害程度，可分为禁止使用的补贴（红灯补贴）、可申诉的补贴（黄灯补贴）和不可申诉的补贴（绿灯补贴）三类。

（3）反补贴措施。如果进口产品受到补贴，对进口国国内产业造成实质性损害或实质性损害威胁，或者实质性阻碍国内产业的建立，进口国就可以对进口产品征收反补贴税。因此，协议的另一内容，是对成员采取反补贴措施规定了严格的程序，这些程序与反倾销措施类似，包括调查、确定补贴和损害、征收反补贴税等。

（4）海关估价协议：进口许可证手续协议。

3. WTO与标准有关的措施协议

（1）《技术贸易壁垒协议》的适用范围。该协议适用于各成员影响国际贸易的关于技术规章、产品标准的制定，实施方面的权利和义务，包括影响产品性能的加工方法，对于那些非与产品性能有关的产品加工方法（PPMs标准），协议不适用。该协议规定，不得阻止其他成员采用技术规章或强制性产品标准以保证产品质量，保护人类动植物生命健康、阻止欺诈行为。这项授权限于那些与产品性能有关的产品标准（包括加工方法）和技术规章措施。要符合合法目的及最少贸易限制原则，非歧视地制定和实施产品标准与技术法规、国民待遇、最惠国待遇。要与国际标准协调，开展标准措施的国际合作。“接受等同标准”制度与“相互承认合格评定结果制度”是该协议鼓励各成员采取的措施。前者承认各成员标准、技术法规存在差异，在此基础上要求各成员在一定条件下接受与本国保护水平、标准相当的另一成员产品进口，尽管进口方与出口方执行的标准不同。后者鼓励各成员通过事先谈判，签订相互承认协议，相互承认对方的合格评定结果。

(2)《动植物卫生检疫措施的协议》的适用范围：协议所指的动植物卫生措施是为防止四类风险，各成员政府采取的任何措施，包括法律法规要求和相关程序，特别包括最终产品标准；工序和生产方法；检验、认证和批准程序；检疫处理和与运输相关的要求，与粮食安全有关的包装和标签要求。允许采取合理的差别的卫生标准。与国际标准协调，采取更高标准的举证责任。第5条第7款规定允许WTO成员在现有科学资料有理由怀疑某种产品生产销售威胁人类动植物生命安全但尚无充分科学证据时，可采取临时卫生措施。

（四）WTO调整新领域的协议

1.《服务贸易总协定》(General Agreement on Trade in Services，GATS)

20世纪90年代以来，世界服务贸易的平均增长率每年都超过了货物贸易，服务贸易额约占全球贸易额的四分之一。因此，服务贸易问题成为乌拉圭回合的三大新议题之一。

该协定共有6个部分39条和8个附件，主要规定了范围和定义、一般义务和原则、承担特定义务、逐步自由化、争议解决等。

(1) 服务贸易的定义和适用范围。协议适用于各成员影响服务贸易所采取的措施，但是政府行使职权所提供的服务除外。协定按提供服务时当事人的所在地域将服务贸易分为四种类型：

A. 过境交付（服务商品的流动）。指一国隔地向另一国提供服务，没有人员、物资流动（有资金的流动）。如电信服务，服务提供者和消费者都不动，比如服务提供者在美国，而消费者在中国。

B. 境外消费（消费者的流动）：指一国人员、运输工具到另一国接受服务提供者提供的服务。比如旅游这种情况，消费者动，服务提供者不动，如我们去国外旅游。

C. 商业存在（设立当地机构）：指一国服务提供者在另一国设立商业实

体，向该国提供服务。比如美国保险公司到中国设立一个分公司，法国家乐福超市在中国各大城市设立分店。

D. 自然人存在（自然人流动）：即一国自然人到外国境内单独或受雇于外国公司机构，向外国提供服务。比如医生到国外去执业，律师去国外办案，都属于自然人存在。

（2）各成员义务。GATS 框架协议规定的义务分为两点：一类是一般性义务，适用于各成员所有服务部门及服务贸易措施，不论是否把它们列入国家具体承诺表；另一类是具体承诺的义务，即国民待遇和市场准入，这类义务性规定仅适用于各成员在国家具体承诺表列出的部分与分部门，并在所列举的条件、范围内适用，对未列举的服务业范围不适用，这是 GATS 框架协议的主要特点。

（3）一般性义务条款。最惠国待遇：GATS 第 2 条规定，每一成员应该立即无条件地给予任何其他成员的服务和服务提供者不低于它给予其他国家类似的服务和服务提供者的待遇。GATS 最惠国待遇的特点是：给惠标准是“不低于”给予其他国家类似服务和服务提供者的待遇；给惠是有普遍性的；给惠具有灵活性。

（4）具体承诺义务。A. 关于市场准入，GATS 第 16 条规定，各成员给予其他成员的服务和服务提供者的待遇不低于根据其承诺清单中所同意的和详细规定的期限，限制所提供的待遇。各成员市场开放承诺有总体承诺和具体承诺。承诺方式采用无条件限制、有条件限制和非约束三种。

B. 关于国民待遇，GATS 第 17 条规定，各成员应在其承诺清单中所述服务部门或分部门，并且根据其中所述的任何条件、资格给予其他成员服务、服务提供者不低于给予本国相同服务提供者的待遇。

应注意 GATS 普遍的永久性例外同样适用于具体承诺义务。这些例外包括边境贸易例外，经济一体化安排例外，一般例外，安全例外。此外关于国际收支平衡的例外适用于具体承诺义务。

2.《与贸易有关的知识产权协定》（英文全称 Trade - Related Intellectual Property Rights，TRIPs）

TRIPs 协定是关贸总协定乌拉圭回合谈判的新议题之一，于 1994 年 4 月 15 日由各国代表在摩洛哥的马拉喀什签字，1995 年 1 月 1 日生效，由序言以及 7 个部分共 73 个条款构成。

（1）TRIPs 协定的由来。从 19 世纪末开始，在知识产权方面已经制定了不少国际公约，比如《巴黎公约》、《伯尔尼公约》、《世界版权公约》和《商标注册马德里协定》等，为什么在世贸组织框架下又要谈判和最后制订一个 TRIPs 协定呢？我想在乌拉圭回合谈判中把知识产权作为一个新议题，主要有以下三个理由：

第一，国际贸易中知识产权含量的增加。我们来看一个例子：现在几乎没有人不用Windows，你们知道，Windows98刚刚上市的时候在中国的售价是多少？是1 998元人民币。这中间增加的价值表现哪些东西？主要的部分就是软件工作人员编写软件体现的价值。这个例子说明在整个国际贸易当中知识产权含量的增加，这是增强知识产权保护的一个理由。

第二，以往知识产权的国际公约中存在缺陷。比如《巴黎公约》《伯尔尼公约》都规定了一些基本原则，如国民待遇原则、最低保护标准，也规定了参加的成员方应当保护到什么样的标准。但如果你是成员方，你的法律没有达到此标准，《巴黎公约》或《伯尔尼公约》拿你怎么办？没有办法，我们说通俗一点就是无可奈何，既不能开除你，又不能处罚你。

第三，GATT体制中争端解决机制不完善。GATT尽管不是正式的国际组织，但它在过去40多年中解决了200多个国际贸易纠纷，尽管它没有正式的程序，但在这200多个国际贸易纠纷案件中，它还是解决得比较成功的。正如许多西方人认为其他国际组织不长牙齿，世界贸易组织长牙齿，WTO咬人。但它不可能最终有效地解决知识产权的实质性问题。

正是这三个理由，在乌拉圭回合中，发达国家提出，把知识产权作为一个新的议题放到谈判当中来，当然发展中国家是反对的，因为发展中国家要参加谈判必须提高它们的知识产权保护水平，这对它们来说是个负担，所以它们就反对，可是前面讲过，整个世界贸易组织谈判是放在一个“一揽子”协议中，要么全盘接受，要么不参加。所以在利益的平衡下，发展中国家把农产品贸易、纺织品贸易作为一个谈判的砝码，他们在知识产权方面作出让步，就希望发达国家在农产品、纺织品贸易方面也作出让步，因此他们就同意把这个作为新议题放进来。

(2) TRIPs协议的宗旨和基本原则。知识产权是私权。私权与公权是相对应的。

A. 基本目标与宗旨。TRIPs协议在强调知识产权保护的同时，强调：减少国际贸易中的扭曲与阻力；促进对知识产权更为有效和充分地保护；确保知识产权和程序不会变成合法贸易的障碍。这与以往的知识产权国际公约不同，在保护知识产权的同时还要促进贸易，不能让贸易成为知识产权发展的阻力或扭曲国际贸易。

B. 基本原则。主要包括：a. 最惠国待遇原则和国民待遇原则。TRIPs最惠国待遇原则，即在知识产权的保护上，某一成员提供其他国国民的任何利益、优惠、特权或豁免，均应无条件地适用于全体其他成员方的国民。TRIPs国民待遇原则，即各成员在知识产权保护上，对其他成员之国民提供的待遇，不得低于其本国国民。但《伯尔尼公约》第 6 条和《罗马公约》第 16 条第 1 款（B）项所允许的成员方在特殊场合以互惠原则取代国民待遇原则的规定依然有效。b. 透明度原则，即成员方应公布所制订和实施的知识产权保护措施及变化情况，c. 不公布的不得实施，同时还应把这些措施及变化通知世界贸易组织。最低保护原则，TRIPs 协议提出这一原则是最低程度的要求，TRIPs 协议不反对或允许成员方保护，但有一个前提，在不违反最惠国待遇的前提下。举一个实际的例子，TRIPs 协议的著作权保护中并没有保护口头作品，我国的著作权法是保护口头作品的，这个保护程度就比 TRIPs 协议要高，但也有个标准，你给东南亚国家的口头作品给予保护，而给非洲国家的口头作品不予保护，这是不可以的，这里面有个最惠国待遇问题。再举个例子，美国和欧共体国家对著作权保护是作者有生之年及死后 70 年，而我国是作者有生之年及死后 50 年，那么 70 年和 50 年就有一个区别。TRIPs 协议是作者有生之年及死后 50 年，那么显然 70 年的就比 50 年的保护程度要高，没有关系，这是允许的，只要它符合最惠国待遇和国民待遇原则，对本国和外国公民都保护作者有生之年及死后 70 年就行。保护公共利益原则，最近几年世界贸易组织中比较引人注目的条款是"公众健康条款"，TRIPs 协议中提到了公共利益。比如在南非，所有人口中有八分之一是艾滋病病毒的携带者，每一天有数千人死于艾滋病，所以南非政府提出一项政策，允许南非药厂生产、制造防治艾滋病的仿制药，后来世界上杨森、拜尔等那些大的化学药品公司共二十几家联合向南非政府抗议，并在南非法院提起诉讼，说南非政府的这一做法不符合 TRIPs 协议。当时美国政府也提出威胁，南非政府要不改变这一政策的话，它就要进行贸易制裁了。在此情况下，全世界引起了很大的争论，说你们这些公司只顾挣钱，不顾人们的生命安全，良心何在？南非法院受理了这一案件后，一找发现了一个很有利的证据，即南非政府的法令政策是根据世界贸易组织的几个法律草案（还未通过）制订的，虽未通过，但其立法精神是世界知识产权组织的，所以南非法院把这些条文搬到国内来作为强制许可的依据，这样一来，美国就撤出了，然后在世界舆论的压力下，二十几家药厂也无条件撤出，允许南非生产仿制药品。这件事是世界贸易组织下关于药品专利权和公众健康权的一个大的冲突，也就引起了 WTO 下的多哈回合中的公众健康权的争论。保护公共利益原则也应当是 TRIPs 协议的一个非常重要的原则。

（3）成员保护知识产权的义务范围。A. TRIPs 与其他知识产权国际公约的关系。TRIPs 将《保护工业产权巴黎公约》1967 年斯德哥尔摩文本第 1 条至第 12 条以及第 19 条、《保护文学艺术作品伯尔尼公约》1971 年巴黎文本第 1 条至

第21条以及公约的附件（第6条之二关于精神权利的规定除外）、《保护表演者、录音制品制作者和广播组织罗马公约》部分实质性内容以及《关于集成电路知识产权条约》第2条至第7条（第6条第3款关于强制许可的规定除外）、第12条及第16条第3款全部纳入其中，成为世界贸易组织成员必须履行的义务。

B. TRIPs确立的知识产权最低保护水平。涉及版权及相关权利、专利权、商标、地理标志、工业品外观设计、集成电路布图设计和未披露的信息等七个方面的内容。

C. 版权和邻接权。版权是世界各国法律对著作权人创造的作品给予保护的权利，在此强调TRIPs协议不要求保护精神权利。邻接权是保护作品传播者的权利，与《伯尔尼公约》一样，要求保护广播者、表演者、录音录像制品制作者的权利，跟我国《著作权法》规定的邻接权相比缺了出版者的权利。它只是不要求保护，并不限制成员方国内法的规定。

D. 商标。与我们理解的一样，但TRIPs协议范围更宽一些。2001年10月27日我国对商标法修改时增加了一个可以注册为商标的项目，就是立体形状，还有颜色，这两种都是眼睛可以看得到的，原来的是平面可视，现在是可视，可以看得见，凡是可以看得见的，都允许。但TRIPs协议规定，任何标记（signs）只要是可以区别不同的注册者都可以注册。比如在国外气味可以注册，声音也可以注册，我们想象起来比较困难，但在国外，哈雷摩托车的声音受保护，它特别吵，但还被认为是简单噪声，所以说国外可注册商标的范围比我们的宽。TRIPs协议还规定一个驰名商标用在一个不同类商品上也构成侵权，比如可口可乐用在汽车上，与《巴黎公约》不同。

E. 地理标志。有人叫产地标志、原产地标志，表明某商品产于某地而且这个产品的特性与产地有密切联系，这样一个标志叫地理标志。比如砀山梨、烟台苹果等，与产地有密切联系。我们经常见到商品上有"Made in China"，这说明是中国制造或在中国最后出厂了，它的特性跟中国有联系吗？可能一点关系也没有，这就要区别于国际贸易中的"原产地标志"，它们完全不同，TRIPs规定的原产地仅是指根据国际贸易规则这个产品是这个地方生产的而已。

F. 专利权。工业品外观设计。很多国家把外观设计放在专利中，与我国不同，我国把外观设计和专利放在一起，都放在专利法中保护，TRIPs协议的规定与我国一致，在此不讲了。

G. 集成电路布图设计。是对集成电路中的布图设计进行保护的。我国在2001年时通过了《集成电路布图设计保护条例》，美国1985年通过了《集成电路芯片保护》，到2002年经历17年才有一起案件，当初谈判时有争议，结果还是放进 TRIPs 中来了。

H. 未公开的信息。从概念上来看，与商业秘密相似，条件和商业秘密一样，a. 这个信息是秘密的；b. 具有商业上的价值；c. 所有人已采取了措施保证它的秘密性，但外延比商业秘密大，还包括其他信息。

（4）成员履行义务的过渡期。任何成员在建立世界贸易组织协定生效之日（即 1995 年 1 月 1 日）以后的一年内，均无义务适用 TRIPs 协议的规定。任何发展中国家成员以及正处于从中央计划经济向市场经济过渡过程以及正在进行知识产权制度结构性改革，而面临知识产权法律的准备和实施的特殊问题的任何成员，有权再延迟 4 年（即总共可延迟 5 年）适用 TRIPs。至于最不发达国家成员，不要求它们在建立世界贸易组织协定生效之日起 10 年内适用 TRIPs。如果一个发展中国家成员根据 TRIPs 规定必须扩大其产品专利保护的技术领域，那么它在该技术领域适用 TRIPs 第二部分关于专利保护的规定可再延迟 5 年，即统共可延迟 10 年在该技术领域适用 TRIPs 关于专利保护的规定。

（5）知识产权（执法）的实施。A. 一般义务。TRIPs 协定第 41 条为成员执行协定规定了一般义务：以国内法保护。各成员应保证其国内法中提供各种执行程序，以便对侵犯知识产权行为采取有效的措施。有关知识产权的执行程序应是公平与公正的，这些程序应力求简单、迅速，不应是无必要的烦琐和费时的程序，也不应规定不合理的时效和导致无理的延误。对于案件是非曲直的决定应是书面的和经过辩论的，此等决定至少应毫无迟延地送达给各有关当事人，并应以证据为基础，为各当事人提供听证的机会。司法审查。当事人应有获得由司法机构审查最后行政决定和审查初级司法裁决等法律方面的机会，但是，成员无义务对于刑事案件中宣判无罪的情形提供审查的机会。

尽管协议规定了上述一般义务，但这并不要求各成员为执行知识产权的保护而制定有别于一般法律执行的特殊程序。各成员可以自主地在知识产权的执行与一般法律执行之间进行法律资源的合理配置。

B. 司法行政程序和救济措施。包括民事、行政和刑事程序及相应的救济措施。

C. 边境措施。海关对知识产权的保护也负有一定的责任，主要表现是：对怀疑有侵犯知识产权的进口产品，海关有中止释放该产品进口的权利。

3.《与贸易有关的投资措施协议》（略，合并入国际投资法部分）

（五）世界贸易组织争端解决机制

WTO 争端解决机制是在借鉴和总结 GATT 有关争端解决条款上形成的比较成功和完善的法律体系。为了进一步强化 GATT 的争端解决机制，乌拉圭回合谈判全面和彻底地对GATT争端解决规则和程序作了改进，并最终形成了《关于争端解决规则与程序的谅解书》（Understanding on Rules and Procedures Governing the Settlement of Disputes，DSU）。DSU既保留了GATT的有效做法，又对原有机制做了若干重大改进，目的在于万一纠纷和冲突发生了，成员之间可以通过和平的方式来解决问题，而不至于动不动就上升到政治的高度，甚至走到政治的边缘。

1. GATT争端解决机制的弊病

（1）以协商为主。GATT规定了双边磋商程序，当双边磋商达不成协议时，争端的申诉方可将争端提请缔约方全体进行处理，然而，GATT缔约方全体或理事会的最终裁决不具有权威性和强制性。

（2）程序规则不明。GATT争端解决程序不明，而且没有规定确定的时间表，致使许多案件久拖不决。

（3）采用意思一致的办法使专家组报告不易通过。

2. WTO争端解决机制的特点

与GATT的争端解决机制相比，WTO争端解决机制更加完善、更有效力和效率，具体表现在以下几个方面：（1）单一的争端解决机制。WTO现行的争端解决机制是WTO最后文件的组成部分，对缔约各方均有拘束力。而GATT项下的争端解决规则比较分散。WTO争端解决机制将该组织项下的争端解决统一起来，并设立了专门的争端解决机构（Dispute Settlement Body，DSB）。由DSB解决的争议，不仅包括传统的货物贸易，而且还包括知识产权保护和服务贸易而引起的争议。（2）专门设立的争端解决机构。根据DSU设立争端解决机构，DSB是唯一有权设立解决争议的专家小组，并通过专家小组和上诉机构的报告和建议解决争议的权威机构。在裁定或建议作出后，该机构负责监督对所通过的裁定和建议的实施。也即，DSB职能的发挥主要是通过它所设立的专家小组和上诉机构来完成的。（3）通过决议所采用的“全体一致否决”的表决原则。依GATT1994关于争议处理的程序，专家小组的报告书如果没有全体一致的同意就不能通过。这就是说，只要有一国反对（包括有关的当事国），专家小组的报告就不能通过。为了提高争议解决的效率，WTO现行的争端解决程序采用了“全体一致否决”的通过方式，即在通过专家的报告及有关的报复措施的决定时，只要不是全体一致反对，该项特定的提案就算通过，由此便大大提高了处理争议的速度和效率。

3. DSB对争端的管辖权

DSB管辖的争议案件主要有三类：（1）违规之诉。指一成员方政府的行为违反了世界贸易组织有关协定的具体规则。（2）非违规之诉。指成员方政府的措施没有直接违反世界贸易组织的规定条款，但是实际上背弃了减让并造成了损害。它需要以下三个条件：A. 该措施是政府采取的；B. 该措施改变了已经达成的关税约束所建立的竞争条件；C. 该措施是成员方在以前的减让谈判过程中所没有预见的。（3）情事之诉。成员方可以提出构成上述两种诉讼的其他侵害情形。

4. WTO 争端解决机制的主要内容

（1）DSU 规则的适用范围、程序和基本原则。DSU 适用于除《贸易政策评审机制》以外的包括《建立世界贸易组织协议》以及 DSU 本身在内的所有 WTO 框架协议实施引起的争议解决。DSU 适用于解决成员之间的争议解决。争端解决机制的基本原则是：保护权利义务原则、一体化争议解决原则、协商原则、公平合法性原则。

（2）争端解决程序。A. 磋商程序——必经程序。磋商解决争端是世界贸易组织成员解决贸易争端的主要方法，是两个或两个以上成员为使问题得到解决或达成谅解进行国际交涉的一种方式。争端发生后，要求磋商的申请应通知争端解决机构及有关的理事会和委员会。接到磋商申请的成员自收到申请之日起，10 天内应作出答复，并在 30 天内（紧急情况下 10 天内，如对易于腐烂的产品）进行协商，60 天内（紧急情况下 20 天内）解决争端。收到申请方在规定的日期内未作出答复，或未进行协商或双方未能解决争端，则申请协商一方可要求成立专家小组。凡与此争端有重要利益关系的成员在协商申请日起 10 天内通知协商各方和 DSB 后，允许参加协商。

B. 斡旋、调解和调停——可选择的程序。在解决争端的 60 天期限内，进行斡旋、调解和调停，是争端双方自愿执行的程序，可由任何一方提出，随时开始，随时结束。

a. 斡旋是由第三方为争端当事者提供有利于进行接触和谈判的条件，并提出自己的建议或转达各方意见，促使双方进行协商谈判或重开谈判，斡旋者自己不介入谈判的一种解决国际争端的方式。

b. 调解。此处调解概念不同于解决国际民商事争议中调解的概念。它是指当事方将争端提交由若干成员方组成的委员会，委员会在调查的基础上提出解决争端的建议，该建议不具有法律拘束力，因此，争端方没有必须接受的义务。

c. 调停。是第三方不但为争端当事方提供谈判或重开谈判的便利，而且提出作为谈判基础的条件并亲自主持谈判、提出建议，促使争端双方达成解决争端的协议。

如果争端双方一致认为斡旋、调解和调停不能解决争端，则可提出设立专家小组的要求。

C. 专家小组程序——核心程序。当协商、斡旋、调解和调停均不能解决争端时，一方向 DSB 提交设立专家小组的申请。专家小组通常由 3 至 5 名在国际贸易领域有丰富知识和经验的资深的政府与非政府人员组成。其职责是按照专家小组的工作程序和严格的时限对将要处理的申诉案件的事实、法律（协定）的适用及一致性作出客观的评估，并向 DSB 提出调查结果报告及有关圆满解决争端的建议。当争端发生在发展中国家和发达国家之间，经发展中国家提出要求，专家组应当包括一名成员来自发展中国家。从报告提交 DSB 起 60 天内，由 DSB 会议通过此报告。如争端一方提出上诉，则报告不予通过。专家小组的报告一般应当在专家小组成立后六个月内提出，但遇有紧急情况，如易腐烂食品，应在三个月内提出。在复杂争议的情况下，也可经书面请求 DSB 并经批准后延长此项期限，但无论如何不得超过九个月。此项报告除向 DSB 提交外，还应向当事各方提供。

D. 上诉机构的审议程序——新增程序。当争端一方对专家小组的报告持有异议并将上诉决定通知 DSB 或 DSB 一致反对采纳专家小组的报告时，则由 DSB 设立的常设上诉机构处理对该案件的上诉。常设上诉机构由广泛代表世界贸易组织成员的 7 名公认的，具有法律、国际贸易和有关协定专门知识的权威人士组成，任期四年。该机构不隶属于任何政府。上诉只能由争端方提起，且上诉事由仅限于专家小组报告中论及的法律问题及该小组所作的法律解释上诉机构的报告应自上诉决定通知 DSB 之日起 60 天内作出（特殊情况下最长不得超过 90 天）。上诉机构的报告可以确认、修改或反对专家小组的调查结果和结论。如上诉机构报告被 DSB 采纳，则争端各方应无条件接受。从上述规定可以看出，WTO 的争端解决也是实行两审终审制。

E. 裁定的监督执行。在专家小组及上诉机构的报告被采纳后，该报告即成为 DSB 的正式建议或裁定。有关成员应向 DSB 通报其执行这些建议或裁定的意向。如果不能执行，应当确立一个合理的期限，从专家小组建立之日起到争端解决机构确立了上诉执行期限为止，不应超过 15 个月，最长不应超过 18 个月。

F. 补偿和交叉报复。当专家小组或上诉机构的建议或报告未被 DSB 采纳或执行时，在自愿的基础上，争端各方可就补偿办法达成一致协议。如在合理期限后 20 天内不能达成令人满意的一致，则援引争端解决程序的一方可要求 DSB 授权其中止履行对有关协议（协定）的减让和其他义务。除非 DSB 一致拒绝该项要求。根据《谅解协议》的规定，申诉方在中止履行减让和其他义务时，应遵循以下原则和程序：原则上，申诉方应中止履行与产生违反、抵销或损害的同一协议中同一部门的减让或其他义务；如不奏效，则中止履行同一协议内其他部门中的减让或其他义务；如仍不奏效，则中止其他协议中的减让或其他义务。按照上述顺序，经 DSB 批准，允许进行交叉报复，除非有关协定中禁止中止履行减让和其他义务。交叉报复领域包括货物贸易、服务贸易及与贸易有关的知识产权领域。中止履行减让和其他义务的水平应与利益被损害或抵销的水平相当。如有关成员对减让水平提出异议，或指控实施中止减让方未遵守上述原则和程序，则由原专家小组或总干事指定的仲裁员进行仲裁。仲裁员裁定的事项不涉及审查被中止履行的减让和其他义务的性质，只裁定：①减让水平是否与被抵销或损害的水平相当；②中止履行减让义务是否遵循了上述原则和程序；③有关协定是否允许中止履行减让及其他义务。仲裁只进行一次，在仲裁期间，不得中止履行减让或其他义务。裁决作出后应立即通知争端解决机构，以便作出授权决定。

G. 仲裁。作为可供选择的解决成员之间贸易争端的另一种办法，是由争端双方达成一致的仲裁协议（仲裁条约），直接将案件提交仲裁，并将结果通知 DSB 和有关协定的理事会和委员会。总的来讲，一个案件经过全部程序直到作出首次裁决，一般不应超过 1 年，如果上诉，则不应超过 15 个月。

5. 对 WTO 争端解决机制的评价

（1）强化争议解决机构。表现在：设立专职的争议解决机构，增设上诉机构。

（2）实现争端解决的一体化。表现在：WTO 争端解决程序适用于 WTO 管辖的除贸易政策审议机制外的所有协定。

（3）增强时效性和判决性。明确规定了磋商程序、专家小组审理程序和上诉程序的时间要求。

（4）实施监督措施。DSU 要求 DSB 监督和定期评审专家小组裁决或建议的执行情况。履行专家组报告的方式有：实际履行、提供补偿和授权报复。

（六）中国与世界贸易组织

1. 中国加入世界贸易组织概述

（1）1947 年 4 月 21 日当时的中国政府签署了实施关税与贸易总协定的《临时适用议定书》，于 1947 年 5 月 21 日正式成为《关税与贸易总协定》的原始缔约方。

（2）1986 年 7 月 10 日中国政府正式提出“恢复在关税与贸易总协定中的缔约国地位”的申请。

（3）1995 年 1 月 1 日世界贸易组织成立，中国的复关谈判申请转为申请加入世界贸易组织的谈判。

（4）经过 15 年漫长而曲折的谈判，我国于 2001 年 12 月 11 日正式成为世界贸易组织的成员。而且中国是以发展中国家的地位加入世界贸易组织，这是中国加入世界贸易组织的基本立场。

中国加入世界贸易组织后，享受各成员方的多边的、无条件的最惠国待遇，并可以通过世界贸易组织争端解决机构来解决国际贸易纠纷。同时，中国也承担降低进口关税、逐步取消若干非关税措施、增加贸易政策透明度、开放服务贸易领域、扩大知识产权的保护范围等义务。

2. 中国加入世界贸易组织的承诺。中国加入世界贸易组织的承诺，见于《中国加入工作组报告书》《中国加入议定书》及其9个附件

3. 中国入世后的权利和义务

（1）权利。享有多边的、无条件的和稳定的最惠国待遇；享有“普惠制”待遇及其他给发展中国家的特殊照顾；充分利用争端解决机制；获得在多边贸易体制中“参政议政”的权利。

（2）义务。削减关税；逐步取消非关税措施；取消被禁止的出口补贴；开放服务业市场；扩大知识产权的保护范围；放宽和完善外资政策；增加贸易政策的透明度。

二、案例评析

（一）江苏轻工诉江苏环球、美国博联公司无单放货案[①]

【基本案情】

原告：中国江苏省轻工业品进出口集团股份有限公司（以下简称江苏轻工）。被告：中国江苏环球国际货运有限公司（以下简称江苏环球）；美国博联国际有限公司（以下简称美国博联）。

1998年7月至12月，江苏轻工为履行其与美M/S博联公司的售货合同，委托江苏环球向美国博联托运价值15万美元的四票箱包产品，价格条件为FOB中国江苏环球接受委托办理了货物的订舱、报关、向承运人交付货物等事务，并代表美国博联向江苏轻工签发了四套正本记名提单。提单注明卸货港为美国佛罗里达州的迈阿密，收货人为美国M/S公司。背面条款载明经美国港口运输的货物的提单适用1936年《美国海上货物运输法》。四票货物装运后，江苏轻工将货物的正本提单直接寄交其在美国的关联公司——JSL国际公司，提示收货人付款赎单。收货人提货时称未收到正本提单，于1999年3月5日前向美国博联出具提货保函，付清运输费用后提取货物。1999年7月，江苏轻工以无正

① 参见2002年3月2日《人民日报》中“中国涉外审判案例”专栏。

本提单交货造成其无法收回货款为由，起诉江苏环球、美国博联，要求连带赔偿其货款损失。

法院认为，提单是可作为国际海上货物运输合同的证据，在一定条件下可被视为运输合同。本案中所涉及的记名提单规定了双方当事人之间的权利和义务，其背面条款就适用法律的约定可以被视作当事人就合同适用的法律的选择。提单背面条款约定适用 1936 年《美国海上货物运输法》，其根本原则与我国法律无根本冲突，根据“意思自治”原则，本案应适用此法。但是，本案所涉及的主要争议是承运人是否可以不凭正本提单向记名收货人交付货物，而 1936 年《美国海上货物运输法》并未对此作出明确规定，即当事人选择的法律不能适用合同所涉全部内容，只调整合同当事人部分权利义务关系，应视为双方当事人在合同中对该项争议的处理没有选择适用的法律。因此根据中国《海商法》第 269 条的规定，合同当事人对该项争议所适用的法律没有选择时，应依照最密切联系原则确定其所适用的法律。

对于最密切联系国家的判断，双方观点有很大的差异。原告江苏轻工认为，本案提单是由一个中国法人在中国境内向另一中国法人签发，因而在当事人选择的 1936 年《美国海上货物运输法》不足以解决双方争议时，中国法律应作为最密切联系地的法律。根据中国《海商法》的规定，承运人依提单交货时，应做到收货人正确和凭正本提单交付。

被告美国博联认为，因为本案所涉货物的目的港在美国，收货人、承运人都是美国公司，交货行为也发生在美国，因而美国法律是最密切联系地法律。而依据美国法律，记名提单为不可转让提单，承运人将货物交付给记名提单注明的收货人即完成交货义务，无须收货人出示正本提单。请求法院依法驳回原告诉讼请求。诉讼中，美国博联向武汉海事法院提供了经美国公证机构公证及中国驻纽约总领事馆认证的美国海利 - 贝利律师事务所律师、纽约大学法学院教授约翰 · D. 凯姆鲍博士依据美国相关法律和判例对记名提单问题的《宣誓法律意见书》。意见书认为，在提单中没有载明要求凭正本提单交付货物的合同条款且托运人也没有指示在承运人不要放货情况下，承运人将货物交给了记名提单的收货人，是履行与托运人之间的提单条款的行为，依据美国法律，承运人无须要求收货人提示记名提单正本，承运人的行为不违反提单条款或任何其他有关提单的义务。

武汉海事法院认为，最密切联系原则注重法律关系和地域的联系，采用连接因素作为媒介来确定合同的准据法，且所有与某个特定的争议有关的连接因素都应当在决定该争议适用的准据法时被考虑，只有与合同存在密切联系的法律才能被确定为准据法。首先，本案所涉的海上货物运输合同主要有合同签订地、履行地、当事人营业所所在地、标的物所在地等连接因素，而本案双方的争议在于国际货物运输合同（记名提单）承运人交付货物的法律性质及其后果。该争议的发生地点在合同的目的地——美国迈阿密，而不是合同签订地或运输的始发地，由于承运人在运输目的地交货的行为直接受到交货行为地法律的约束，因此，与交货行为地美国法律的联系比与合同签发地和运输始发地中国的法律的联系更为具体，真实和有实质意义。其次，本案当事人之间的国际海上货物运输合同是采用由承运人提供的格式合同提单，其首先必须符合承运人营业所所在地法的规定，承运人营业所所在地亦与国际海上货物运输合同联系最密切。而承运人的营业所所在地在美国，应适用美国法律。最后，根据我国司法实践中判断最密切联系国家法律的“特征履行说”理论，在本案所涉的运输合同争议中，交付货物的行为较之运输合同的签订更能体现合同特征，因此以交付货物行为所在地美国法律为最密切联系国家的法律较为合理。依照《美国统一商法典》有关规定，承运人交付货物前，只要发货人未有相反要求，在货物已到达提单所注明的目的地后，可以将货物交付给提单注明的收货人。江苏轻工在记名提单中未增加约定凭正本提单交货的条款，也没有及时在美国博联向记名收货人交付货物前，指示承运人不要交货，因此，美国博联依据提单将货物交给指定的记名收货人，应为适当交货，符合美国法律规定，美国博联对江苏轻工的经济损失不应承担赔偿责任。

2001 年 12 月 25 日，武汉海事法院适用美国法律，驳回了江苏轻工以无正本提单放货为由，要求江苏环球、美国博联赔偿 15 万美元经济损失的诉讼请求。这是加入 WTO 后，中国审结的首起海上货物运输合同无正本提单放货纠纷。

【争议焦点】

1. 如何确定最密切联系地？

2. 美国博联向武汉海事法院提供了美国海利－贝利律师事务所律师、纽约大学法学院教授约翰·D. 凯姆鲍博士的《宣誓法律意见书》来证明记名提单的性质。此《宣誓法律意见书》可否作为本案的证据予以采纳？

【案例分析】

1. 在国际民商事诉讼中，除非法律另有规定，一般国家的法律允许当事人自愿地选择他们之间的商事应适用的实体法。在当事人没有选择实体法时，适用与民商事关系有最密切联系的国家的法律。我国原《涉外经济合同法》及《海商法》规定合同当事人可以选择合同适用的法律，法律另有规定的除外。合同当事人没有选择的，适用与合同有最密切联系的国家的法律。这里的最密切联系可能有很多考虑因素和衡量标准，包括合同的缔结地、履行地、标的物所在地、当事人的营业地或住所地等。在国际民商事合同方面，国际私法立法或司法实践大都采用“特征履行说”来确定双务合同的最密切联系地 D。奥地利、德国、瑞士和中国等国的实践，以及1980 年《欧洲经济共同体合同义务法律适用罗马公约》、1985 年《国际货物销售合同法律适用公约》等国际公约都采用了“特征履行说”。“特征履行说”即任何方的合同履行最能体现合同的特征，则以该方所在地或特征合同行为履行地所在国家法律为最密切联系国家法律。我国最高人民法院《关于适用〈涉外经济合同法〉若干问题的解答》规定了人民法院在当事人未选择合同适用的法律时，依照最密切联系原则对 13 种不同的涉外经济合同确定的法律在通情况下分别是何地法律，这些法律基本上正是承担合同特征性履行义务的一方当事人营业所所在地或合同的特征性履行所在地的法律。

2. 本案中，美国博联向武汉海事法院提供了美国海利—贝利律师事务所律师、纽约大学法学院教授约翰 · D. 凯姆鲍博士的《宣誓法律意见书》来证明记名提单的性质。此《宣誓法律意见书》可否作为本案的证据予以采纳？本案中美国法对于“承运人可否不凭正本提单向记名收货人交付货物” 的规定属于外国法的范畴，法院在进行审判的时候需要查明。所谓外国法的查明，是指一国法院在审理涉外民商事案件时，根据本国冲突规范指定应适用外国法时，应如何查明该外国法的存在和内容。最高人民法院《关于贯彻执行〈中华人民共和国民法通则〉若干问题的意见（试行）》第 193 条规定：“对于应当适用的外国法律，可以通过下列途径查明：①由当事人提供；②由中国驻该国使领馆提供；③由与中国订立司法协助协定的缔约对方的中央机关提供；④由该国驻中国使领馆提供；由中外法学专家提供。”本案中，原告江苏轻工认为《宣誓法律意见书》属个人意见，只能作为判决的参考，不能作为美国法律内容的证据。但是该意见书是经美国公证机构公证及中国驻纽约总领事馆认证的，而且依据的是美国相关法律和判例。可以被认定为是由当事人提供的外国法的查明方式。由当事人提供的美国法的内容可以作为本案法院处理争议的法律依据。

（二）欧盟诉哥伦比亚冷冻薯条反倾销措施案（DS591）[①]

【基本案情】

2017 年 8 月 2 日，哥伦比亚贸易、工业和旅游部（MINCIT）根据哥伦比亚马铃薯生产商协会（FEDEPAPA）的申请（后经修订），对原产于比利时、德

① DS591 专家组报告第 7.7 部分：https：//www. wto. org/english/tratop_e/dispu_e/591 - 7_e. pdf。

国和荷兰的加工或腌制（未使用酸或醋酸）冷冻马铃薯（以下简称冷冻薯条）发起反倾销调查。欧盟指控哥伦比亚对原产于比利时、德国和荷兰的冷冻薯条征收反倾销税不符合 GATT1994 和《反倾销协定》等相关规定。共计 22 项诉求，诉点包括哥伦比亚发起反倾销调查的正当性、使用可获得事实的合规性等问题。2017 年 11 月 1 日和 2018 年 11 月 9 日，MINCIT 先后发布反倾销调查肯定性初裁和终裁决定。2019 年 11 月 15 日，欧盟在 WTO 向哥伦比亚提出磋商请求，认为哥伦比亚对原产于比利时、德国和荷兰的冷冻薯条征收反倾销税违反了 1994 年《关税与贸易总协定》（GATT1994）、《反倾销协定》和《海关估价协定》的相关规定。2020 年 1 月 15 日和 16 日磋商未果后，欧盟于 2 月 17 日请求设立专家组。8 月 24 日，三人专家组正式组成。巴西、中国、洪都拉斯、印度、日本、俄罗斯、土耳其和美国作为第三方参与了该案程序。受新冠疫情和相关期限延长等因素影响，专家组报告于 2022 年 8 月 29 日提交争端双方。鉴于欧盟与哥伦比亚在 2020 年 7 月 13 日通知 WTO 争端解决机构，其已根据《关于争端解决规则与程序的谅解》第 25 条达成《关于 DSU 第 25 条仲裁程序的协议》（欧盟和哥伦比亚均加入了《多方临时上诉仲裁安排》，即 MIPA），约定任何一方均可将该案专家组报告中的法律适用和解释问题提交上诉仲裁，哥伦比亚于 2022 年 10 月 6 日提交上诉仲裁通知并随附专家组报告。10 月 12 日，WTO 秘书处公布该案上诉仲裁庭的组成成员（仲裁庭主席、巴西前外交大使 José Alfredo GRAÇA LIMA，智利前常驻 WTO 大使 lejandro JARA 和日内瓦高等研究院教授 Joost PAUWELYN）。

欧盟诉称，哥伦比亚发起反倾销调查证据不足，不符合《反倾销协定》第 5.3 条的规定。在缺乏证据的情况下继续进行反倾销调查，与《反倾销协定》第 5.8 条的规定不符。欧盟诉称，在对出口价格与正常价值进行比较时，MINCIT 拒绝接受出口商提出的价格调整要求。一是拒绝考虑出口商基于在国内市场和哥伦比亚市场销售不同产品提出的价格调整要求；二是拒绝接受 Mydibel 公司基于包装成本差异提出的价格调整要求，而是仅在出口价格中扣除了某些（其他）包装成本；三是拒绝接受 Agrarfrost 公司基于使用不同食用油提出的成本调整要求。该公司称其主要使用更加昂贵的食用油生产在国内市场销售的产品，而出口到哥伦比亚的产品则是用更为廉价的食用油进行生产。

本案中，MINCIT 认定比利时 Clarebout 公司、Agristo 公司以及其他公司的倾销幅度为微量，比利时 Ecofrost 公司、荷兰 Frites 公司的倾销幅度为负值。欧盟诉称，MINCIT 将微量倾销幅度和负值倾销幅度的进口认定为倾销进口是错误的，与《反倾销协定》第 3.1 条、第 3.2 条、第 3.4 条和第 3.5 条的规定不符。哥伦比亚辩称，《反倾销协定》第 3 条上述 4 款所述的“倾销进口”包含微量倾销幅度进口。《反倾销协定》第17.6条（ⅱ）款明确规定，专家组应当根据国际公法的习惯规则对协定进行解释；如果专家组认为有关规定可以作出两种以上解释并且调查机关采取的措施符合其中一种解释，应当认定该项措施符合《反倾销协定》的要求。此外根据《反倾销协定》第3条的规定，负值倾销幅度进口虽然不构成倾销进口，但是MINCIT将此类较低数量的负值倾销幅度进口视为倾销进口的做法并不影响对产业损害和因果关系的认定。

【争议焦点】

1. 哥伦比亚发起反倾销调查的正当性？
2. 哥伦比亚拒绝接受出口商价格调整要求的正当性？
3. 关于产业损害和反倾销的认定？

【案例分析】

1. 欧盟诉称：哥伦比亚发起反倾销调查违反了《反倾销协定》第5.3条的规定。调查申请提供的证据不足以使调查机关发起反倾销调查，尤其是MINCIT立案公告中的下列信息存在不足：被调查产品范围；申请人的代表性；正常价值的认定证据；进行损害和因果关系分析的证据。本案中，哥伦比亚发起反倾销调查违反了《反倾销协定》第5.8条的规定。MINCIT在发现反倾销调查的发起和继续进行缺乏正当性之后，并未驳回调查申请或终止正在进行的反倾销调查。《反倾销协定》第5.2条要求反倾销调查申请载明与认定倾销、损害和因果关系有关的证据。第5.3条则要求调查机关分析调查申请中的证据是否具有准确性和充分性，以便认定是否有足够证据证明发起调查是正当的。“准确性”和“充分性”是指证据在准确度和充分性上的状态或质量。“准确性”是指确切、精确，与事实或既定标准完全一致，没有错误；“充分性”是指满足所有要求，在质量或数量方面非常充足、合适或可以接受；“足够”是指足以满足某一特定目的。上述规定意味着调查机关应当审查与实施反倾销措施所必需的“三要素”（倾销、损害与因果关系）有关的证据。由于发起调查不同于后续进行的调查，因此发起调查所必需的证据在数量和质量方面的要求通常低于采取反倾销措施所必需的证据。鉴于第5.3条并未规定对这些证据进行审查的具体方式，调查机关可以根据个案情况进行审查。哥伦比亚贸易、工业和旅游部在决定发起调查时并未对认定正常价值的证据充分性进行审查，违反了《反倾销协定》第5.3条的规定。

2. 《反倾销协定》第2.4条规定，出口价格与正常价值的比较应当在公平基础上进行。此类比较应当基于相同贸易水平，通常是在出厂前的水平上进行比较，并且尽可能针对相同时间内的销售。在每一案件中，调查机关应结合具体情况适当考虑影响价格可比性的差异，包括物理特征方面的差异以及能够证明影响价格可比性的其他差异。调查机关应当向涉案各方指明为确保公平比较所必需的信息，并且不得对当事方强加不合理的举证责任。专家组指出，上述规定要求调查机关对出口价格与正常价值进行公平比较，尤其是应根据每一案件具体情况适当考虑影响价格可比性的差异，并列举了可能影响价格可比性的差异类型，包括物理特征差异和其他差异。鉴于《反倾销协定》第2.4条要求调查机关考虑影响价格可比性的差异，因此请求进行价格调整的当事人有义务提交相关证据，证明要求价格调整的合理性。如果不能证明存在影响价格可比性的差异，调查机关无义务进行此类调整。

3. 欧盟诉称，MINCIT未能按照《反倾销协定》第2.4条的要求进行公平比较，因其没有考虑在欧盟市场销售的产品与在哥伦比亚市场销售的产品存在的差异。尤其是Agrarfrost、Aviko和Mydibel公司称其对外出口主要销售生产成本较低的传统马铃薯产品，因此售价较低，而在欧盟市场销售的产品主要是较高生产成本和销售价格的大量特色马铃薯产品。因此MINCIT在无任何适当依据的情况下就以未经证实为由拒绝接受这些价格调整要求。MINCIT在基本事实披露中称，其拒绝接受Agrarfrost、Aviko和Mydibel公司价格调整要求的原因是这些公司未能充分证明其价格调整要求的合理性。尤其是在对Aviko公司的答复中，MINCIT称其在计算倾销幅度时无须考虑该公司的价格调整要求，其对倾销幅度的计算是适当的，反映了被调查产品的价值。尽管MINCIT并未详细解释拒绝原因，但其拒绝Aviko公司价格调整要求的原因是很明确的，即证据不充分。但是在给Agrarfrost和Mydibel公司的答复中，MINCIT并未明确提及因两公司提交的证据不充分而拒绝接受价格调整请求。由于哥伦比亚未能证明其已认定Agrarfrost和Mydibel公司无充分证据证明其价格调整请求，因此MINCIT是在无任何适当依据的情况下拒绝了Agrarfrost和Mydibel公司对不同产品进行价格调整的要求。关于MINCIT拒绝接受Aviko公司价格调整请求的问题，哥伦比亚辩称，MINCIT有理由裁定Aviko公司未能证明价格调整请求具有合理性，因为该出口商提供的陈述和信息不合逻辑，并且混乱。但从调查档案看，哥伦比亚并未指出该公司的证据存在任何瑕疵，也未解释其认定该公司未能充分证明价格调整要求的具体理由。因此，MINCIT是在未能对该公司所提供证据进行评估的情况下，就拒绝了价格调整请求。由于MINCIT缺乏足够的基础认定该公司无充分证据证明价格调整请求的合理性，故欧盟已经证明哥伦比亚拒绝接受Agrarfrost、Aviko和Mydibel公司的价格调整请求不符合《反倾销协定》第2.4条规定的公平比较义务。故哥伦比亚拒绝接受出口商价格调整要求违反了《反倾销协定》第2.4条第一句和第三句关于公平比较的规定。

《反倾销协定》第3.1条要求调查机关在认定是否存在产业损害时应依据

肯定性证据，并对倾销进口产品的数量以及倾销进口对国内同类产品的价格影响、对国内同类产品生产商的影响进行客观分析。《反倾销协定》第3.2条对倾销进口产品的数量及其价格影响认定作出了规定，要求调查机关在认定倾销进口产品数量时应分析倾销进口产品的绝对数量或相对数量（即相对于进口成员的国内生产或消费数量）是否出现大幅增长，在认定倾销进口对价格的影响时应分析与进口成员国内同类产品价格相比倾销进口产品价格是否大幅消减，或者此类进口是否导致国内同类产品的价格被大幅度压低或者在很大程度上被抑制提高价格。《反倾销协定》第3.4条就审查倾销进口对国内产业的影响规定了具体要求，第3.5条则对倾销进口与国内产业损害之间的因果关系认定作出了详细规定。概括而言，《反倾销协定》第3.1条、第3.2条和第3.4条要求调查机关对产业损害作出的最终裁决应聚焦在倾销进口的数量及其对国内市场同类产品的价格影响和对国内产业的影响。第3.5条则要求调查机关审查倾销进口是否导致国内产业损害，即二者是否存在因果关系。

《反倾销协定》第3条并未对“倾销进口”给予界定，但是哥伦比亚认为该协定第2.1条对“倾销”的界定体现了“倾销进口”的通常含义，如果该协定起草者意图对“倾销进口”的范围进行限制，就会作出明确规定。如该协定第3.3条和第9.4条就将倾销幅度限定为微量以上的倾销幅度。

除了《反倾销协定》第2.1条，第5.8条也为解释第3条所述的“倾销进口”提供了重要依据。第5.8条规定，如果调查机关认定倾销幅度为微量或者倾销进口数量或者损害是微不足道的，应立即终止调查。如果倾销幅度低于出口价格的2%，应被视为微量。第3条所述“倾销进口”意味着产业损害分析应当针对已被认定存在倾销的进口所造成的影响。一旦某一生产商或出口商被认为其倾销幅度为微量，调查机关应当根据第5.8条的规定立即终止调查。因此根据第5.8条的规定，第3.1条、第3.2条、第3.4条和第3.5条所述的“倾销进口”不包括微量倾销幅度下的进口。

《反倾销协定》第3.3条主要是就调查机关对来自一个以上国家和地区的进口影响进行累积评估的规定，因此作出了比第3.1条、第3.2条、第3.4条和第3.5条更窄的限定。此外第9.4条主要针对出口商和生产商的数量较多或产品类型较多需要进行抽样调查时，对未被抽样调查的出口商或生产商的反倾销税率（即“所有其他税率”）作出限定，即在计算加权平均倾销幅度时不得考虑零倾销幅度或微量倾销幅度，所以第9.4条也作出了与第3.1条、第3.2条、第3.4条和第3.5条不同的范围规定。由于第3.3条和第9.4条适用的情形与第3.1条、第3.2条、第3.4条和第3.5条完全不同，因此哥伦比亚未能证明第5.8条与第3条无关联性。而且哥伦比亚未能证明其援引的“加拿大焊管案”裁决支持了其关于“倾销”概念本身并未排除微量倾销的抗辩，也未能证明其援引的“墨西哥稻米反倾销措施案”裁决支持其只能在反倾销令中将微量倾销幅度的进口排除在外的抗辩主张。故而哥伦比亚关于“倾销进口”包括微量倾销幅度进口的抗辩没有法律依据，专家组同意 DSB 先前所通过报告中作出的解释，即第 5. 8 条的规定意味着微量倾销幅度的出口商不存在法律意义上的倾销，因此来自该出口商的进口不构成第 3 条所述的“倾销进口”。哥伦比亚并未主张倾销进口包括负值倾销幅度的进口，而是认为该做法并不影响其对产业损害和因果关系的认定。如果某一调查机构在分析“倾销进口”是否造成产业损害时将负值倾销幅度下的进口也计算在“倾销进口”范围内，并且该做法还被认定为无偏见和客观，这将是无法想象的。

由于哥伦比亚在认定是否存在产业损害和因果关系时将来自微量倾销幅度和负值倾销幅度的进口也计入“倾销进口”，因此欧盟已证明哥伦比亚的做法与其在《反倾销协定》第 3. 1 条、第 3. 2 条、第 3. 4 条和第 3. 5 条下的义务不符。最终 WTO 支持了欧盟诉求，认为根据《反倾销协定》第 2. 1 条和第 5. 8 条的要求，“倾销进口”不得涵盖微量倾销幅度和负值倾销幅度进口。

三、课后练习

1. 2019 年 3 月，我国商务部针对来自甲国的某化工原材料展开反倾销调查，5 月，根据相关国内产业的申请，针对某种农产品发起保障措施调查。关于这两起调查，下列哪项判断是正确的？（ ）

A. 商务部必须证明甲国化工原料和该种农产品向中国的出口具有不公平贸易性质，方能采取相应的贸易救济措施

B. 本案两起调查都需要证明国内产业是否产生严重损害或严重损害威胁

C. 若商务部最终决定采取反倾销措施和保障措施，措施均包括临时措施、价格承诺和提高关税的方式

D. 若商务部最终决定采取反倾销措施和保障措施，反倾销措施只能针对来自于甲国的该种化工原材料，保障措施针对该种农产品，但不能区分来源

【答案】 D

【解析】

“两反”针对的是不公平贸易，保障措施可以针对公平贸易，A 项错误；反倾销要证明国内产业是否实质损害、实质损害威胁或对相关产业的建立造成实质阻碍，保障措施才需证明国内产业是否严重损害或严重损害威胁，B 项错误；“两反一保”的共同措施是关税，但“两反”没有数量限制措施，保障措施没有价格承诺措施，C 项错误；“两反”措施必须具有针对性，保障措施要

求针对产品但不区分来源，D 项正确。

2. 甲、乙均为世界贸易组织成员国。乙称甲关于影像制品的进口管制违反国民待遇原则，为此向世界贸易组织提出申诉，并经专家组和上诉机构审理。对此，下列哪一选项是正的？（ ）

A. 甲、乙磋商阶段达成的谅解协议，可被用于后续争端解决审理

B. 专家组可对未在申请书中指明的诉求予以审查

C. 上诉机构可将案件发回专家组重审

D. 上诉案件由上诉机构 7 名成员中 3 人组成上诉庭审理

【答案】D

【解析】

磋商若达成谅解协议，双方承担保密的义务，不能用于后续争端审查的对象，选项 A 错误；对争端方没有提出的主张，专家组不能作出裁定，即使相关专家提出了这样的主张，选项 B 错误；上诉机构无权将案件发回专家组重审，选项 C 错误，上诉机构是常设机构上诉案件由上诉机构 7 名成员中 3 人组成上诉庭审理，选项D 正确。

3. 甲国以保护本国国民健康为由决定禁止从乙国进口含激素的牛肉，但据了解，甲国境内并不禁止此类牛肉的销售。另外，甲国仍然从 A 国进口含激素的牛肉。乙国认为其根据 GATT 获得的利益受到了损害，甲国认为其采取的措施属于 GATT 第 20 条一般例外所允许，双方发生争议。

问：(1) 甲国行为是否为 GATT 第 20 条一般例外所允许？

(2) 甲国的行为是否违反了 GATT 国民待遇原则？

【答案】(1) 甲国的做是为 GATT 第 20 条般例外所不允许的。甲国的进口限制措施属于 GATT 第 20 条一般例外所指的为保护人民、动植物生命健康所采取的措施，但是该条要求进口国在采取此类贸易措施时不得构成武断的不合理的差别待遇或变相限制国际贸易，甲国违反了这一规定。(2) 甲国在不禁止从丙国进口荷蒙牛肉的情况下，唯独禁止从乙国进口这种产品，在实行贸易限制方面对乙国货物给予了歧视待遇，违反了 GATT 最惠国待遇原则。

四、延伸阅读

1. 单一规则与博弈：补贴与反补贴法律制度与实务 [M]. 北京：北京大学出版社，2021.

2. 董世忠. 国际经济法. 第二版 [M]. 上海：复旦大学出版社，2009.

3. 杨国华. WTO 中国案例精选 [M]. 福建：厦门大学出版社，2012.

第六章　国际投资法

一、主要知识点

（一）概述

1. 国际投资概述

（1）国际投资的基本概念。国际投资是一种超越国界的资本活动，是投资者为获取预期收益而从事的跨国或境外的资本交易活动。这里的资本，是指有形资本和无形资本，包括资金（货币、黄金等）、机器设备、劳动力、债权、技术秘密、专利、商标、特许权、有价证券，以及其他能兑现的权利等。

（2）国际投资的类型。政府投资和私人投资。政府投资一般是指国家公共机构或国际公共机构的投资。国家公共机构不仅包括中央政府，也包括地方政府或特别行政区政府，在有些情况下还包括政府通过国家企业进行的对外投资活动。在国际投资活动中国际私人（私企业）的投资活动是最为活跃的。

长期投资和短期投资。一般按国际收支统计分类的规定，一年以内的债权被称为短期投资，一年以上的债权、股权以及实物资产等被称为长期投资。

直接投资和间接投资。国际直接投资，即狭义的国际投资，是指伴有企业经营管理权和控制权的投资。具体来说，是指一国私人（包括法人、自然人）以营利为目的，以有形或无形资产投资外国的企业，直接或间接地控制其投资企业的经营活动。（控制权的含义是并非一定要控股，而是对自己的资产行使管理权）国际间接投资是指一国私人或政府对外国私人或政府的股票和其他证券投资或贷款等，也包括国际金融组织对各国私人或政府的贷款等。也就是说，投资者不参加企业经营管理，也不享有企业的控制权或支配权，而仅以其特有的能提供收入的股票或证券进行的投资。国际直接投资与国际间接投资的主要区别在于对企业有无经营控制权。直接投资属于国际投资法的调整范围，而间接投资属于国际金融法的调整范围。

（3）国际投资环境。国际投资环境指能有效地影响国际资本运行和效益的外部条件和因素，如自然地理的、政治经济的、社会人文的、法律制度的因素等，相互联系和影响构成国际投资的综合环境。

2. 国际投资法概述

（1）国际投资法的概念。国际投资法是国际经济法的重要分支之一，是调整国际私人直接投资关系的法律规范的总称。国际私人直接投资是由一国的自然人或法人在外国投资，并直接或间接控制所投资的企业或项目的经营活动的投资。国际私人直接投资方式主要有设立新企业和收购现有企业两种主要形式。（注意：政府间、国际金融机构之间、政府与国际金融机构之间的投资关系不属于国际投资法的调整范围）

①调整对象。外国投资者和东道国自然人、法人及其他经济实体之间基于投资所产生的普通商事关系。外国投资者与东道国之间基于投资所产生的投资管理和保护关系。跨国投资者与本国有关机构之间基于投资促进和投资保险所产生的关系。政府之间以及政府与国际组织之间为促进和保护投资或协调投资关系而缔结双边或多边条约所产生的关系。

②主要特征。国际投资法调整的国际投资关系，仅限于国际私人投资关系。广义的国际投资关系，包括各国政府之间或国际金融组织与国家之间的资金融通关系，即（政府）官方投资；也包括各国私人跨越国境的投资关系，即国际私人投资关系。国际投资法调整的对象限于后者。因为它所涉及的只是外国自然人、法人及其他民间组织、企业团体向资本输入国所做的投资，称为私人投资，不包括政府间或国际组织与政府间的资金融通关系，如贷款、援助等。这里所指的私人投资，是国与国之间所使用的概念，即使它属于资本输出国集体所有，或个别场合下属该国国家所有，也不享受任何外交特权，东道国一律将其视为私人资本。国际投资法调整国际私人直接投资关系。如前所述，国际私人投资可分为直接投资和间接投资。国际投资法的调整对象限于国际私人直接投资关系，而国际私人间接投资关系，一般由国际金融法和各国证券法等调整。

③国际投资法的体系。国际投资法既包括国内法规范，也包括国际法规范，两者相互补充，构成统一的国际投资法律体系。包括资本输入国吸收外资的法制和资本输出国对外投资的法制等国内法规范以及各国间签订的相互鼓励和保护投资的双边条约、区域性多边投资条约和世界性多边投资条约等国际法规范。

④国际投资法的作用。保护国际投资，鼓励国际投资，管理外国投资。

在建立国际投资新秩序中，各国在主要的原则上达成了共识，但在一些问题上还存在着分歧和对立。特别要注意以下几个问题：

（2）国际投资法的基本原则。国际投资法的基本原则有国家对自然资源永久主权原则和平等互利原则。联合国大会通过了一系列决议，如《关于自然资源永久主权的决议》、《建立国际经济秩序宣言》和《各国经济权利义务宪章》

(以下简称《宪章》) 等。特别是《宪章》规定了，每个国家对本国的全部财产、自然资源以及全部经济活动，都享有并自由地行使完整的、永久的主权。每个国家都有权管理和监督本国范围内的跨国公司，有权在适当补偿的情况下将外国财产收为国有，有权在完全独立自主的基础上缔结双边或多边条约。平等互利的原则确立了国家不分大小、贫富、强弱在法律地位上一律平等，特别对发展中国家在义务与权利上的实质平等。在形式与实质的平等上更要强调考虑权利上的平等、实质上的平等。

(3) 特许协议的法律问题。特许协议是东道国政府与外国投资者之间签订的通常以自然资源的开发或公用事业的建设为目的的一种协议，这种协议历经百年并且不断演变，至今还是现代国际投资关系中一种重要的法律形式。特许协议的名称繁多，如国家契约、经济发展协定、开发协定、投资协定、跨国协定、准国际契约等。从这些纷繁的名称可以看出，围绕着特许协议的法律性质的争论也一直延续到现在。

(4) 国有化及补偿问题。国有化、征收及其补偿问题历来是国际投资法中的重大理论和实践问题，也是南北双方存在激烈争议和深刻分歧的问题。所谓国有化 (nationalization) 是国家对原属私人或外国政府所有的财产，采取收归国有化的强制性措施。国有化问题，既关系到资本输入国的主权问题，又关系到外国投资者的投资安全与利益，因而一直是国际投资争议中最突出的问题。国有化的合法性问题在发达国家与发展中国家之间，一直存在着尖锐的对立。关于国有化的补偿标准，国际上存在着三种不同的观点：全部赔偿、不予补偿和适当补偿。

(5) 投资争议解决与卡尔沃主义。国际投资争议，或称跨国投资争议，有广义和狭义之分。广义的国际投资争议包括任何涉及两个或两个以上国籍的自然人、法人或外国政府、外国公司机构因国际直接投资及国际间接投资而引起的争议，狭义的国际投资争议仅涉及因私人直接投资而引起的各种争议。

解决投资争议的方法，既有政治的手段又有法律的手段，既有国内解决又有国际解决。实践中，具体的国际投资争议的解决方法除了当事人双方之间的谈判或协商外，主要包括斡旋、调停、调解、外交保护、东道国当地救济、外国法院诉讼、国际商事仲裁等，综合起来大致可以分为三大类：即非司法方式、准司法方式及司法方式。

外交保护是指当本国国民在国外遇到损害，依该外国国内法程序得不到救济时，本国可以通过外交手段向该外国要求适当救济。外交保护是解决外国投资者与东道国政府投资争议的传统方法之一。

卡尔沃主义 (Calvo Doctrine)，是国际法学家、阿根廷原外长卡尔沃

（Carlo Calvo）1868 年在《国际法·理论与实践》一书中提出的著名主张，即属于一国领域内的外国人同该国国民有同等受到保护的权利，不应要求更大的保护。当受到任何侵害时，应依赖所在国政府解决，不应由外国人的本国出面要求任何金钱上的补偿。卡尔沃主义的实质就是维护国家主权原则，提倡外国人与本国人待遇平等的原则，反对外国人特权地位，坚持国家属地管辖权的完整性。

（二）国际投资形式

1. 设立境外分支机构

通过设立分支机构在海外进行投资是最简单的模式。从法律上讲，分支机构并不具有独立的法人资格，所以东道国对外国的分支机构只有属地管辖权，对分支机构在国外的财产没有属人管辖权。分支机构作为外国投资者在东道国设立的一种商业组织，有以下特点：（1）分支机构没有独立的名称和章程，只能以设立它的总公司的名义开展生产经营活动；（2）分支机构的主要业务活动由总公司决定，由于其所代表的公司信誉较高，资产较多，其所能从事的业务范围也可能较广；（3）分支机构的资产完全由总公司投入，分支机构的生产经营活动引起的法律后果最终由总公司承担。

2. 在境外新建企业

（1）在境外设立合营企业。合资经营企业，简称合营企业，是指两个或两个以上当事人，为实现特定的商业目的，共同投资、共同经营、共担风险、共负盈亏的一种企业形式。国际合营企业则是由一个或多个外国投资者（法人或自然人）同东道国的政府、法人或自然人按法定或约定的比例共同出资，共同经营特定业务，共同分享利润，共同承担亏损的企业。合营企业依其法律性质的不同可以分为以下两种基本类型：股份式合营企业和契约式合营企业。

①股份式合营企业。是指由合营者相互协商为经营共同事业而组成的法律实体。这种类型的合营企业，具有独立的法律人格；合营者的出资分成股份，各方按照自己出资的比例对企业行使一定的权利，承担一定的义务；企业有一定的管理机构，作为法人的代表。

②契约式合营企业。是指合营各方根据合营契约经营共同事业的经济组织。这种类型的合营企业，往往不具有法人资格，合营各方不是以股份形式出资，也不按股份分担风险和共负盈亏，而是根据合营契约的约定对企业享受一定的权利和承担一定的义务，并对其所出资产保留其一定的权利。

由于各国法律对合营企业的法律性质的认定各不相同，因而，举办合营企业所采取的组织形式也各式各样，大体上可归纳为公司和合伙两类。在国际投资的实践中，组成为公司的合营企业主要采取有限责任公司和股份有限公司两种基本形式。

（2）合作经营企业。合作经营企业，简称合作企业，是指两个或两个以上国家的当事人为实现特定的商业目的，根据合同的约定投资和经营，并依照合同的约定分享权益和分担风险及亏损。合作企业从法律性质上讲，是一种契约式合营企业或非股权式合营企业。国际上通常将它们作为一种无法人资格的合伙来对待，在法律上，一般适用合伙法或有关合伙的规定。但中国的法律实践则颇具特色，中外合作经营企业不仅可以是一个经济实体，还可以是一个法律实体。

（3）国际合作开发。国际合作开发是国家利用外国投资共同开发自然资源的一种国际合作形式。通常由资源国政府或国家公司同外国投资者签订协议，允许外国投资者在资源国指定的开发区以及在一定的年限内，同资源国合作，勘探、开采自然资源，并共同生产，按约定比例，承担风险，分享利润。国际合作开发应当是多方面的，但尤以石油和其他矿产资源的开发最为常见。

（4）在境外设立独资经营企业。独资子公司，又称独资企业，或外资企业（Wholly Foreign - Owned Enterprise），英文直译为完全归外国人所有的企业。相对于合资经营企业、合作经营企业而言，独资企业是指按照东道国法律在东道国设立的，由外国投资者提供全部或大部分资本的企业。事实上，各国法律对一个企业中外资构成比例达到多少才视为外资企业有不同的规定。有的国家认为，凡外资占大部分的企业，均是外资企业；而有的国家则严格限定在全部资本由外国投资者所有的才是外资企业，如中国。

3. 跨国并购

（1）并购的概念。并购（Mergers and Acquisitions，即 M&A 或 T&A）是兼并、合并与收购三者的合称。“并”是指企业兼并与企业合并，“购”则含有收购与标购的意思。

①兼并。兼并即吸收合并，又称全部收购，是指两个或两个以上的公司，通过法定方式重组，重组后只有一个公司继续保留其合法地位。

②合并。合并即新设合并，是指两个或两个以上的公司通过法定方式重组，重组后，原有的公司法人资格都不再保留，而是组成一个新的公司。

③收购。收购是指一家公司在证券市场上用现金、债券或股票购买另一家公司的股票或资产以获得对该公司的控股权，该公司的法人地位并不消失。但若对目标公司的控股权达到75%，即终止上市，目标公司也就由公众公司变为私人公司，丧失了其上市公司的资格。

收购有以下几种划分方法：以目标公司的股东是否同意被收购，公司收购可分为善意收购、敌意收购、恶意收购。根据收购的对象不同，收购可分为股权收购和资产收购。此外，标购是指所收购的股份在目标公司不属于支配地位，其价值取向在于分红等收益权而不在于经营管理权。所以收购与标购的区别在于前者取得目标公司的控制权，而标购则是取得参股权。

(2) 跨国并购的概念。跨国并购（International Mergers and Acquisitions），又称越界并购（Cross - Border Mergers），是指一个含有并购方式或目标公司，或目标公司的资产或股份持有人，或与目标公司股份有关的特别权利拥有人分处两个以上的不同国家或地区的因素在内的并购行为。依被并购对象所在部门来分，跨国并购可分为横向（水平）并购、纵向（垂直）并购以及混合并购。

跨国并购企业的特点有以下几个：跨国性、战略的全球性和管理的集中性、公司内部实体间的联系性与联系方式的多样性、实体采用并购的方式跨国建立性、法律管辖和法律适用的复杂性。

4. BOT 投资方式

BOT 是英文建设（Build）—运营（Operate）—移交（Transfer）的缩写，它是指政府通过合同授予私营企业一定期限的特许经营权，许可其融资和建设特定的公用基础设施，并准许其进行经营管理和商业利用，如通过向用户收取费用或出售项目产品等方式来清偿贷款、回收投资并赚取利润，特许期届满时将基础设施无偿移交给政府。

BOT 项目是由一系列的法律文件组合而成的有机整体，包括招投标文件、特许权协议、安慰函（就政府表示支持、承诺、保证等所作的相关的法律解释）、股东协议、项目融资文件、设计合同、物资供应合同、保险合同、产品购买合同、转让移交合同等。其中政府与项目公司之间的特许协议是最基本的，构成了国际 BOT 运作方式的核心，也是签订其他相关合同的前提。

（三）国际投资待遇

1. 关于外国投资者待遇标准问题

外资待遇又称国际投资者待遇，是指外国投资者（包括投资）在东道国从事投资活动享有权利和承担义务的状况，它明确了外国投资者在东道国的法律地位、权利义务的标准、投资及其收益等管理上的保护程度，以及在特殊情况下国家征用投资财产时的补偿标准等。外资待遇体现于各种双边国际投资条约、区域性投资条约和全球性投资立法中，是这些国际投资立法的重要部分，是国际投资立法的核心条款。由于国际投资涉及国家对外政策，国内政治、经济、社会各方面复杂的利益关系，各国出于对自身利益的考虑，给予外资的待遇标准是不同的。目前关于外资待遇的标准在各种投资条约中主要体现为四种：国际标准、最惠国待遇、国民待遇和公正与公平待遇。

2. 最惠国待遇标准

（1）最惠国待遇标准的概念。最惠国待遇标准是指东道国对外国投资者实行的待遇不低于其已给予或将给予第三国投资者的待遇。该项待遇标准赋予各外国投资者之间在东道国平等竞争的法律机会，因此，被称为国际商务法律关系的“基石”。最惠国待遇标准主要通过国际投资条约确立。目前，世界各国签订的国际投资条约绝大多数都规定了最惠国待遇标准。迄今为止，在中国对外缔结的双边投资保护协定中均有互惠的最惠国待遇条款。

（2）最惠国待遇标准适用的例外。最惠国待遇从来不是绝对的，作为一项外资待遇原则，存在着各种各样的例外，主要包括以下几种：①公共秩序例外。国际投资条约普遍规定，缔约一方基于维护本国国家安全、公共秩序、国民健康和道德的需要，可以不对缔约另一方投资者的投资实行最惠国待遇。②关联国家例外。许多国际投资条约规定，缔约一方给予“关联国家”的优惠待遇，不得视为违反对缔约另一方投资者的最惠国待遇。这里的“关联国家”通常是指关税同盟、经济同盟、共同市场、自由贸易区、区域一体化协定以及与周边国家的边境小额贸易等。例如，2002 年中国与波斯尼亚和黑塞哥维纳共和国间双边投资保护协定第 3 条第 4 款第 2、3 项就确立了这项例外。③双重征税协定例外。不少国际投资条约规定，给予最惠国待遇并不阻止缔约一方根据避免双重征税协定以及其他有关税收问题的协议，而给予第三国投资者特殊的优惠。例如，2003 年中国与德国间双边投资保护协定第 3 条第 4 款第 2 项规定即是。④知识产权条约例外。一些国际投资条约规定，给予最惠国待遇并不阻止缔约一方依有关国际知识产权条约的规定，给予第三国投资者以更高的保护。例如，1994 年《能源宪章条约》第 10 条第 10 款对此作了明确的规定。⑤类似情形例外。多数国际投资条约明确规定，缔约一方只对缔约另一方在“类似情形”下的投资，实行最惠国待遇。此类规定可见于 1990 年中国与土耳其间双边投资保护协定第 2 条第 2 款。⑥“祖父条款”例外。有的国际投资条约对最惠国待遇规定了“祖父条款”的例外。例如，根据 1982 年中国与瑞典间双边投资保护协定第 2 条第 3 款的规定，尽管有最惠国待遇条款，但缔约一方仍有按该协定签字前同其他国家已缔结的双边协定的规定，给予该其他国家投资者的投资以更优惠待遇的自由。⑦同类协定例外。一些国际投资条约规定，在最惠国待遇下，缔约一方投资者得到的不是不低于缔约另一方给予所有第三国投资者的待遇，而只是不低于同该缔约另一方订有同类协定的第三国投资者所享有的待遇。例如，1983 年中国与联邦德国间双边投资保护协定第 3 条第 1 款规定，就属此类情形。⑧保留部门例外。一些国际投资条约规定，对某些特定的投资部门，缔约一方可不对另一方投资者实行最惠国遇。美国对外缔结的所有双边投资条约的附件都列举了此类予以保留的投资部门。⑨特定国家投资者或特定投资例外。有的国际投资条约规定，缔约一方给予特定国家投资者或特定投资（如该投资对东道国经济发展目标的实现具有重要意义）的优惠待遇，不得视为违反对缔约另一方投资的最惠国待遇。例如，1980 年联邦德国与巴布亚新几内亚间双边投资保护协定就有这方面的条款。

晚近，国际仲裁实践对最惠国待遇条款的适用范围，尤其是该待遇标准是否涵盖有关程序事项，出现了激烈的争议。鉴于此，最新的国际投资条约开始对最惠国待遇的适用进行了明确的限制。例如，2016 年欧盟与加拿大签署的《全面经济贸易协定》第 8 条第 7 款首先规定，最惠国待遇不适用于争端解决条款；接着规定，“第三方条约”中的实体义务本身并不构成“待遇”，只有在缔约一方根据该义务实际给予了他国投资者或其投资某种待遇，而不给予缔约另一方的投资者或其投资的，才构成对最惠国待遇的违反。

3. 国民待遇标准

（1）国民待遇标准概述。国民待遇标准是指东道国对外国投资者实行的待遇不低于其已给予或将给予本国投资者的待遇。

国民待遇标准和最惠国待遇标准是相互联系的两项外资待遇标准：首先，这两项待遇标准都是相对待遇标准，即外国投资者实际得到的待遇水平分别取决于东道国给予本国投资者和第三国投资者的待遇水平；其次，在国际投资条约中，国民待遇标准和最惠国待遇标准往往一同加以规定，并以两种待遇中对投资者更为优惠者为准。

根据国际习惯法，各国没有义务给予外国投资者以国民待遇，外国投资者只有通过东道国国内法或国际条约的规定，才能得到该项待遇。总的来看，发达国家一般都对外资实行国民待遇标准。然而，仍有不少发展中国家不愿接受国民待遇标准，其主要原因有二：第一，许多发展中国家经济落后，国际竞争能力不强，仍须对国内企业实行特殊的保护，并对外资施以特别的管制，以免外资的进入损及民族经济的发展；第二，许多发展中国家尚未完全建立市场经济体制，国内企业的经营管理权仍然受到政府不同程度的干预，这种管理体制不可能适用于外商投资。

从 1993 年开始，中国就把对外资逐步实行国民待遇确定为利用外资的基本法律政策之一。目前，在对外签订的双边投资保护协定中，中国关于外资国民待遇的最大承诺是中国保证给予外国外资者投资以不低于本国投资者投资的待遇，但中国现存的与国民待调原则不符的措施以及此类措施的延续和有限制的修改除外。不过，日后随着条件的不断成熟，中国将逐渐消除这些不符措施。例如，2001 年中国与塞浦路斯间双边投资保护协定第 3 条第 3 款以及该协定的议定书、2003 年中国与德国间此类协定第 3 条第 2 款以及该协定的议定书第 3 条、2004 年中国与芬兰间此类协定第 3 条第 2 款以及该协定的议定书就规定了这样的承诺。随着中国外资政策的更加开放以及相关条件的成就，《外商投资法》实际上已规定对外资实行比较全面的国民待遇标准。

（2）国民待遇标准适用的例外。对于国民待遇，即使一些发展中国家在原则上予以接受，一般也都附加了不同程度的限制。这些限制主要有：①外资准入例外。对于外资准入，大多数发展中国家对外签订的双边投资保护协定规定不适用国民待遇标准，以往中国对外缔结的双边投资协定亦是如此。但美国、加拿大对外签订的双边投资条约却要求将国民待遇原则推及外资准入阶段。现中国《外商投资法》第 4 条已明确规定，中国对外商投资实行准入前国民待遇加负面清单管理制度。②受制于国内立法之例外。一些双边投资保护协定规定，对外资实行国民待遇受制于东道国的国内立法。例如，2004 年中国与拉脱维亚间此类协定第 3 条第 2 款规定缔约一方只“在不损害其法律法规的前提下”给予缔约另一方投资者以国民待遇。③“软法”例外。一些双边投资保护协定除了规定对外资实行国民待遇应根据东道国法律之外，还采用了不承担硬性义务的“软法”条款。例如，1986 年中国与英国间此类协定第 3 条第 3 款、1993 年中国与斯洛文尼亚间此类协定第 3 条第 2 款均规定，缔约方应“尽可能”根据其法律和法规的规定，对缔约另一方投资者实行国民待遇。④基于经济发展之例外。一些双边投资保护协定规定，作为缔约一方的发展中国家基于经济发展的需要，可以对缔约另一方（发达国家）投资者实行的国民待遇加以限制。例如，1988 年中国与日本间此类协定的议定书第 3 条即属此类规定。⑤国有企业例外。一些双边投资保护协定明确将国有企业排除在国民待遇的比照标准之外，即缔约一方仍保留给予本国国有企业以特权，而不受国民待遇标准的约束。例如，1977 年联邦德国与马里共和国间此类协定的附件对马里方规定了这项例外。⑥外资银行监管标准例外。一些国际投资条约（包括加拿大对外签订的双边投资条约）规定，东道国对外资银行实行不同于内资银行的监管标准，不得视为违反国民待遇原则。⑦政府采购例外。一些国际投资条约规定，对于政府采购事项，不实行国民待遇规定此类例外的有《美加墨协定》第 14.12 条第 5 款（a）项等。⑧企业设立程序例外。一些国际投资条约（如《美加墨协定》第 14.13 条和美国双边投资条约）规定，在内外资企业设立的程序和提供的信息要求上，可实行差别待遇。

此外，与最惠国待遇标准一样，国民待遇标准还有国家安全、公序良俗、国民健康，避免双重征税协定、知识产权保护、特别保留的投资部门以及“类似情形”等方面的例外。晚近，对于国民待遇标准适用过程中外国投资者与东道国投资者是否处于“类似情形”，外国投资者获得的待遇水平是否低于东道国投资者，以及东道国是否具有给予外国投资者差别待遇的正当理由等各大逻辑步骤，国际投资仲裁庭的解释并不一致。

4. 公正与公平待遇标准

公正与公平待遇标准是为各国所公认的一项外资待遇标准。

（1）公正与公平待遇标准的含义。公正与公平待遇标准是一项独立的、总的待遇标准。虽然国民待遇、最惠国待遇可以成为公正与公平待遇的判断标准，但相互之间并不是等同关系。在国民待遇、最惠国待遇这两种相对待遇标准下，如果东道国对本国投资者和第三国投资者的待遇水平本身就很低，那么对外国投资者的待遇水平相应地也不会高，由此就有可能不符合公正与公平的待遇标准；也就是说，在这种情况下，对外资的待遇水平就应提高。至于提高的幅度，则需要援用公正与公平待遇作为衡量的标准。无疑，当公正与公平待遇对国民待遇和最惠国待遇起到补充和修正的作用时，其独立性便得到了充分的显现，也正是从这一功能出发，才把公正与公平待遇归为对外资的绝对待遇标准。

（2）公正与公平待遇标准的解释。公正与公平待遇是一个“橡皮”概念，就其解释的标准，南北国家意见相左：发展中国家坚持认为，应根据东道国国内法来解释公正与公平待遇标准；而发达国家通常主张以国际法来解释公正与公平待遇的标准。在这方面，一些双边投资保护协定采用“和稀泥”的方式兼采两种解释标准，正反映了南北国家在这一问题上的立场对立。例如，1988 年芬兰与匈牙利间此类协定第 3 条规定：“缔约各方应根据法律和法规，并符合国际法，始终确保对缔约另一方投资实行公正与公平待遇。”以往，西方学者一致认为，公正与公平待遇标准就是传统国际法中的“国际最低待遇标准”。这种观点遭到了发展中国家的坚决反对和抵制。所谓的国际最低待遇标准，其内容抽象，含义模糊，究竟何指，没有一个具体的客观标准，但归根结底是以“西方文明”为其判断的依据。从形成的历史来看，国际最低待遇标准始现于 19 世纪末 20 世纪初由西方学者加以概念化。当时的殖民地和附属国以及后来的发展中国家，完全被排斥在这种“国际法”准则的形成之外；同时该项待遇标准出现后的适用实践，也反映了殖民主义国家干涉他国内政的真实历史。

晚近，一些国际仲裁裁决甚至主张，较之传统的“国际最低待遇标准”，公正与公平待遇标准要求东道国对外国投资者实行的待遇水平更高，包括：不得违反正当程序，不得实行专断的和歧视性措施，不得损害外国投资者合法期待，不应缺乏透明度，应提供稳定的和可预见的法律和商务框架，不得采取强制和侵扰行为，不得以不适当之目的行使权力，政府部门不得越权行事，应尽适当审慎之义务，不应不当得利，不应非善意，等等。因而构成一项“自主”

的待遇标准。对公正与公平待遇作如此高标准的解释，就连发达国家都觉得难以承受。例如，美国和加拿大分别于2004年公布的双边投资条约范本均规定，"国际最低待遇标准"涵括公正与公平待遇和充分保护与安全待遇在内，后两项待遇标准不得被解释为对东道国施加了超出"国际最低待遇标准"的额外义务。其中美国的双边投资条约范本还规定，公正与公平待遇之义包含东道国政府负有义务依各主要国家法律公认的正当程序原则，不得在刑事、民事和行政审判过程中对外国投资者"拒绝受理或执法不公"（denial of justice）；充分保护与安全待遇要求东道国对外国投资者人身和财产的治安保护水平应达到国际习惯法的要求。

为了进一步防止公平与公正待遇的滥用，最新的国际投资条约开始明确限定该项待遇标准的外延。例如，2016年欧盟与加拿大签署的《全面经济贸易协定》第8条第10款规定，公平与公正待遇只适用于以下五种情形：①在刑事、民事和行政诉讼中的"拒绝受理或执法不公"；②在司法和行政程序中根本性违反正当程序原则，包括透明度原则；③明显的专断；④基于明显不正当的理由，诸如国籍、性别、种族或宗教信仰，进行有针对性的歧视；⑤虐待投资者，包括强迫、威胁和骚扰。在判断是否存在这五种行为时可以将投资者的正当期待作为一种考虑因素。但此处损害外国投资者"正当期待"仅限于东道国政府已作出具体的承诺和陈述之情形。

鉴于晚近国际仲裁庭有任意扩大公正与公平待遇条款适用的倾向，我国新近对外签订的双边投资保护协定对该待遇标准的内涵作了更为严格的限制性解释，即公正与公平待遇要求缔约一方不得对缔约另一方投资者粗暴地拒绝公正审理，或实行明显的歧视性或专断性措施。2011年中国与乌兹别克斯坦间投资协定第5条第2款规定就属此列。

（四）国际投资监管

跨国投资的积极作用是主要的，但其负面效应也不容忽视。在疏于管理和防范的情况下，就会对世界经济社会的发展带来不良的影响，如威胁东道国的国家安全，导致对东道国经济的形成发展以及对生态环境的破坏等，也可能造成逃税、垄断市场等后果，损害投资者母国的利益。通过适当的法律管制，有利于实现跨国投资经济效益的最大化和社会效益的最优化。管制跨国投资的法律制度包括资本输出国对海外投资的法律管制和资本输入国对外国投资的法律管制两个方面。

1. 东道国对外国投资的法律管制

（1）外国投资的审批。发展中国家一般都建立了比较严格的外资审批制度。通过甄别程序，使引进的外资与本国的经济社会发展目标相一致，并防止外资盲目流入可能产生的负面影响；发达国家也在不同程度上对外资的进入实行审查，但相对来说，管制的程度比较宽松。

①发展中国家的外资审批制度。发展中国家的外资审批制度基本上可分为逐案审批制和选择审批制两类。

A. 逐案审批制。是指从审批的方式来看，任何外资项目，不论投资额大小，不论投向哪个行业，都须经过审批机关的审批。为了进一步扩大对外开放，完善法治化、国际化、便利化的营商环境，中国已经废除了原来对外资项目的逐案审批制。

B. 选择审批制。现为一些发展中国家所采用，但具体方式又有所不同：有的国家只要求申请取得优惠待遇的外资项目才需要经过审批，有的国家只要求外国投资超过一定的额度才需申请批准；有的国家只要求超过一定出资比例的外商投资项目才需经审批；有的国家只要求外资在进行特定的经济活动时才需向东道国申请批准。此外，也有的国家要求，如外资投向特定部门，采取一定的投资形式（如取得公司资产或组建合营企业或涉及技术转让项目等），才需报批。现在，中国实际上采用的是选择审批制。根据《外商投资法》第 29 条、第 30 条规定，外商投资需要办理投资项目核准、备案的，按照国家有关规定执行；外国投资者在依法需要取得许可的行业、领域进行投资的，应当依法办理相关许可手续。《外商投资法》对外资的审批（核准和许可）要求主要针对的是限制投资的领域。

②发达国家的外资审批制度。总的来看，发达国家一般只要求外资的进入必须进行登记，但对于一些特定的外资项目，如外国投资涉及国家安全、公序良俗、垄断市场等问题的，仍需经过审查，方予准入。如美国虽是世界上对外资较开放的国家，但按照 1988 年美国国会通过的《综合贸易和竞争法》埃克森—佛罗里奥修正案，美国行政当局基于国家安全需要，可以阻止外国投资的进入。

（2）外国投资的投向。世界各国无一例外，都从本国的实际出发对外资的投向加以限制。

①外国法律的规定。首先，无论是发展中国家，还是发达国家，对关系到国计民生的要害部门，均禁止或限制外国投资，诸如国防或军需的行业（军火、军用飞机、航天及原子能工业等）、大众传播业（新闻、出版、广播、电视、电影等）、国内交通运输业（铁路、沿海及内河航运等）。

然而，由于各国国情不同，对外国投资领域的限制也各有差异。例如，在森林资源丰富的国家中，挪威、芬兰、墨西哥、阿根廷、秘鲁以及澳大利亚等国禁止或限制外国人投资开采林木；又如，瑞士国土狭小，对外国人投资拥有土地限制极严；等等。

总的来看，发展中国家对外资投向的限制严于发达国家，尤其表现在以下几个方面：一是对于本国的“幼稚”和“弱质”行业，发展中国家往往禁止或限制外国投资。例如，金融业就是许多发展中国家予以特殊保护的行业。相对而言，在发达国家中，受国家保护的行业就要少得多。二是对于那些不需要先进技术和大量投资而又有利可图的行业，许多发展中国家通常将其留给民族资本经营，一般倾向于拒绝外资参与，如零售业就是一例。三是关系到发展中国家特殊需要的行业，一般也禁止或限制外资涉足。如一些发展中国家存在外汇短缺的问题，而对外贸易往往又是出口创汇的重要行业，由此不允许外资进入该领域，等等。

②国际公约。世界贸易组织成立后，《服务贸易总协定》要求各成员方就服务业的市场开放展开谈判，并作出“具体承诺”。于是，服务业的外资准入便成为发达国家与发展中国家有关投资领域开放问题争议的焦点。

③中国法律的规定。以往，中国有关外商投资方向的规定散见于各项外资立法之中，比较零乱，而且许多规定已显滞后。同时，有些以内部规章形式出现，缺乏应有的透明度。为了改变这种状况，1995 年中国颁布了《指导外商投资方向规定》和《外商投资产业指导目录》，对外商投资领域作了比较明确的规定，并定期加以修订。采用“投资指南”方式列明外商投资方向，也是许多发展中国家普遍采用的做法。

2019 年《外商投资法》对外商投资实行准入前国民待遇加负面清单管理制度。该法第 28 条具体规定，外商投资准入负面清单规定禁止投资的领域，外商不得投资；外商投资准入负面清单规定限制投资的领域，外商进行投资应当符合负面清单规定的条件；外商投资准入负面清单以外的领域，按照内外资一致的原则实施管理。中国国家发展和改革委和商务部已经发布《外商投资准入特别管理措施（负面清单）（2019 年版）》（以下简称《2019 年版负面清单》），对禁止外商投资的领域和限制外商投资的领域作了明确规定。

（3）外国投资的监管。许多国家外资法对外国投资的监管作了明确的规定。根据中国外商投资法的规定，主管机关及国家有关部门将依法对外商投资企业实行监督。对外国投资的监管集于外商投资项目的建立和营运两个阶段。

①对外商投资项目建立的监管。一些国家外资法要求经批准的外商投资项目资金必须如期到位。一些国家外资法规定，外商投资的作价必须经有关政府机关的评估。例如，在菲律宾和智利，此类评估机关分别为菲律宾投资局和智利的外国投资委员会等。一些国家外资法规定，外商投资项目在筹建过程中，

必须定期向外资管理机关提交报告，如在印度尼西亚，外国投资者在建设和试产期间，每6个月要向印尼投资协调局报告进展情况。

②对外商投资项目营运的监管。在一些国家，外资管理部门将依法对外商投资项目的营运实行经常性的监督。例如，印尼外资法要求外商投资企业必须向印尼投资协调局递交年度经营报告，而且该局将会同企业所在地官员，每年至少对投资方进行一次访问，以保证所批准项目的履行。

许多国家（如菲律宾、沙特阿拉伯和苏丹等）的外资法授权政府官员检查外商投资的工厂和设施，或检查外商投资企业的账簿和文件，以便证实其设立的条件是否合法。中国《外商投资法》第32条规定，外商投资企业开展生产经营活动，应当遵守法律、行政法规有关劳动保护、社会保险的规定，依照法律、行政法规和国家有关规定办理税收、会计、外汇等事宜，并接受相关主管部门依法实施的监督检查。该法第34条及《外商投资法实施条例》第39条规定，外国投资者或者外商投资企业应当通过企业登记系统以及企业信用信息公示系统向商务主管部门报送投资信息。外国投资者或者外商投资企业报送的投资信息应当真实、准确、完整。发展中国家对外资的具体法律管制，多表现为各种限制性投资措施。

（4）投资措施。①与外资准入有关的投资措施。一些投资措施是作为外资准入的条件而设置的。投资措施可以分为以下三类（现在，发展中国家仍然维持的此类投资措施）：一是最低资本要求。例如，20世纪90年代中期之后中国分行业制定的许多外资单行条例都规定了最低注册资本的要求，其目的是保证设立的外商投资企业具有一定的规模，以提高利用外资的质量，同时也有利于保护这些外商投资企业债权人的利益。二是外国投资者的资格要求。例如，就外国投资者的资质要件，20世纪90年代中期之后中国分行业制定的许多外资单行条例都设定了经营资本、经营规模、经营业务以及经营人才、经营经验等方面的要求。通过设置这些资格要求，可以阻止一些小型的、不成熟的外国投资者进入中国。《2019年版负面清单》“说明”部分第6条规定，清单中未列出的文化、金融等领域与行政审批、资质条件、国家安全等相关措施，按照现行规定执行。该说明第3条又具体规定，境外投资者不得作为个体工商户、个人独资企业投资人、农民专业合作社成员，从事投资经营活动。三是外资进入必须能够促进东道国社会经济的发展以及不得损害东道国国家安全公序良俗、环境保护等方面的要求。例如，按照中国《投资方向规定》，下列项目为外商投资的限制类项目：技术水平落后的项目；不利于节约资源和改善生态环境的项目；从事国家规定实行保护性开采的特定矿种勘探、开采的项目；属于国家逐步开放的产业的项目；国家法律、行政法规规定的其他的情形。下列项目则为禁止类的外商投资项目：危害国家安全或者损害社会公共利益的项目；对环境造成污染损害、破坏自然资源或者损害人体健康的项目；占用大量耕地，不利于保护、开发土地资源的项目；危害军事设施安全和使用效能的项目；运用中国特有工艺或者技术生产产品的项目；国家法律、行政法规规定的其他情形。四是外商投资项目必须采用某种特定的组织形式。例如，《2019 年版负面清单》"说明"部分第 4 条规定，投资有股权要求的领域，不得设立外商投资合伙企业。

②与外资股权及控股有关的投资措施。在发展中国家的现行外资法中，通过各种控股措施要求所有外国投资者处于少数或多数股权地位的情形已不多见，但在一些特定的投资领域，如服务业和自然资源开发行业以及实行私有化的行业，此类投资措施仍然存在。例如，按照中国《外商投资法实施条例》第 33 条规定，负面清单规定限制投资的一些领域，外国投资者进行投资应当符合负面清单规定的股权要求。

2. 母国对海外投资的法律管制

在实践中，作为资本输出国的发达国家除了从税法和反托拉斯法等方面对本国海外投资的逃税和垄断行为等加以规制外，其他管制措施相当少见；对海外投资直接实行管理的主要是一些海外投资数量比较大的新兴经济体国家，中国是其中之一。中国现已成为全球主要资本输出国。尤其是随着"一带一路"建设的推进，中国海外投资增长迅猛。

对于海外投资，国务院及各有关主管部门已初步建立了相应的法律框架：先后颁行了一系列法规，现行有效的主要有 2014 年商务部发布的《境外投资管理办法》、2017 年国家发展和改革委员会（简称国家发展改革委）发布的《企业境外投资管理办法》以及财政部 2017 年发布的《国有企业境外投资财务管理办法》等。其中，较之已被废除的原 2014 年《境外投资项目核准和备案管理办法》，《企业境外投资管理办法》除了顺应进一步简政放权、优化境外投资监管程序、减少企业境外投资监管负担的趋势以外，还增加了指导和服务企业境外投资的职能和加强对企业境外投资事中事后监管的相关规定。此外，还有关于境外投资外汇管制、统计等其他法规。

（1）境外投资的核准和备案。国家发展改革委和商务部分别从项目和企业的角度对境外投资实行核准和备案管理。除对涉及敏感国家和地区、敏感行业的境外投资采取核准制之外，对其他境外投资一概采取备案制。由国家发展改革委实行核准管理的范围是投资主体直接或通过其控制的境外企业开展的敏感类项目。敏感类项目包括两类：一是涉及敏感国家和地区的项目，是指与我国未建交的国家和地区；发生战争、内乱的国家和地区；根据我国缔结或参加的国际条约、协定等需要限制企业对其投资的国家和地区；其他敏感国家和地区。二是涉及敏感行业的项目是指武器装备的研制生产维修，跨境水资源开发利用，新闻传媒，根据我国法律法规和有关调控政策，需要限制企业境外投资的行业。敏感行业目录由国家发展改革委发布。

商务部对境外投资企业实行核准制的敏感国家和地区是指：与中国未建交的国家和受联合国制裁的国家；必要时，商务部可另行公布其他实行核准管理的国家和地区的名单。敏感行业是指涉及出口中国限制出口的产品和技术的行业、影响一国（地区）以上利益的行业。

（2）境外投资的管理和监督。各级发展改革委联合同级政府有关部门建立协同监管机制，通过在线监测、约谈函询、抽查核实等方式对境外投资进行监督检查，对违法违规行为予以处理。对于境外投资过程中产生的重大人员伤亡、境外资产重大损失、损害我国与有关国家外交关系等重大不利情况的，要求投资企业通过网络系统提交重大不利情况报告表。这些事中事后监管措施的实行，改变了以往发展改革委对境外投资“批而不管”或“备而不管”的情况。商务部及省级商务主管部门负责对境外投资实施管理和监督。这方面的主要规定有以下几种。①企业开展境外投资，依法自主决策、自负盈亏，但企业境外投资不得有以下情形：危害中国国家主权、安全和社会公共利益，或违反中国法律法规；损害中国与有关国家（地区）关系；违反中国缔结或者参加的国际条约、协定；出口中国禁止出口的产品和技术。②企业应当要求其投资的境外企业遵守投资目的地法律法规、尊重当地风俗习惯，履行社会责任，做好环境、劳工保护、企业文化建设等工作，促进与当地的融合。③企业应当客观评估自身条件、能力，深入研究投资目的地投资环境，积极稳妥开展境外投资，注意防范风险。

（3）境外投资的指导和服务。国家发展改革委具有对境外投资企业提供指导和服务的职能，具体包括：投资企业可以就境外投资向国家发展改革委咨询政策和信息、反映情况和问题、提出意见和建议；国家发展改革委会同有关部门根据国民经济和社会发展需要制定完善相关领域的专项规划及产业政策，为企业开展境外投资提供宏观指导；加强国际投资形势分析，发布境外投资有关数据、情况等信息，为企业提供信息服务；参与国际投资规则制定，建立健全投资合作机制，加强政策交流和协调，推动有关国家和地区为我国企业开展投资提供公平环境；推动海外利益安全保护体系和能力建设，指导企业防范和应对重大风险，维护其合法权益。这些规定既授予了国家发展改革委在境外投资领域进行数据统计、行业分析、提供宏观指导的职权，也进一步便利了境外投资企业获取有关信息，它们在进行项目前期规划和可行性研究时，即可与国家发展改革委建立联系，以便确定项目时间表，防范境外投资风险，提高境外投资的成功率。

商务部会同有关部门为企业境外投资提供权益保障、投资促进、风险预警等服务，通过发布《对外投资合作国别（地区）指南》《对外投资国别产业指引》等文件，帮助企业了解投资目的地投资环境；加强对企业境外投资的指导和规范，会同有关部门发布环境保护等指引，督促企业在境外合法合规经营；建立对外投资与合作信息服务系统。为企业开展境外投资提供数据统计、投资机会、减少投资障碍、投资风险预警等信息。

（五）国际投资保护

对于投资的国际保护，仅依赖于资本输入国的外国投资法、资本输出国的海外投资保证法律制度是远远不够的，还必须依赖国际条约。

1. 双边投资条约。

双边投资条约，是指资本输出国与资本输入国之间签订的以促进、鼓励、保护或保证国际私人投资为目的并约定双方权利与义务关系的书面协议，即以双边条约的形式确定投资者待遇，确保投资安全。

（1）在国际实践中，广义上的双边投资条约主要有三种类型。①友好通商航海条约。友好通商航海条约是缔约国间就商业活动和航海自由事宜而签订的双边条约，这类条约的最初含义是全面建立和发展国家间商人往来及经济合作的协议，并非保护投资的专门性条约。

②投资保证协定。投资保证协定，因是美国首创并推行，故也称美国式的投资保证协定。这种协定通常采用换文的形式。其主要内容为：承保的范围限于投资的政治风险；被保证的投资必须是经资本输入国政府根据协议审查批准的投资项目，而且只限于该协定以后的新项目；确定了代位求偿权，即对于承保国保险机构所承保的财产遭受损失后，可由承保国给予先行补偿，承保国因此而取得代位求偿权，代替投资者向资本输入国提出赔偿要求；对本协定的解释及发生的争议，应协商解决，协商不成可通过仲裁法方法解决。

③促进与保护投资协定。促进与保护投资协定是欧洲一些发达国家与发展中国家签订的双边投资保护协定，其中以前联邦德国最为典型，因而又称为德国型的促进与保护投资协定。这种协定的特点是：程序正式，即须通过正式的立法程序，以政府的名义签订，由最高权力机构批准；适用广泛，这种投资侧重于对相互投资的保护，是双向的保护；内容具体，通常由序言、正文和结尾三部分组成；规范全面，其既包含实体法，又有关于程序法的规范。

（2）双边投资条约的内容。双边投资条约在内容上逐渐趋同化，大多数的双边投资保护协定对于以下条款的规定都非常相近：

①投资及投资者的定义、投资的准入。投资包括：动产、不动产和其他任何财产权利；公司的股份、股票和债券或该公司财产中的权益；金钱请求权；知识产权；法律或法律允许通过合同赋予的经营特许权。投资者包括：具有缔约国国籍或在缔约国境内有住所的自然人；依缔约国的法律设立或在该缔约国国内有住所的法人或非法人的经济实体；由缔约国国民或法人控制的第三国或对方缔约国的公司。

②投资及投资者的待遇。有公平、公正待遇，国民待遇，最惠国待遇等。

③投资保护。有国有化或征收、外汇汇出、代位求偿权等。

④投资争议的解决。一是东道国政府与投资者之间的争端的解决，属于私人争议，一般由东道国依本国外资立法解决，也可仲裁解决，还可提交“解决投资争议中心”（ICSID）解决；二是缔约国之间关于条约的解释，适用发生争端的解决，属于国际争端的，可通过司法或非司法的途径加以解决，如仲裁解决。

2. 《多边投资担保机构公约》（《汉城公约》）

该公约于1985年10月11日订立，1988年4月12日生效，我国于1988年4月30日加入了该公约，是公约的原始缔约国。公约全文共17章67条，另有两个附件和两个附表。截至2002年，公约有155个成员国，发达国家22个，发展中国家133个。根据公约建立的多边投资担保机构（MIGA），是世界银行的成员。

（1）多边投资担保机构的法律地位。根据《多边投资担保机构公约》（《汉城公约》）第一条的规定，MIGA作为自主的国际组织，根据国际法和其成员国国内法具有“完全法人资格”，特别是有权签订合同，取得并处理不动产和动产，以及进行法律诉讼。同时《汉城公约》还赋予机构一定的特权和豁免，以便其更好地完成职能。

（2）多边投资担保机构的组织结构。MIGA设理事会、董事会、总裁和职员，机构的一切权力属于理事会，董事会负责机构的一般业务，总裁则在董事会的监督下，处理机构的日常事务。

（3）多边投资担保机构的目标。MIGA的目标是鼓励生产性投资在成员国之间，尤其是向发展中国家成员国流动，以补充国际复兴开发银行（即世界银行）、国际金融公司和其他国际开发金融机构的活动。为达到这一目标，本机构应：①对从其他成员国流入另一成员国的投资发放非商业性风险担保，包括共保和分保；②开展适当的辅助性活动，以促进向发展中国家成员国以及在发展中国家成员国之间的投资流动；③为进一步实现其目标，行使其他必要的或适宜的附带权利。

(4) 多边投资担保机制的主要内容。MIGA 的业务主要包括两大类，即投资担保和投资促进。前者是核心业务，即 MIGA 对国际投资所遇到的政治风险予以担保；后者是指由 MIGA 开展的对发放担保有辅助作用的活动，属于非担保业务，主要有：开展跨国投资研究、传播有关发展中国家成员国的投资机会的信息。

①承保风险。MIGA 主要承保以下五种风险：A. 货币汇兑险。是指由于东道国政府的责任而采取的任何措施，限制将其货币转换成可自由使用货币或担保权人可接受的另一货币，并汇出东道国境外，包括东道国政府未能在合理的时间内对该保险人提出的此类汇兑申请作出行动。东道国政府的限制措施，是指限制转移的一切新措施，无论是直接的还是间接的，法律上规定的或是事实上存在的；同时，东道国的这些措施既包括积极行为，也包括消极的不作为。此外，MIGA 在其业务细则中还规定，MIGA 对于投资者在东道国货币兑换成其他货币时可能受到的汇率歧视也予以担保。B. 征收和类似措施风险。是指由于东道国政府的责任而采取的任何立法或行政措施，或懈怠行为，其作用为剥夺担保权人对其投资的所有权或控制权，或剥夺其投资中产生的大量效益。但政府为管理其境内的经济活动而通常采取的普遍适用的非歧视性措施不在此列。MIGA 所规定的征收险中不仅包括对资产的征收、国有化、征用、没收、查封、扣押和冻结这些东道国政府所进行的直接措施；同时也包括隐含的征收。隐含的征收是指尽管东道国政府所采取的措施并不构成对投资人资产的征收行为，但如果将东道国政府作出的一系列行为可能对投资人产生的最终结果综合考虑，该类行为起到了类似征收的效果，即所谓类似措施。通常情况下，隐含征收包括所得税的增加、关税的增加、职工最低工资标准以及职工技术训练等强制性规定。但在确定隐含征收前，投资者必须证明东道国政府采取的上述措施使得相关企业出现严重亏损或使得相关企业的经营成为不可能。C. 违约险。是指东道国政府对担保权人的违约或毁约，并且，具有下列三个条件之一者：第一，投资者无法求助于司法或仲裁机关对违约作出裁决；第二，司法或仲裁机关未能在合理的期限内（不得少于两年）作出判决或裁决；第三，虽有裁决或判决，但无法执行。D. 战争和内乱险。是指 MIGA 对东道国领土内的任何军事行动或内乱提供担保。军事行动既包括不同国家间的战争行为，也包括同一国内相互竞争的政府的武装力量之间的战争行动，包括经宣战或未经宣战的战争。而内乱通常是指直接针对政府的、以推翻政府或将其驱逐出某个特定地区为目的的、有组织的暴力行动，包括革命、暴乱、叛乱和军事政变，对于骚乱和民众动乱等形式的内乱也可以承保。MIGA 所指的战争和内乱并不以发生在东道

国境内或以东道国政府参加为前提，行为发生在东道国境外，如果其影响或后果在东道国国境之内，就被视为发生在东道国境内。E. 其他非商业风险。公约在第 11 条（b）对承保范围作了灵活性的规定，即应投资者与东道国政府联合申请，董事会经特别多数票通过，可将本公约的担保范围扩大到上述（a）项中提及的风险以外的其他特定的非商业风险。但在任何情况下不包括货币的贬值或降低定值。此外，公约在第 11 条（c）中还明确规定因以下两种原因而造成的损失不在担保之列：第一，投资者认可或负有责任的东道国政府的任何行为或懈怠；第二，担保合同缔结之前发生的东道国政府的任何行为、懈怠和其他任何事件。

②合格的投资。是指可申请成为 MIGA 担保合同标的的投资，依公约规定，投资要具有承保的资格，必须在投资类型、投资资产、投资时间以及投资的东道国几方面符合一定的要求并符合规定的标准。A. 投资类型。包括股权投资、非股权投资和中长期投资。B. 投资资产。包括货币投资和实物投资。C. 投资时间。投保申请注册后才开始执行的投资。D. 投资标准。对投资项目的经济合理性、合法性进行审查。

③合格东道国。必须同时满足以下三个条件：A. 必须是发展中国家会员国；B. 必须经这个发展中国家同意承保；C. 必须是可以得到公平待遇和法律保护的国家。

④合格的投资者。公约第 13 条从投资者的类型、国籍、投资者的所有权以及投资者的经营方式等方面规定了合格投资者应满足的条件。A. 投资者的类型。只有自然人和法人才可作为合格投资者，但须满足四个条件（略）。B. 投资者的国籍。如果投资者有一个以上的国籍，会员国国籍应优于非会员国国籍，东道国国籍应优先于任何其他会员国国籍。

⑤担保合同与代位权。一旦 MIGA 承保的各种非商业风险发生，就会出现两个方面的问题。一方面，投资者根据与 MIGA 订立的担保合同向其索赔；另一方面，MIGA 支付或同意支付保险金后，根据公约有权代位向有关东道国索赔。

⑥担保合同。担保合同是由 MIGA 与投资者之间订立的规定双方权利和义务的法律文件。MIGA 在缔结担保合同之前，就其指定的承保风险予以担保应取得东道国政府的同意。担保合同在董事会指导下由 MIGA 总裁批准。担保数额由承包人与投保人约定，但不得超过最高担保额。至于最高担保额的多少则依投资类型不同而异。合同中所规定的担保期限，不应少于 3 年，也不应多于 15 年，在特别情况下经承保人与投保人商定可以为 20 年，或与投资所批准的较短期限相适应。

⑦索赔。投资者在向 MIGA 索赔之前要履行一些义务：寻求当地救济；遵守东道国的法律与法令；对其投资项目加以控制，以避免或减少可能的损失，妥善地保存索赔的文档记录；保留投资项目在投保期的账目。MIGA 支付赔偿的最终决定由总裁根据赔偿委员会的建议作出，赔偿委员会由总裁任命组成，由 MIGA 的首席法律官员主持。赔偿额不得超过投保总额和投资者的实际损失。投保人自己至少应承担投资额的 10% 的风险。

⑧代位权。MIGA 一经向投保人支付或同意支付赔偿，即代位取得投保人对东道国或其他债务人所拥有的有关承保投资的各种权利或索赔权。担保合同应对代位的条款和条件作出规定。各会员国都应当承认 MIGA 的此项权利。MIGA 的代位权是整个公约机制的核心。MIGA 作为代位者所获得的东道国货币的数额，在其使用和兑换方面所享有的待遇，应与投保者取得这种资金时所享有的待遇相同。

3.《解决国家与他国国民间投资争议公约》(《华盛顿公约》)

(1) 概述。1962 年世界银行主持起草了《解决国家与他国国民间投资争议公约》(以下简称《公约》) 的初步草案，1965 年 3 月 18 日通过，1966 年10 月 14 日生效。中国于 1990 年 2 月 9 日签署了该公约，1993 年 2 月 6 日正式生效，截至 2001 年，公约签字国已有 149 个，其中正式缔约国有 134 个。公约共10 章 75 条。

①公约的宗旨。专门为外国投资者与东道国政府之间的投资争端提供国际解决途径，有两种：调解程序和仲裁程序，当事人可以自行协商，择一采用。

②“解决投资争端的国际中心”的创设和法律地位。公约订立的目的是成立“解决投资争端的国际中心”(International Center for Settlement of Investment Disputes, ICSID)，作为世界银行的一个下属机构，为前述国际投资争端的解决提供了调解或仲裁的便利。它具有完全的国际法律人格，其法律能力包括：缔约能力，取得处理动产、不动产的能力以及法律诉讼能力。ICSID 在完成其任务时，在缔约国领土内享有特定的特权和豁免。

③ICSID 管辖的条件。《公约》第 25 条第 1 款规定，“ICSID 管辖适用缔约国（或缔约国指派到 ICSID 的该国任何组成部分或机构）和另一缔约国国民之间因投资而产生的任何法律争议，该项争议经双方同意提交给 ICSID。当双方书面同意后，任何一方不得单方面撤销其同意。”由此得出，《公约》的管辖权的成立应具备三个条件：A. 主体要件——当事人的资格，争议一方为缔约国（或其指定的分支机构或代理机构)，另一方为缔约他国的国民（包括具有缔约他国国籍但不同时具有缔约东道国国籍的自然人，具有缔约他国国籍的法人以及具有缔约东道国国籍但为外国所控制、双方同意当作缔约他国国民看待的法

人)；B. 客观要件——争议的性质，争议必须是直接因投资而产生的法律争议；C. 主观要素——当事人同意，必须经双方书面同意提交ICSID仲裁解决。

④ICSID仲裁适用的法律。《公约》第42条规定了ICSID仲裁法律适用的基本原则：第一，当事人意思自治原则，即争端当事人享有选择准据法的权利，仲裁庭必须尊重当事人的这种选择，有义务适用当事人所选择的法律。第二，辅助和补充原则，即在当事人未达成法律适用协议的情况下，ICSID可直接适用东道国的法律和可能适用的国际法规则。一般而论，应首先适用东道国国内法，如果国内法没有规定的情况下，才可适用国际法规则；但当东道国国内法的规定与国际法规则相冲突时，应以国际法优先。第三，禁止拒绝裁判原则，即仲裁庭对于提交给它的争议，即使适用的法律欠缺相应的规范，或有关规定含混不清的情况下，也必须作出实质性的裁决。第四，公平正义原则，仲裁庭经双方当事人同意，可以不依照法律规定，而根据其他公平合理的标准作出具有拘束力的裁决。

(2) ICSID的仲裁：①ICSID的仲裁程序。提起请求；组成仲裁庭；作出仲裁裁决。

②仲裁规则。包括以下两种：一是《仲裁程序规则》和《调解程序规则》，二是当事人约定适用的规则。

③仲裁裁决的承认与执行。ICSID所作裁决在各缔约国获得承认与执行是《华盛顿公约》机制的重要内容。《华盛顿公约》关于裁决承认与执行的规定具有独到之处，其特点如下。

A. ICSID裁决的强制性和终局性。《公约》第53条第1款规定："裁决对双方有拘束力，不得进行任何上诉或采取其他除公约规定外的补救方法。除依照本公约有关规定予以停止执行的情况外，每一方应遵守和履行裁决的规定。"这一规定主要是针对当事人的，解决了裁决对当事人的效力问题，规定当事人有遵守和履行裁决的义务。《公约》第54条第1款规定："每一缔约国应承认依照本公约作出的裁决具有约束力，并在其领土内履行该裁决所加的金钱上的义务，如同该裁决是该国法院的最后判决一样……"这一规定主要是针对缔约国的，每一缔约国应将裁决视为本国法院的终局判决，强调每一缔约国都应予承认和执行，缔约国既不能进行实质性或程序性的审查，也不得以任何理由(包括公共秩序保留）拒绝承认和执行裁决。这一规定使裁决具有约束力的范围扩大到《公约》的所有缔约国，从而使ICSID所作的裁决取得了国际化。此外，《公约》对于争端双方以及任何其他缔约国未能遵守和履行前述义务而导致的法律后果也分别作了规定。首先，如果是私人投资者不执行ICSID裁决，则作为争议一方的东道国可以通过本国法院强制执行，也可以请求投资者母国协助强制执行，还可以请求投资者财产所在的任何第三国（只能是缔约国）法院协助强制执行裁决，而且这种执行是无条件的。其次，如果作为争议一方的东道国政府不执行ICSID裁决，则导致更为严重的后果：要么是投资者母国恢复行使外交保护或提出国际请求，要么投资者母国在国际法院对东道国提起诉讼。最后，如果当事国之外的缔约国拒绝承认与执行裁决，任何缔约国都可以援引《公约》第64条的规定到国际法院对拒绝国提起诉讼，要求其承担不遵守《公约》的国际责任。

B. 主体的广泛性，承认与执行程序的简单化。《公约》第54条强调，不仅争端双方当事人应遵守和执行裁决，而且包括投资者母国在内的每一个缔约国都有义务执行中心的裁决。另外，当事人只需向有关法院或其他机构提交一份经秘书长核证无误的裁决副本，缔约国就应予以承认和执行。

C. ICSID裁决的承认和执行受执行豁免的影响。《公约》第55条规定："第54条的规定不得解释为背离任何缔约国现行的关于免除该国或任何外国予以执行的法律。"这一规定表明，公约事实上认可了执行豁免。其含义有二：第一，争端缔约国是否放弃自己的执行豁免权，依本国现行的有关法律；第二，在其他任何缔约国国内要求承认与执行不利于缔约国的裁决，是否给予该争端缔约国以执行豁免，也依该执行国现行的有关法律。实践中，虽然一国同意将其与投资者之间的争议提交ICSID仲裁解决就意味着放弃了管辖豁免，但并不意味着其也放弃了执行豁免，甚至世界上许多主张有限豁免的国家，也从未放弃过执行豁免。

4. 世贸组织有关投资协议的主要内容

（1）《与贸易有关的投资措施协议》（Trade - Related Investment Measures, TRIMs）。由于某些投资措施具有限制和扭曲自由贸易的情况，因此在乌拉圭回合上达成了《与贸易有关的投资措施协议》，适用于与货物贸易有关的投资措施。它是第一个对投资措施进行国际管制的多边条约，标志着各国引导和管辖外资的权力开始受到多边纪律的约束。TRIMs除序言外，由9条组成，另有一个关于第2条的附件。协议本身并没有给TRIMs一个明确的定义，通常意义上的投资措施是指为了促使外国投资者达到某种业绩标准而采取的政策。与贸易有关的投资措施是指由东道国政府通过政策法令直接或间接实施的与货物（商品）贸易有关的对贸易产生限制和扭曲作用的投资措施。

（2）宗旨和适用范围。TRIMs的序言部分阐明了该协议的宗旨，即为防止某些投资措施可能产生的贸易限制和扭曲，便利国内外投资，逐步实现贸易自由化，促进国际贸易发展。根据TRIMs第1条的规定，协议并非涉及所有的投资措施，而仅适用于与货物贸易有关的投资措施，即仅对各成员方制定的投资措施中涉及货物贸易进出口的部分作了界定和限制。也即，该协议在服务贸易领域是不适用的，与服务贸易有关的投资措施应由《服务贸易总协定》来调整。

关于国民待遇和取消数量限制的问题是TRIMs的核心内容，协议采用了一种灵活的立法方式，反映了发达国家与发展中国家利益的暂时妥协。一方面协议采取概括式立法方式，规定凡产生贸易扭曲效果的投资措施，即违背GATT1994第3条国民待遇义务或第11条一般取消数量限制义务者，都应禁止，间接反映了发达国家关于受约束的履行措施的广义化要求（TRIMs第2条第1款）。另一方面，该协议又采取列举式方式，规定了5种目前明确禁止的履行要求，规定在TRIMs协议附录的解释性清单中。

其中包括两种违反国民待遇原则的和与贸易有关的投资措施形式：①当地含量要求，即要求企业购买或使用最低限度的国产品或任何国内来源的产品。具体表现为，规定有关国产品的具体名称，规定企业购买或使用国产品的数量或金额，规定企业在生产中必须使用的有关国产品的最低比例。②贸易平衡要求，即要求企业购买或使用的进口产品数量或金额，以企业出口当地产品的数量或金额为限。

还包括三种违反一般取消数量限制原则的和与贸易有关的投资措施形式：①贸易平衡要求，即总体上限制企业当地生产所需或与当地生产相关的产品的进口，或要求企业进口产品的数量或金额以出口当地产品的数量或金额为限。②进口用汇限制，即将企业可使用的外汇限制在与该企业外汇流入相关的水平，以此限制该企业当地生产所需或与当地生产相关的产品的进口。③国内销售要求，即限制企业出口或供出口的产品销售。

（3）例外规定。根据TRIMs第3条的规定，协议适用GATT1994规定的所有例外。根据TRIMs第4条的规定，发展中国家成员方有权背离关于投资措施方面的国民待遇和一般取消数量限制的义务，但其背离的程度及采取的方式，应遵守GATT1994第18条“政府对发展经济的支助”，《关于GATT1994国际收支条款的谅解》，以及“东京回合”通过的《关于为国际收支目的而采取的贸易措施宣言》中有关允许成员方背离国民待遇和普遍取消数量限制的规定。

（4）透明度原则。

（5）管理执行机构。根据TRIMs第7条的规定，WTO成立了与贸易有关的投资措施委员会。该委员会负责每年向货物贸易理事会报告TRIMs的执行情况。

（6）协商和争端解决。GATT1994第22条、第23条和《关于争端解决规则与程序的谅解》的规定，适用于TRIMs实施中产生的争端，有关争端均可提交WTO争端解决机制处理。《补贴与反补贴措施协议》（SCMS）规定，对于禁止性补贴和可诉性补贴，若其针对投资行为，则成为一种投资激励，是受到《补贴与反补贴措施协议》的管制的。TRIMs 协议把对外国投资者的知识产权的认可和保护作为涉及外资待遇的一个首要问题，成为各国外资法的重要组成部分。《服务贸易总协定》（GATs）首次将服务贸易纳入多边管制，但它同时又相当于一个国际投资条约，它规定了以商业存在的方式提供服务必须遵守的多边纪律。

GATs 所确立的有关投资的多边纪律是：各国应尽可能地开放国内服务业市场，承担相互给予跨国服务和服务提供者以最惠国待遇和政策法规透明度的一般义务（GATs 第 3 条），同时以具体承诺的方式明确外国服务和服务提供者能享受市场准入的具体部门、分部门或服务提供方式（GATs 第 16 条）；凡属于市场准入的领域，成员方应给予外国服务和服务提供者以国民待遇（GATs 第 17 条）；各成员方不得要求外国服务提供者必须通过特定的法人实体或合营企业才可提供服务，也不得对参加投资的外国资本限定最高股权比例或对个人的或累计的外国资本投资额予以限制。

（六）国际投资仲裁制度

国际仲裁是一种比较中立、公平和专业的投资争端解决方式，容易为各方所共同接受。国际投资仲裁有机构仲裁和临时仲裁两种方式。目前，专门解决投资争端的常设仲裁机构是“解决投资争端的国际中心”。此外，在有关的国际投资条约中，还规定了投资争端的临时仲裁机制。中国与一些非 ICSID 成员方国家签订的双边投资保护协定也纳入了投资争端的临时仲裁方式。例如，2001 年中国与塞浦路斯间此类协定第 9 条就规定了“投资者与缔约国之间争端解决”的临时仲裁机制。这些临时仲裁程序多参照联合国国际贸易法委员会的仲裁规则，也有一部分参照国际商会仲裁院的仲裁规则和 ICSID 的仲裁规则。晚近，越来越多的双边投资保护协定引入多种可供选择的仲裁机制。

1. ICSID 概述

目前，依《解决国家与他国国民间投资争端公约》（《华盛顿公约》）成立的“解决投资争端国际中心”共有 163 个签署国，154 个缔约国。

ICSID 的宗旨和职能是，通过为东道国与外国投资者之间的投资争端提供专门的仲裁和调解便利，促进私人投资的跨国流动。ICSID 仲裁机制的特点主要有：第一，审慎地在东道国与外国投资者之间求得利益平衡。这实际上反映了南北国家在制定《华盛顿公约》与创建 ICSID 过程中的妥协，其主要表现在：一方面，对外国投资者来说，可以排除东道国的司法管辖，并获得了适用国际法解决投资争端的机会；另一方面，对发展中国家来说，可以排除外国投资者将东道国政府诉诸外国法院，尤其是可以切断其寻求母国外交保护的后路。第二，与商业仲裁机构不同，ICSID 是根据国际公约创立的专门投资争端仲裁机构，即业有所专。第三，ICSID 是世界银行集团的一员，秉承了世界银行的发展性宗旨。

从 1972 年受理第一起案件开始，截至 2019 年 6 月 30 日，ICSID 共受理 728 起案件，其中涉华案件 7 起，包括中国公司及公民作为申诉方的案件 4 起、中国政府作为被申诉方的案件 3 起。前四起案件为：（1）平安保险公司诉比利时案。该案由比利时政府采取金融救市措施而引发，2012 年 9 月登记立案，2015 年 4 月仲裁庭作出没有管辖权的裁决。（2）北京城建集团公司诉也门案。因北京城建集团公司承建也门首都萨那国际机场航站楼工程承包合同而引发的纠纷，2014 年 12 月登记立案。根据双方当事人申请，2018 年 6 月仲裁庭宣告终止该案。（3）中国香港地区公民谢某深诉秘鲁案。因秘鲁政府冻结谢某深在秘鲁开办的鱼粉生产企业的银行账户而引发了有关间接征收的纠纷，2007 年 2 月登记立案，2011 年 7 月仲裁庭作出申诉方谢某深胜诉的裁决。2011 年 11 月，被申诉方秘鲁政府提起仲裁裁决撤销程序。2015 年 2 月，临时委员会作出维持仲裁裁决的决定。（4）澳门世能投资有限公司诉老挝案。因申诉方投资老挝博彩业和酒店业产生纠纷，2017 年 4 月登记立案，目前该案仍在审理之中。后三起案件为：（1）马来西亚伊佳兰有限公司诉中国案。该案因中国海南省地方政府收回申诉方在中国投资的公司土地使用权而引发，2011 年 5 月登记立案，2013 年 5 月双方和解结案。（2）韩国安城房株式会社诉中国案。因申诉方在中国江苏省射阳县投资建设高尔夫球场项目发生纠纷，2014 年 11 月登记立案，2017 年 3 月仲裁庭作出裁决，驳回申诉方的全部请求。（3）德国 Hela Schwarz GmbH 公司诉中国案。因中国山东省济南市政府征收申诉方投资企业的厂房产生纠纷，2017 年 6 日登记立案，现该案正在审理之中。

2. ICSID 仲裁的管辖制度

根据《华盛顿公约》第 25 条的规定，只有当事双方和争端性质适格，且经当事双方同意，才能将案件提交 ICSID 仲裁。

（1）争端当事方的适格。争端当事一方必须是缔约国或其任何下属机构或代理机构，当事另一方必须是另一缔约国的国民（包括自然人和法人）。对于法人投资者，判断其为争端当事国以外的“缔约国国民”的标准有二：其一，具有争端当事国以外的其他缔约国国籍的法人，具体是指，该法人的住所地或登记地在其他缔约国；其二，虽具有争端当事国国籍，但由于“外来控制”的原因，经争端当事国同意视为“另一缔约国国民”的法人。需要指出的是：第一，ICSID 不但受理外国投资者诉东道国政府的案件，也受理东道国政府诉外国投资者的案件。但从ICSID已有的仲裁实践来看，前一类案件占绝大多数。第二，ICSID并不要求适格的东道国必须是发展中国家，迄今，已出现了一些外国投资者诉发达国家政府的案件。第三，ICSID适格的投资方既可以是来自发达国家的投资者，也可以是来自发展中国家的投资者。

对于那些非《华盛顿公约》缔约国的东道国或投资者卷入的投资争端，ICSID可为它们提供“附加便利”的仲裁机制。

（2）争端性质的适格。《华盛顿公约》第25条第1款规定，ICSID的管辖适用于“直接因投资而产生的任何法律争端”。但是，对于何为“法律争端”，该公约未作任何说明，一方面认为，其指关于法律权利或义务的存在或其范围，或是关于因违反法律义务而给予赔偿的性质或限度”的争端。典型的投资法律争端是因政治风险而引发的纠纷。另一方面，该公约也没有对“投资”下定义。普遍认为，这是有意的安排，主要是考虑到投资方式的复杂多变和日后通过灵活解释扩大ICSID管辖权的需要。《华盛顿公约》允许缔约国对提交ICSID管辖的投资争端范围进行保留。在实践中，保留的方式有二：一是积极式列举，即规定仅将某一类或某几类投资争端提交ICSID管辖；二是消极排除式，即明确宣布某一类或某几类投资争端不提交ICSID管辖。中国在批准加入该公约之初，曾声明，中国政府只同意将关于征收或国有化赔偿额的争端提交ICSID管辖，但在后来对外签订的一些双边投资保护协定（如2004年中国与芬兰间协定第9条和2003年中国与德国间协定第9条等）中，中国不再对ICSID管辖的投资争端设限。

（3）争端当事方的同意。任何缔约国加入《华盛顿公约》的这一事实本身，并不表示其日后有义务将投资争端提交ICSID仲裁。ICSID受理一缔约国政府与另一缔约国投资者之间投资争端的前提是其必须经当事双方的共同同意。但是，当事双方一旦表示同意，不得单方予以撤销。当事双方的同意必须以书面形式作出，但对书面形式的类型，《华盛顿公约》未有任何限制。在实践中，已有的书面形式包括但不限于：第一，东道国政府与外国投资者签订的具体协议（如特许协议）中包含“ICSID仲裁条款”；第二，当事双方在争端产生之前或之后达成的专门的“ICSID仲裁协议”；第三，东道国在本国的外资立法中规定或在外资项目批准书中表明，同意将其与外国投资者之间的投资争端交由ICSID管辖；第四，在东道国参加的有关国际投资条约中含有“ICSID仲裁条款”。在后两种方式中，东道国政府作出的同意表示，犹如“要约”，一旦具体的投资争端发生，外国投资者就可将该争端提交ICSID申请仲裁，即为“承诺”，此时便视为当事双方达成了仲裁协议。各国外资法和对外缔结的双边投资保护协定等中的“ICSID仲裁条款”，并非都是自动地将投资争端提交ICSID

仲裁，以下两种类型的条款应区别对待：其一，强制同意型条款。这种条款表明，一旦外国投资者提出要求，东道国政府即无条件地将投资争端交由 ICSID 管辖。其二，保留同意型条款。这种条款只表明东道国具有将投资争端提交 ICSID 仲裁的意愿，但并无“硬性”义务的设定，故日后一旦发生争端，ICSID 要受理案件，仍须得到东道国的最终认可。

中国对外缔结的一些双边投资保护协定（如 1994 年中国与冰岛间促进和相互保护投资协定第 9 条第 3 款）规定，“经当事双方同意”（i the parties to the dispute so agree），当事任何一方有权将征收补偿款额之外的争端提交国际仲裁。显然，此乃保留同意型“ICSID 仲裁条款”。然而，也有一些此类协定（如 2003 年中国与德国间协定第 9 条第 3 款，采用“应提交”（shall be submitted to）这样的措辞，此类条款应属强制同意。从近年来阿根廷政府被不断诉诸 ICSID 仲裁机制的教训来看，强制同意型“ICSID 仲裁条款”应当慎用。为了平复自 2001 年突发的金融危机，阿根廷政府不得不采取“比索化”等一系列普遍适用的宏观应急管理措施。但这些管理措施被外国投资者视为“间接征收”行为，于是，他们便利用其母国政府与阿根廷签订的双边投资保护协定中的强制同意型“ICSID 仲裁条款”，将大量的争端送交 ICSID 管辖。截至 2009 年 1 月 25 日，ICSID 受理此类案件已达 45 起，作为被诉方的阿根廷政府屡屡败诉，从而给阿根廷造成了巨大的压力。

3. ICSID 仲裁的法律适用制度

根据《华盛顿公约》第 42 条的规定，可以归纳出 ICSID 仲裁体制的以下四项法律适用规则：

（1）当事人意思自治原则。当事双方既可以选择国内法，也可以选择国际法。其中选择国内法包括选择东道国法律、外国投资者母国法律及第三国法律。但从各缔约国的实践来看，大部分选择的是东道国法律；选择国际法包括选择“一般法律原则”。此外，当事双方还可采取“分割”的方法，就争端的不同方面分别适用不同的法律。这里有两个问题：第一，在当事双方只选择国内法的情况下，如果该国内法中缺乏解决投资争端的实体规则，有的 ICSID 仲裁案则裁决，仲裁庭可以直接适用国际法补缺；第二，如果当事双方所选择的国内法中的实体规则违反国际法，有的 ICSID 仲裁案则裁决，仲裁庭可径行适用国际法而排除国内法中与之相抵触的实体规则。

（2）当事双方未选择法律时的补救规则。如无当事双方选择法律的协议，则仲裁庭应适用当事缔约国的法律（包括其冲突规则）以及可适用的国际法规范。此处的“当事缔约国”法律，既包括东道国的法律，也包括投资者母国的法律。至于该法律适用规则项下国内法与国际法之间的关系，ICSID 已有的仲裁案均裁决，当国内法有欠缺时，国际法具有补充国内法的效力；而当国内法的规定违反国际法时，国际法具有优先适用的效力。显然，作这样的解释，对发展中国家不利。

(3) 禁止不予裁决的规定要求仲裁庭不得借口法无明文规定或规定含糊而裁定不予处断。规定该原则的意义在于：当出现此类情形时，促使仲裁庭通过自由裁量发展国际投资法，并防止因此驳回案件而给当事方造成人力、物力和财力的损失。确立该原则的法理依据在于，法律体系必然是“自给自足”的，足以为仲裁庭的裁决提供所需的法律依据。在实践中，当真出现缺乏具体、明确的法律规则之情形时，仲裁庭可以通过适用一般法律原则和类推适用现行法律规定等途径处断纠纷。但无论采取何种方法，都给仲裁庭留下了相当大的自裁量权，这种自由裁量权有被滥用的可能性，尤其是从迄今为止 ICSID 的实践来看，审理案件的仲裁员多来自发达国家，由此，广大发展中国家应保持足够的警惕。

(4) 公平与善意原则。在当事双方同意时，仲裁庭可依公平与善意原则裁决投资争端。此类“友谊仲裁”方式的主要价值在于：有利于简便地弥补法律的欠缺和克服法律的滞后性，有利于消除依硬性法律规则裁决而可能导致的东道国政府与外国投资者之间的对立，等等。当然如无当事双方的合意选择，仲裁庭不得径行采用公平与善意原则裁决纠纷，但按照东道国法，在所适用的准据法的范围内，仲裁庭有权自主决定公平与善意原则的使用，而无须当事方同意。例如，在遵循准据法规定的赔偿原则的前提下，仲裁庭可依公平与善意原则确定赔偿额的大小。显然，公平与善意原则弹性很强，其标准取决于仲裁员的意志和理念。因此，在实践中，要切实防止来自发达国家的仲裁员依该原则裁决案件时，因失之武断或不公而造成偏袒外国投资者的后果。

4. ICSID 的仲裁裁决制度

(1) 仲裁裁决的撤销。《华盛顿公约》第 52 条第 1 款规定，当事任何一方可根据下列一个或一个以上的理由，要求撤销已作出的仲裁裁决：(1) 仲裁庭组成不适当；(2) 仲裁庭显然超越其权力；(3) 仲裁庭的一个成员有受贿行为；(4) 有严重地背离基本程序规则的情形；(5) 裁决要陈述其所依据的理由。在 ICSID 的仲裁实践中，经常被援用的为其中的第二、四、五项理由。撤销裁决的申请由 ICSID 另组专门委员会审理。该专门委员会有权依上述理由撤销裁决或裁决中的任何部分。裁决一经撤销，当事任何一方均可请求将争端提交新的仲裁庭审理。

从 1972 年 ICSID 仲裁裁决第一个案件起至 1983 年，裁决撤销制度一直无人问津。但在接下来的时间里，撤销制度屡被使用。在 KIckner 基克纳案和

Amco 安姆科案中，当事方对原裁决不满，提请撤销；专门委员会作出撤销决定后，另组新的仲裁庭受理；当事人对新仲裁庭的裁决又不服，再次提请撤销，被专门委员会拒绝。这样一来一往，KIckner 案前后持续了 9 年多，Amco 案耗费的时间则长达 12 年之久。这种情况引起了 ICSID 有关官员（包括后任 ICSID 秘书长的希哈塔）和一些西方学者的不安，并受到他们强烈的批评，认为此乃对 ICSID 裁决撤销制度的滥用。

（2）仲裁裁决的执行。根据《华盛顿公约》第 53 条第 1 款的规定，ICSID 仲裁决对当事各方均有拘束力，当事各方应予遵守和履行，并不得采取该公约规定之外的其他任何救济措施。作为当事一方的东道国政府如不履行和遵守 ICSID 的仲裁裁决，那么，作为当事另一方的外国投资者可依《华盛顿公约》第 27 条第 1 款的规定，请求母国行使外交保护权；也可按照该公约第 54 条的规定，向有关缔约国请求承认和执行该裁决。各有关缔约国，包括争端当事国和第三国，均有义务予以承认和执行。然而，根据《华盛顿公约》第 55 条的规定，这并不等于各有关缔约国已经放弃了主权豁免，即对于那些针对当事国国家财产的 ICSID 仲裁裁决，其是否予以执行，取决于被申请国有关外国国家及其财产豁免法的规定。那么，在实践中，被申请国是否会真的以主权豁免为依据而拒绝承认和执行 ICSID 仲裁裁决呢？曾任 ICSID 秘书长的戴洛默认为，这种可能性比较小：首先，如被申请国坚持强制执行豁免，势必违反依公约所负的履行裁决之义务，从而受到公约规定的各种制裁；其次，被申请国拒绝履行 ICSID 的仲裁裁决，其将在国际社会丧失信用，这绝非一个理性的国家所为。

反之，作为当事一方的外国投资者拒不履行和遵守 ICSID 的仲裁裁决，那么，作为当事另一方的东道国政府同样可依《华盛顿公约》第 54 条的规定，要求有关缔约国承认和执行该裁决。

《华盛顿公约》虽无明文规定，但一般认为，各缔约国不得以公共秩序保留为由，拒绝承认和执行 ICSID 的仲裁裁决。

二、案例评析

（一）俄罗斯尤科斯石油公司破产案①

【基本案情】

1993 年 4 月，尤科斯石油股份公司成立。尤科斯（Yukos）石油公司曾经是俄罗斯最大的石油企业，在 2000 年前后其石油产量曾一度达到俄罗斯总产量

① 参见 https：//www. haolvshi. com. cn/content/0ztwww161201/4400. html.

的20%。然而，在2003年，其老板米哈伊尔·霍多尔科夫斯基因多项罪行被起诉。同期，该公司也因逃税漏税问题被调查。公司由此陷入经营困难，最终于2006年宣告破产。在此过程中，公司的主要业务被转让给国有的俄罗斯石油公司（Rosneft）和俄罗斯天然气公司（Gazprom）。塞浦路斯的赫尔利企业有限公司（Hulley Enterprises Ltd. Co.）、英属曼岛的尤科斯环球有限公司（Yukos Universal Ltd. Co.）和塞浦路斯的退伍军人石油有限公司Veteran Petroleum Ltd.，是尤科斯石油股份公司的股东。从2003年下半年开始，俄政府开始查处尤科斯公司的“偷税”行为，继而通过多种手段，诸如发起各类调查、对其高管提出刑事指控等，直至尤科斯公司破产。

2005年2月，前述尤科斯公司的三个股东分别依据《能源宪章条约》（The Energy Charter Treaty，ECT）下第26（4）b的规定，提起适用《联合国国际贸易法委员会仲裁规则》（UNCITRAL Arbitration Rules）的临时仲裁（ad hoc-arbitration）。在其仲裁请求中，申请人认为俄罗斯对于尤科斯公司及其高管的逮捕、税务调查、罚款等各类措施，构成征收（Expropriation），因此违反了ECT第13（1）条有关征收的相关规定，并因此要求裁决俄罗斯政府赔偿至少1 142亿美元。

【争议焦点】

1. 仲裁庭是否有管辖权？

2. 俄罗斯政府的一系列行为是否构成征收？

【案例分析】

1. 2004年，尤科斯股东OAO内夫蒂亚纳亚·科姆帕尼亚尤科斯（Neftyanaya Kompaniya Yukos）公司向欧洲人权法院提起诉讼（Application申请No. 14902/04），要求俄罗斯政府就侵害尤科斯公司股东权益的行为赔偿损失。欧洲人权法院是基于《欧洲人权公约》（ECHR）设立的裁判机构。俄罗斯于1996年加入该公约，并受欧洲人权法院管辖。俄罗斯提出的仲裁管辖权异议，主要包括以下6点：（1）ECHR并未对俄罗斯生效［涉及ECHR第45条有关“临时适用”（Provisional Application）问题］；（2）申请人及其投资不符合ECHR第1（6）条和第1（7）条有关投资和投资者的定义；（3）俄罗斯政府根据ECT第17条有权拒绝授予权益；（4）申请人因为“不洁之手”（Unclean Hands）而不应受到保护；（5）争议措施属于被ECT第21条排除的税收措施；（6）根据“岔路口条款”［ECHR第26（2）条、第26（3）（b）（i）条］，申请人已经将争议提交给了俄罗斯国内法院和欧洲人权法院，因此不能再次提起仲裁。

2009年11月，仲裁庭作出临时裁定，驳回了俄罗斯的上述第（1）、（2）、（3）、（6）条理由。对于第（4）、（5）条理由，则留待实体审理阶段处理。

2014 年 7 月 18 日，仲裁庭就三起案件分别作出最终裁决，驳回了俄罗斯的上述第（4）、（5）条理由，判令俄罗斯政府支付约 500 亿美元的赔偿金。随后，俄罗斯政府向海牙地方法院提出撤销仲裁裁决的申请，2016 年 4 月 20 日，海牙地区法院作出判决，认定 ECT 第 26 条与俄罗斯国内法相冲突，因此 ECT 第 26 条并未对俄罗斯临时适用，故判决仲裁庭对本案没有管辖权并撤销仲裁庭的裁决。尤科斯仲裁案申请人向海牙上诉法院上诉。2020 年 2 月 18 日，海牙上诉法院作出判决，其否定了下级法院关于管辖权的认定，认为 ECT 第 26 条对俄罗斯临时适用，并驳回了俄罗斯其他管辖权异议，最终海牙上诉法院判决撤销海牙地方法院的判决，维持俄罗斯赔偿约 500 亿美元的仲裁裁决。

2. 本案中，俄罗斯税务机关根据俄罗斯的税法对尤科斯集团的税务问题进行的处罚是否符合上述原则。尤科斯公司认为，根据《俄罗斯税法》第 113 条的规定，仅能对纳税人三年内的违法行为进行处罚，而俄罗斯税务机关在 2004 年对尤科斯公司四年前（2000 年）的税收行为进行的处罚违反了该时间限制。俄罗斯方面则指出，根据俄罗斯宪法法院 2005 年的一份判决，如果纳税人阻碍了税务机关的调查，此项时间限制可以延长。对于这一争议，法庭认为处罚措施符合了比例原则，但不满足合法性要素。法庭指出，合法性需要满足如下条件：（1）对于财产权的干预应该符合国内法律的规范；（2）该法律是合理（reasonable）的且可以预见（foreseeable）的。法庭认可俄罗斯税务机关的处罚所依据的法律是合理且可预见的，但是认为俄罗斯税务机关并没有正确适用俄罗斯法律，俄罗斯宪法法院的解释也没有合适的法律依据。在后续处罚的执行上。司法部下属的法警（bailiff）部门冻结并没收了尤科斯公司的部分资产，施加了 7% 的执行费，还对其生产部门进行了强制转让。合法性方面，法庭认可这些处罚措施是有俄罗斯的法律依据的。但在比例原则方面，法庭认为国家税收政策和处罚措施两者之间不能达到平衡。法庭虽然认可俄罗斯当局有权为了实现国家税收政策目的进行处罚，但其措施过于严厉，超出了实现政策目的的需要，不符合比例原则，违反了《华盛顿公约》中财产权保护的规定。

将尤科斯公司资产转让给另外的国有公司的行为类似于征收。国际投资法的基本原则是保护外资，禁止不合法的征收。根据 ECT 第 13 条第 1 款的规定，只有满足四个要素的征收是合法的：第一，征收需要是为了公共利益。该案仲裁庭怀疑将俄罗斯最大的石油公司拆分转让不是为了公共利益。仲裁庭指出，虽然尤科斯的资产被转让给国有的俄罗斯石油（Rosneft）公司，使得该国有公司受益，但是并不能因此就断定俄罗斯国家的经济、政策和人民也就此受益。第二，投资者不能受到歧视待遇。有关尤科斯公司是否在税收问题上受到歧视性对待，仲裁庭认为双方并没有充分论证，但也并不需要仲裁庭进行裁判。第三，征收经过了正当程序。仲裁庭认可尤科斯偷税漏税的行为应该受到法律的制裁，但是同时也认为俄罗斯强制征收的这一过程不能满足程序正义的要求。第四，征收后应该给投资者及时、充分和有效的补偿。仲裁庭认为这一点没有争议，俄罗斯并没有给予尤科斯公司补偿。基于第二、三两点并未得到满足，仲裁庭认为俄罗斯违反了《能源宪章条约》有关征收的规定。

（二）法兰克福机场服务全球公司诉菲律宾共和国仲裁案[①]

【基本案情】

菲律宾运输和通信部与法兰克福机场服务全球公司就3号航站楼特许合同的废止产生争议。申请人法兰克福机场服务全球公司是国际机场业务领域的领先者，其投资了菲律宾国际航空有限公司（Philippine International Air ierminals Co.，以下简称为“PIATCO”）。申请人作为股东和贷款人，对PIATCO的投资受到以下事实的影响：被申请人在投资争端发生之前，已授予PIATCO在马尼拉尼诺阿其诺国际机场（Ninoy Aquino International Airport）修建和运营新国际客运机场航站楼（又称“3号航站楼”）的特许权。作为3号航站楼项目的金融参与者，申请人的投资跨越了数年时间，1999年到2003年，申请人既直接投资于PIATCO，也间接投资于PIATCO拥有所有权权益的一系列菲律宾公司。除了股权投资，申请人还向PIATCO、其关联公司以及PIATCO的贷款人和承包商提供贷款和付款担保。菲律宾总统马卡帕加尔·阿罗约（Macapagal Arroyo）公开谴责3号航站楼项目和PIATCO，表示上届政府签订的涉及3号航站楼的所有协议均无效。总统表示，政府采购以及后续特许权协议、修订及其补充文件的谈判过程均存在非法行为。

在菲律宾最高法院判决PIATCO的特许权和相关合同无效后，政府官员一再保证，申请人将得到适当的补偿。菲律宾财政部长也表示，3号航站楼的投资者将得到公正的补偿。此外，总统指示菲律宾驻德国大使向德国政府介绍菲律宾政府可以选择的办法，并确保申请人将得到公平和公正的待遇。此后，申请人继续与菲律宾政府进行协商，以期获得赔偿。

2003年6月，菲律宾总统发布行政令，建立监督委员会（Oversight Committee）以处理3号航站楼相关事宜。然而，到2003年年底，监督委员会与国际机场公司PIATCO和申请人之间的协商被无限期推迟。在此期间，PIATCO要求菲律宾最高法院重新考虑其Agan诉PIATCO案的判决，但菲律宾最高法院驳回了PIATCO的动议。至此，菲律宾最高法院关于Agan诉PIATCO案的判决具有终

---

① 法兰克福机场服务全球公司诉菲律宾共和国仲裁案（Ⅰ）（Ⅱ），ICSID Case No. ARB/03/25；ICSID Case No. ARB/11/12。

局性。2004 年 3 月 1 日，总统解散了监督委员会。在此期间，申请人于 2003 年 9 月 17 日向 ICSID 提交了仲裁请求。请求宣布被申请人对申请人的投资构成非法征收；责令被申请人赔偿 4.25 亿美元。菲律宾政府则认为申请人的投资违反了菲律宾法律，特别是外国所有权和控制权立法，属于不适格投资，仲裁庭不具有管辖权。2004 年 2 月 11 日，由 L. 埃尔·伊夫·福蒂尔（Yves Fortier，加拿大）、贝尔纳多·克雷马德斯（Bernardo M. Cremades，西班牙）和迈克尔·雷斯曼（W. Michael Reisman，美国）组成仲裁庭。

【争议焦点】

1. 仲裁庭对该案是否有管辖权？

2. 申请人法兰克福机场服务全球公司是否构成非法投资？

【案例分析】

1. 申请人的主张

申请人认为，“被申请人基于申请人不遵守《国籍法》和《反挂名法》而提出的论点应被理解为是基于本次仲裁需要而作的某种编造（invention）”，并表示，被申请人从未根据本国法律采取行动，或以任何违反这些法律的行为为由起诉申请人。

申请人主张，双方在该案中的争议实际上是根据德国——菲律宾 BIT 作出的“投资”。首先，申请人坚持认为，其投资符合被申请人的法律，因此其投资必须视为根据德国—菲律宾 BIT 作出的适格投资。其次，申请人强调，被申请人有责任提供证据证明申请人的投资不符合其法律，被申请人不能仅通过展示申请人未遵守当地法律来履行其证明责任。申请人还辩称，投资时必须评估其是否符合被申请人的法律。最后，申请人认为，主管当局的批准和默许行为构成被申请人接受申请人投资的进一步证据。

2. 被申请人的主张

被申请人认为，德国—菲律宾 BIT 提供的保护范围不包括违反被申请人国内法的投资行为。申请人的投资违反了被申请人的国内法，与《德国—菲律宾 BIT 第 1 条第 1 款规定的投资“遵循菲律宾法律”不符，因此不属于德国—菲律宾 BIT 规定的适格投资。被申请人进一步强调，遵守东道国法律是一项持续的义务，投资者在进行投资的整个期间必须遵守这项义务，即便有一次违反也不行。

3 号航站楼特许经营权的管理属于公用事业（public utility）管理范畴，受《菲律宾宪法》中针对公共基础设施的国籍限制和《菲律宾反挂名法》（*Anti-Dummy Law*）的禁令限制，两者都适用于申请人对 PIATCO 的投资。被申请人认为，申请人公开逃避国籍要求的限制，通过“间接”所有权的手段以及秘密股东协议，将公用事业资本的外国所有权限制在40%。被申请人认为，申请人寻求对3号航站楼和/或PIATCO的实际控制权，是因为其监事会不允许申请人的资金流入3号航站楼。被申请人称，正是因为申请人对PIATCO的资本投资、贷款和担保违反了《菲律宾宪法》和《菲律宾反挂名法》，他们才没能从德国—菲律宾BIT的保护中获益。被申请人认为，从1999年开始，申请人在PIATCO的投资结构就是为了规避《国籍法》和《菲律宾反挂名法》。申请人设计了一系列安排，以确保其能够对PIATCO施加影响和控制，包括有权对PIATCO的董事会作出额外任命、对港口运营商的决定拥有否决权、允许其影响港口运营和零售管理领域的联合安排以及合同安排，通过这些安排，申请人有权确定3号航站楼项目的财务安排。被申请人还曾建议申请人，除了考虑申请人和PIATCO之间的股权投资，还务必认真考虑3号航站楼项目的财务安排。

本案的主要争议点是管辖权问题，即仲裁庭是否对案件具有管辖权。值得注意的是，原本的争议焦点其实并不是管辖权问题，直到仲裁庭注意到申请人隐瞒关键事实。

记录表明：(1) 德国—菲律宾BIT明确和反复要求，为了有资格获得德国—菲律宾BIT的保护，投资必须符合东道国的法律；(2) 当地律师明确警告，某一特定的结构安排将违反菲律宾法律的重要规定。此外，董事会层面明确讨论了违规行为。鉴于财务专家编制的尽职调查研究报告（他们显然没有听取有关当地法律限制的建议），申请人得出结论，认为其股权投资证明盈利的唯一可行方法是秘密安排，即以投资者不知道的方式管理和控制该项目。此种秘密安排通过1999年6月6日订立的股东协议第2.02条实现。该条允许申请人对属于其“专业知识和能力范围”的事项进行决定性和控制性投票。因此，不能认为违反行为是偶然的，与投资无关。申请人的有关安排不符合菲律宾法律，体现在其决定秘密作出这些安排，并设法使这些安排根据外国法律生效。所有这些事实都来自申请人的内部文件，其可信度很难被申请人质疑。

无论菲律宾法律要求什么样的证据标准来证明犯罪行为，仲裁庭审理的都是国际投资争端的裁决问题，而非犯罪的认定问题。申请人故意通过秘密股东协议规避《菲律宾反挂名法》，因此，他不能声称“依法”进行了投资，也不能声称被申请人的高级官员放弃了法律要求并认可了其投资，因为被申请人的官员不可能知道这一违规行为。申请人的最高管理层逃避自己的责任，并将问题归咎于其菲律宾律师奎松宾托雷斯（Quisumbing Torres）的错误、菲律宾法律规定的模糊、或者申请人对律师警告的误解。申请人声称，他们对于曾确认过的关于“申请人与PIATCO达成的协议与菲律宾法律要求不符”的建议并不知情。仲裁庭从申请人的内部和同期文件中得知，申请人始终知道其在菲律宾的投资结构违反《菲律宾反挂名法》，并试图对这些安排保密。记录中没有任何迹象表明，被申请人知道、应当知道或本可以知道申请人在1999年首次进行投资时不符合菲律宾法律的秘密安排。

申请人看似没有违反德国—菲律宾BIT的“符合”（in accordance）要求。但是，遵守东道国的法律是德国—菲律宾BIT及其所附议定书中一项明确而合理的要求。申请人表面上购买了3号航站楼项目的股份，实则是掩盖了一种不同类型的非法投资，并不是德国—菲律宾BIT所涵盖的“投资”。即1999年7月6日，申请人在其与Paircargo（一家航空货运企业，后被并入PIATCO）、菲律宾机场和地面服务有限公司（PAGS）和菲律宾机场和地面服务终端公司（PTI）之间达成的秘密股东协议违反了国内法的相关规定。

由于没有“依法投资”，因此仲裁庭缺乏属事管辖权。由于德国—菲律宾BIT是仲裁庭裁决的基础，而仲裁庭缺乏属事管辖权，因此必须驳回申请人的索赔申请。本案比较特殊，在法律上没有争议，主要是申请人隐瞒秘密股东协议，导致仲裁庭不知其投资其实是非法投资。

2007年8月16日，仲裁庭作出附有反对意见的裁决。（a）接受被申请人对ICSID管辖权的异议；（b）裁定申请人的投资未满足德国—菲律宾BIT有关“投资合法性”的要求，仲裁庭对本案无管辖权；（c）驳回申请人的索赔请求；（d）各方当事人全额承担自己的法律费用，仲裁庭成员的费用和开支以及ICSID的行政费用应由各方平等分担。

当问题是投资是否符合东道国的法律时，可能会有相当多的论据赞成以一种更自由、对投资者更慷慨的方式解释属事管辖权。在某些情况下，东道国的有关法律可能并不完全明确，而且可能出于善意犯下错误。善意错误的一个标准是，一个合格的当地律师的法律尽职调查报告没能指出这一问题。另一个可能表明投资者出于善意违反规定的标准是，违规安排并不能对投资的盈利状况起到重要促进作用。显然，本案的记录并不能表明东道国是善意的。

（三）荷兰Invesmart有限责任公司诉捷克共和国仲裁案①

【基本案情】

在1990年国家向市场经济转轨的背景下，捷克斯洛伐克银行系统进行改革，由中央银行同时负责货币政策和商业银行业务的“垄断银行”制度瓦解，开始建立私人商业银行体系。1993年，捷克斯洛伐克解体，捷克共和国（以下简称“捷克”）独立。为了维持稳定，其成立由捷克政府全资控制的实体切斯

---

① 参见王照青. 中国贸促会法律事务部投资仲裁案例课题成果选登（一百四十二）| 荷兰Invesmart有限责任公司诉捷克共和国仲裁案［R］. 国际经济法评论. 2022.

卡·费难斯尼（Ceska Financni，CF）向破产银行提供国家资助。CF会以指定价格购买参与银行的劣质（不良）资产（最多不超过其注册资本的110%），作为回报，该银行将在七年后以指定价格回购仍未收回的资产。这种安排为参与银行提供了为期7年的无息贷款。作为CF参与行之一的捷克联合银行，为清理资产负债表，提高盈利能力，在2001年年底实施重组计划。在捷克政府的支持下，捷克联合银行寻求可以收购并协助其重组的投资者。2002年3月，荷兰英威斯玛特（Invesmart）有限责任公司（以下简称Invesmart）决定收购捷克联合银行，计划进行重组，然后在中短期内将其出售给战略投资者。4月，Invesmart向捷克国家银行（Czech National Bank，CNB）提出收购申请。11月9日，Invesmart正式收购捷克联合集团公司60%的股份（该联合集团公司当时约持有捷克联合银行75%的股份），同时直接持有捷克联合银行22%的股份。但Invesmart并未就其直接持有的捷克联合银行股份付款。

2002年，由于捷克的市场利率已降至4%以下，因此捷克联合银行遭遇日益严重的财务问题。至2003年2月19日，捷克联合银行出现显著的资产流动性危机，其CEO瓦夫拉先生请求与财政部长就银行危机进行会晤，并且宣称如无法得到公共支持，储蓄将不断外流，银行将不得不关停。同日，瓦夫拉先生会见了CNB官员，向CNB递交流动性资金支持申请，但却遭到CNB拒绝。2003年2月20日，捷克联合银行关闭了所有分行，然后CNB开始进行吊销该银行许可证的行政程序。2004年6月9日，捷克联合银行当时的破产受托人赫瑟罗娃女士提出破产申请，但因Invesmart尚存有对捷克联合银行的债务而遭到拒绝。2004年8月9日，Invesmart向布拉格初级法院申请撤销其承担的与捷克联合银行有关的债务，声称该债务因捷克联合银行违反《捷克银行法》而无效。这项索赔在仲裁庭作出裁决时仍在审理中。

【争议焦点】

1. 公平公正待遇——申请人享有捷克联合银行（依捷克法律注册成立）的多数股权，被申请人撤销之前向此外资银行提供国家支持的承诺是否违反《捷克—荷兰双边投资协定（1991）》（以下简称《捷—荷双边投资协定》）中公平公正待遇条款的要求？

2. 被申请人的行为是否构成间接征收或国有化？

3. 被申请人的行为是否构成任意，不合理和/或歧视性措施？

【案例分析】

1. 申请人的主张。

仲裁申请人主张捷克违反了《捷—荷双边投资协定》第3条第（1）款规定的公平公正待遇标准。该条规定“缔约一方应确保对缔约另一方投资者的投资提供公平和公正的待遇”。申请人认为，被申请人违反公平和公正待遇要求的一大原因是，被申请人承诺给捷克联合银行提供国家资助这一行为使得申请人产生合理预期，而这种预期在 2002 年 10 月 24 日 CNB 批准了 lnvesmart 的第三次获取捷克联合银行控制权的申请时已经具体化。另外申请人认为，其在与捷克政府的沟通过程中已多次表示其对捷克联合银行的投资取决于捷克政府对该银行授予国家资助。申请人认为，捷克政府已通过明示和默示的方式承诺给予捷克联合银行国家资助，明示的方式体现为政府官员的承诺，默示的方式体现为 CNB 的批准。申请人认为，如果财政部不承诺提供国家资助，则其收购捷克联合银行的申请就不会得到批准，因此当 CNB 于 2002 年 10 月 24 日批准申请人获得该银行的控股权时，就已经履行了根据国际法可强制执行的国家资助的承诺。申请人提供了几类证据来支持其描述 CNB 批准其收购的特征，包括：机构间书面通信、CNB 内部政府文件（证明了 CNB 认为 Invesmart 不会在没有国家资助的情况下投资）、2002 年 9 月 24 日和 2002 年 10 月 24 日举行的内部政府会议涉及对银行收购事项的沟通等，申请人未另行证明 Invesmart 对捷克的国家资助有合理期望。在庭审中，申请人还提出，在 CNB 批准投资之后，捷克当局改变了政策规则并开始对授予国家资助施加新条件。这最终导致政府拒绝了对 Invesmart 的援助，违反了申请人的预期。首先，申请人 Invesmart 此前并不知道的是，捷克副总理曾向欧盟表示，其不会给予银行业任何新增的国家资助。其次，Invesmart 代表于 2002 年 11 月 5 日与财务部等代表举行会议，会议上提到任何国家资助都必须“由保护竞争办公室（Office of the Protection of Competition, OPC）确定目标、限制范围及预先批准”，并且必须得到政府的批准。这标志着国家资助机制正在转变，将需要更多细节信息。

2. 被申请人的主张。

首先，被申请人在答辩书中根据废物管理公司诉墨西哥（Waste Management v. Mexico）案划定的公平公正待遇标准，主张公平公正待遇标准的两个最基本特征是：（1）仅在超过东道国某种最低限度的不当行为时才构成违反；（2）该标准的主要特征是保护投资者的期望，但该期望必须是合法合理的，并且应遵循投资时的国内法律规定及当时的整体商业环境。其次，被申请人从事实与法律两方面论证申请人的违反“合法期望”的主张不成立。在法律方面，根据捷克法律和欧盟法律，国家资助并非一项权利，实际上除非相关竞争主管部门允许，一般禁止国家资助。《捷—荷双边投资协定》第 8 条第（6）款规定，法庭必须“根据法律作出决定，特别但非排他性地考虑”，特别是“有关缔约方的现行法律”和“……缔约双方之间的其他相关协议的条款”的规定，被申请人声称，根据其本国法律及荷兰和捷克加入的各项协议（包括捷克加入欧盟的条约)，2002年时均禁止提供国家资助。因此，获得国家资助并非可强制执行的权利。鉴于东道国法律并未赋予获得国家资助的一般权利，而是除非获得豁免一般禁止进行国家资助，因此被申请人主张，申请人不应拥有违反东道国法律的“合理期望”。在事实层面，被申请人也对申请人的描述持怀疑态度，其指明申请人指出若干捷克政府实体对国家资助作出保证或承诺，但申请人必须提交具体的、准确的书面承诺文件来加以证明。申请人在并未提交任何明确书面承诺文件的情况下，不可主张其有基于明示或默示承诺对捷克政府实体能够提供国家资助的合理期望。最后，被申请人进一步主张，有约束力的承诺和合理的期望之间要有根本的区别。可以明确确定，当国家作出特定的承诺时，即会产生有约束力的承诺，这种承诺足够具体，投资者可以信任。然而，合理期望是“一种给予公平公正待遇的方法”，而不等同于合同。即使被申请人曾给予申请人享有某种待遇的期望，但是这并不意味着国家没有给予这种待遇就违反了公平公正的待遇标准。期望必须是确切的期望，即承诺的内容和条件已发生了实质性变化。情势会发生变化，期望不是保证，当情势改变时也不会适用对一国政府的禁反言（estopple）的要求。

本案的核心争议点是捷克未提供国家资助的行为是否构成对《捷—荷双边投资协定》中公平公正待遇条款的违反。某一国为外国投资者提供公平公正待遇的要求几乎可见于所有投资协定，并发展成为投资仲裁中核心的保护标准。近年来涉及公正公平待遇概念的判例法在不断增长。这项义务的内容已经过各种各样的描述，且并不一致，包括对投资者正当预期不同层次的保护、禁止显而易见的专断与严重不公平措施、政府决策的一致性、透明度、正当程序和适当及时通知、禁止歧视性措施等。仲裁庭主要基于六个方面对该诉求进行分析。(a）尽管投资者的期望是主观的，但对于仲裁庭而言，却需要检验这种期望是否能证明诉求在国际法上客观成立。申请人仅仅真诚地抱有期望是不够的，期望还必须是合理的，并且申请人必须在所有情况下都作出合理的决定。如果期望是不合理的（如消息不足或过于乐观），则投资者持有该期望并不重要。(b）投资者期望的证据来源可以是合同文件等。(c）评估是不是合理期望时要考虑时间上的维度，在某种程度上，期望是基于投资者对政府官员的作为和/或声明的依赖，它必须基于行政官员实际如何与投资者沟通接触。仲裁庭认为，如将声称的期望建立在当时投资者还不了解的内部政府讨论的内容是不合适的，则如已向投资者披露了特定政府讨论或协商程序的内容，则可以辅助投资者产生合理期望。(d）投资者进行投资时进行的尽职调查在评估其期望中起着重要作用。投资者（特别是当前情况下在诸如金融服务等高度管制的行业中进行投资的投资者）在现行法律框架的范围内，有责任进行尽职调查以审查投资。(e) 投资者的期望必须基于东道国现行的法律监管制度。尽管在某些情况下有建议对投资者的主观期望给予足够的重视，但它们不应成为东道国义务的确定来源。在这方面，仲裁庭认可被申请人所援引萨卢卡（Saluka）案的部分裁决："如果将条款措词局限于字面理解，将强加东道国的义务，这是不适当、不现实的。保护外国投资免受不公平和不公正待遇的范围不能完全由外国投资者的主观动机和考虑因素决定，该预期必须视具体情况提升到合法、合理的水平"。仲裁庭指出，在确定被申请人在条约下的义务时，仲裁庭必须考虑适用的法律。在本案中，该法律包括东道国的法律和缔约国应遵守的其他相关国际协定，这些法律能够指导仲裁庭确定投资者的主观期望是否合法。(f) 区分国家的不同公权力实体是很重要的。

尽管出于国际责任考虑，政府实体的行为应归属于国家，但在确定违约问题时，这不能用来掩盖国家不同公权力实体之间不同能力的分配。投资者以各种方式与国家接触，除非存在某种代理关系，否则，一个没有实际决策权的国家公权力实体就不能约束依法享受实际行政权力的国家公权力实体。就本案而言，由于投资者明知财政部、捷克联合银行、OPC 和捷克国家银行之间存在管辖权、权限和责任的划分，因此其意思表示不能混为一谈。

并且，无论国家资助的提议如何提出，在仲裁庭看来，申请人合法期望的论点都应以内阁和 OPC 的批准为前提。根据申请人提交的在 2002 年 10 月 24 日之前财政部长所传达的信息，如果部长提交请求则银行将获得国家资助。但考虑到支配国家资助的法律框架，财政部长无法简单地在不考虑捷克和欧盟法律要求的情况下，对该银行的申请加盖印章。部长必须确认它具有实现银行稳定目标的合理前景，这就要求申请人提交符合法律要求的重组计划，以求获得其他各机构的同意。仲裁庭并不认为申请人对"财政部将遵循程序"的合理期望是指这种期望将产生其期望的资助结果。被申请人的确作出并承担了程序上的承诺，但没有作出对结果的承诺，申请人应理解该情况。同时如证据所示，部长最终得出结论重组计划没有成功的合理前景。因此，申请人主张被申请人违反其"合理期望"的论点不能成立。

申请人辩称，CNB 采取行动并且 Invesmart 业已收购捷克联合银行及其股东公司股份后，这些变化才引起申请人的注意。政府的政策变化与其在 10 月 24 日获得 CNB 批准时预计能够得到有利于申请人利益的国家资助的期望不一致。申请人根据判例法进行论证，认为捷克未能"一贯"（consistently）且"毫无歧义"（without ambiguity）地对待其在捷克的投资，从而违反了公平公正待遇。针对"不一致"（inconsustently），主要行为有：(1) 被申请人批准 Invesmart 对捷克联合银行的收购，同时 2002 年 10 月 22 日向捷克媒体发表不负责任的评论，导致捷克联合银行遭遇挤兑；（2）申请人表明，投资捷克联合银行及其股东公司，是因为相信政府将依据 CF 交易提供国家资助；（3）此外，Invesmart 认为，捷克政府不同机构关于国家资助形式给出了不一致建议；（4）Invesmart 收购捷克联合银行之前，只需就国家资助对 OPC 进行"咨询"，投资之后，捷克却改变规则，要求 OPC 的预先批准等。针对有歧义（ambiguity），主要行为是被申请人未披露其在批准申请人投资前，曾向欧盟承诺不会向银行业提供新的国家资助。被申请人反对每项指控的事实依据。捷克联合银行的挤兑不是由于 CNB 对媒体的不正确陈述引起的，而是由于公众对银行解决其长久以来的经营困难失去信心；捷克没有对 Invesmart 和捷克联合银行采取冲突的立场；由 OPC"预先批准"国家资助的要求不是任意的，而是源于当时适用的捷克和欧盟法律；捷克没有义务在决定提供国家资助前公开宣布其支持捷克联合银行，正如其没有义务提供国家资助一样。

仲裁庭认为，根据现有证据，捷克联合银行出现挤兑，是由于公众认为捷克联合银行被外国投资者收购后前景不佳。推测这种看法是由 CNB 评论导致的，这是合理的，如涉及承诺，则如前所述，不能指责捷克未能向 Invesmart 说明需获得 OPC 批准才能得到资助。申请人认为捷克共和国未能及时在 2002 年 11 月 29 日申请人已完成对银行的收购前通知此事项。实际上，由 Invesmart 于 2002 年 11 月 17 日签署的《债务承担协议》，已于 2002 年 11 月 18 日有效地将捷克联合银行的股份转让给 Invesmart。申请人的申诉发生错位，捷克副总理对欧盟承诺的是不再向银行提供公共补贴，这已在 2002 年 10 月 25 日的一次会议上向捷克联合银行的顾问欧洲趋势（Euro - Trend）披露。在本案中，被申请人尚未作出任何决定或许可。CNB 批准 Invesmart 收购捷克联合银行及其股东公司的股份，不是申请人可获取国家资助的依据，因为国家资助依然需要 OPC 批准。这与 Saluka 案认为捷克有"在与 IPB 和 Saluka/Nomura 的整体沟通中表现不一致"完全不同，本案并无此种不一致。鉴于上述情况，仲裁庭认为，申请人主张的捷克因行为不一和模棱两可而违反公正公平待遇的诉求不能成立。

Waste Management v. Mexico 废物管理公司诉墨西哥案将多个北美自由贸易协定（NAFTA）下的裁决结合在一起，并以概括性的方式陈述该项规则："当一可归因于国家的行为损害了申请人的利益，且为任意的，严重不公平或不公正的，具有歧视性且使申请人遭受阶层或种族偏见的，或涉及缺乏正当程序导致违反司法规范的，则违反了公平公正待遇的要求"。在许多案例中，仲裁庭均着重衡量了投资者的"合理预期"，而本案中对"合理预期"的解释也偏向客观限制，要求不违反法律框架、有书面确切承诺可信赖，等等，不主张投资者主观判定是否存在合理预期。不过也有一些仲裁庭适用更严格的标准，在格拉米斯黄金有限公司诉美国（Glamis Gold Ltd. v. USA）案中，仲裁庭认为当一个行为“极度过分并令人震惊——对公正的严重否定、明显的专断、公然的不公正、完全欠缺正当程序、明显的歧视行为或明显有不足”，才应该算是违反公平公正待遇的标准。因此，在个案当中，还需要结合事实与证据情况，对是否违反公平公正待遇标准进行具体的考量。

仲裁庭结论仲裁庭裁定对本案有管辖权，同时确认：（a）被申请人没有违反其在《捷－荷 BIT》下对申请人所应承担的义务；（b）驳回申请人的索赔申请；（c）裁定各方自行承担费用。

三、课后练习

1. 甲国T公司与乙国政府签约在乙国建设自来水厂，并向多边投资担保机构投保。依相关规则，下列哪一选项是正确的？（　）

A. 乙国货币大幅贬值造成T公司损失属货币汇兑险的范畴

B. 工人罢工影响了自来水厂的正常营运属战争内乱险的范畴

C. 乙国新所得税法致T公司所得税增加，属征收和类似措施险的范畴

D. 乙国政府不履行与T公司签订的合同，乙国法院又拒绝受理相关诉讼，属政府违约险的范畴

【答案】D

【解析】

货币汇兑险承保范围是禁止或拖延汇入或汇出，不承保货币贬值这种商业风险，A项错误。战争内乱险承保影响投资项目的战争或内乱而导致的风险，罢工不属于战争或内乱，B项错误。征收和类似措施险承保由于东道国政府的责任而采取的任何立法或措施，使投资者对其投资的所有权或控制权被剥夺，或剥夺了其投资中产生的大量效益的风险，不承保所得税增加这种商业风险，C项错误。政府违约险承保东道国违反其与投资者之间的协议，且东道国违反司法，包括投资者无法求助于司法或仲裁部门对违约的索赔作出裁决，或司法、仲裁部门未能在合理期限内作出裁决，或有这样的裁决而不能实施，D项正确。简而言之，多边投资担保只承保国际投资的政治风险，不承保商业风险，ABC项均为商业风险，只有D项属于政治风险。

2. 多边投资担保机构是依据1988年生效的《建立多边投资担保机构公约》设立的国际金融机构。关于该机构，下列哪一选项是正确的？（　）

A. 该机构只承保货币汇兑险、征收险、战争内乱险和政府违约险

B. 任何投资均可列入该机构的投保范围，但间接投资除外

C. 该机构具有完全法律人格，有权缔结契约，取得并处理不动产和动产

D. 在任何情况下，该机构都不得接受东道国自然人、法人的投保

【答案】C

【解析】

MIGA 主要承保4种政治风险：货币汇兑险、征收或类似措施险、战争内乱险和政府违约险，但这4种险别并不是穷尽的，《建立多边投资担保机构公约》第11条明确规定："应投资者与东道国的联合申请，董事会经特别多数票通过，可将本公约的担保范围扩大到上述（a）款中提及的风险以外的其他特定的非商业性风险。"因此，选项A错误《建立多边投资担保机构公约》对合格投资的具体形式未作严格限定，是否属于合格投资由董事会决定，因此，选项B错误。MIGA作为世界银行集团的一个成员，拥有完全的国际法律人格，有权缔结契约，取得并处理不动产和动产，有权进行法律诉讼，因此，选项C正确。对于前来投保的跨国投资者，MIGA要求必须是具备东道国以外的会员国国籍的自然人；或在东道国以外一会员国注册并设有主要营业点的法人，或其多数股本为东道国以外一个或几个会员国所有或其国民所有的法人。此外，只要东道国同意，且用于投资的资本来自东道国境外，则根据投资者和东道国的联合申请，经MIGA董事会特别多数票通过，还可将合格投资者扩大到东道国的自然人、在东道国注册的法人以及其多数资本为东道国国民所有的法人，因此，选项D错误。

四、延伸阅读

1. ［德］鲁道夫·多尔查，［奥］克里斯托弗·朔伊尔编.《国际投资法原则》［M］. 中国政法大学出版社，2014.

2. ［美］加里·B. 博恩.《国际仲裁：法律与实践》［M］. 商务印书馆，2015.

第七章　国际货币金融法

一、主要知识点

货币最早是从物物交换中脱离出来的特殊商品。从法律的角度讲，现存的各种货币是由各国依据其货币主权发行的，是“在发行国境内充当普遍的交易手段，由法定机构发行并依记账单位的基准对其定值的所有动产”。金融全球化的发展以及近些年来频发的国际金融危机，使得国际货币金融制度广受国际关注。国际货币制度是国际货币关系的集中反映，它构成国际金融活动总的框架。

（一）国际金本位制

最早出现的国际货币制度是国际金本位制。在19世纪后期由于西方各国普遍实行了金本位制，因而这种货币制度具有了国际性质，它是在各国自发实行金本位制的基础上形成的。

1. 金币本位制

金币本位制是金本位制的最初形态，也是最典型的金本位制，狭义上所称的金本制就是指金币本位制。它的主要特点是：(1) 金作为本位货币。(2) 金币可以自由铸造。(3) 自由兑换。(4) 自由输出。

国际金本位制的形成，使黄金充分发挥出世界货币的职能作用，对于生产的发展、汇率的稳定、国际收支的自动调节、国际贸易的发展、各国经济政策的协调都起到了积极的作用。总之，它在当时以金融保障促进了世界经济的发展。

2. 金块本位制

战后由于各国之间黄金分配不均，供应量远远不能满足需要，特别是战前最大的金融帝国英国和曾经拥有巨额金融资本的法国，它们的经济实力都遭到很大削弱。因此，真正有条件继续实行金本位制的国家只有美国，而英国和法国则不得不采取有限制的金本位制，即金块本位制。在这种制度下，(1) 金币已退出流通界，而专门担当大宗国际收支清算的任务；(2) 国家以一定数量的黄金作准备，发行代表法定含金量的银行券；（3）银行券进入流通，具有本位币的无限法偿性，但银行券只有在一定的条件下才能兑换成黄金。

金块本位制的实行，节约了国内需要的黄金，但也使黄金不再像过去那样充分发挥货币的职能，这就严重削弱了国际金本位制的基础。

3. 金汇兑本位制

一战后，有些国家直接采取了金汇兑本位制，亦称虚金本位制。在这种制度下，（1）禁止铸造和流通金币；（2）定有含金量的银行券作为本位币参加流通，持有者不能将其兑换成黄金，但可用以购买外汇，凭外汇到其发行国兑换黄金；（3）实行金汇兑本位制的国家，在金块本位制国家或金币本位制国家存放外汇准备基金，并规定本国货币与该国货币的法定汇价，居民可按这一汇价无限制地购买外汇，在所联系的国家兑换黄金；（4）禁止黄金的输出输入。这是在黄金和外汇不足的情况下，避免兑换黄金，而依靠自由汇兑作为同金本位制维持联系的一种形式。

（二）布雷顿森林制度

二战即将结束时，为了整顿和改变国际货币领域的混乱局面，建立稳定的世界货币秩序，各国迫切要求建立一个政府间国际金融机构来协调国际货币政策，加强国际货币合作。1944 年 7 月 1 日至 22 日，美、英、法、苏、中等 44 国代表在美国新罕布什尔州布雷顿森林召开的“联合国联盟国家国际货币金融会议”上通过的《国际货币基金协定》和《国际复兴开发银行协定》。

《国际货币基金协定》又称“布雷顿森林货币协定”，其 1944 年文本确立的国际货币制度称为“布雷顿森林制度”，它实际上是以美元为中心的金汇兑制度。

布雷顿森林体制建立了一个以美元为中心的国际货币制度，其主要内容如下。

（1）建立了一个永久性的国际金融机构，即国际货币基金组织（International Monetary Fund，IMF，以下简称基金组织）。

（2）实行以美元为中心的国际金汇兑本位制。布雷顿森林体制以黄金储备为基础，以美元为主要国际货币，并实行“双挂钩”制度：美元与黄金挂钩，其他成员国的货币与美元挂钩。这种以黄金为基础、以美元为主要储备货币的黄金——美元本位制度，也称为国际金汇兑本位制。

（3）确立可调整的固定汇率制。各成员国货币对美元的汇率仅被允许在固定汇率的上下各 1% 的幅度内波动。本国货币对美元固定汇率，未经基金组织同意，不得随意改变。

(4) 提供资金调节国际收支。基金组织的宗旨之一是为成员国提供资金，以帮助其调整国际收支不平衡，而不致采取有害于本国或国际繁荣的措施。

(5) 力图取消经常项目的外汇管制。根据《国际货币基金协定》第 8 条规定，除有该协定允许的例外，各成员国不得限制经常项目的支付，不得采取歧视性的货币措施，并应实行多边支付制度等。

(三)《国际货币基金协定》的第一次修订

国际货币基金组织于 1969 年 9 月第二十四届年会上通过了设立“特别提款权”的决议。这是基金组织成立以来对《国际货币基金协定》的第一次修订，这次修订被称为《特别提款权协定》，通过该协定，基金组织创设了一种实验性质的新储备货币。该协定共 12 条，主要包括以下内容。

1. 特别提款权的概念

所谓特别提款权是国际货币基金组织在原有的普通贷款权之外，按各国认缴份额的比例分配给会员方的一种使用资金的特别权利。

2. 特别提款权的使用

各会员方可以凭特别提款权向基金组织提用资金，因此，特别提款权可与黄金、外汇一起作为国际储备。与普通提款权相比，特别提款权的使用不受条件限制（普通提款权的使用是有条件限制的，而且进入的档次愈高限制愈严）。

3. 特别提款权的性质与定值

特别提款权不是货币，而是一种权利，一种记账单位，它只存在于基金组织的账面上，它不能兑换黄金，也不能直接用于国际支付。

4. 特别提款权的作用

一是可作为国际储备；二是可用于办理政府结算；三是可用于偿还基金组织的贷款；四是可用于援助、捐赠或作为偿还贷款的担保。

5. 特别提款权的分配

特别提款权由基金组织根据需要进行分配。分配建议（关于特别提款权分配额占认缴份额的百分比）由基金组织执行董事会总裁提出，经理事会 85% 的多数票决定分配。

(四) 牙买加制度

20 世纪 70 年代初，美元与黄金挂钩，各国货币与美元挂钩的布雷顿森林体系彻底瓦解，《国际货币基金协定》的某些条款已无法实施，必须进行修改以适应变化了的国际货币关系。基金理事会于 1976 年 4 月依照其下属的“国际货币制度临时委员会”的提议对《国际货币基金协定》进行了第二次修订，其主要内容包括：

（1）确认浮动汇率制的合法化。

（2）削弱了黄金的国际货币作用，废除了原协定中所有黄金条款，实行黄金非货币化。

（3）提高了特别提款权的国际储备地位。

（4）扩大对发展中国家的资金融通，放宽对成员国贷款的比例和数额。

《国际货币基金协定》的第二次修订版又被称为《牙买加协定》，已于1978年4月1日生效。它为国际货币关系的调整或安排提供了相当大的弹性。

二、国际贷款的基本制度

（一）国际贷款协议的概念和特征

国际贷款又称“国际借贷”“国际信贷”，是指不同国家当事人之间基于信用而进行的货币资金的有偿让渡，是资金使用权的跨国交易活动，是国际融资的重要形式。

1. 国际贷款协议的概念

国际贷款协议是指位于不同国家的当事人之间为一定数额货币的借贷而订立的，明确相互关系中的权利与义务的书面协议。

2. 国际贷款的基本特征

（1）国际贷款的借款人与贷款人分属于不同的国家或地区，有关贷款协议的订立、履行和争议解决受到国际惯例、意思自治原则或相关国家法律的支配，这不同于国内贷款。

（2）国际贷款通常使用可兑换货币，而不局限于借款人或贷款人国家的货币。所谓可兑换货币，是指可以自由支付国际收支经常项目，并由该货币发行国承担兑换义务的国际货币。

（3）国际贷款协议还涉及许多复杂的法律问题，如由主权国家政府的借贷行为引起的主权豁免问题，由跨国界交易产生的法律适用和司法管辖问题，由国际贷款交易的特殊性导致违约救济、债权担保的复杂化等。

（二）国际贷款协议的种类

国际贷款依据不同的分类标准可分为不同的类型。

（1）按贷款人的不同类型，国际贷款协议可分为三种，即国际金融机构贷款协议、政府贷款协议和国际商业贷款协议。

（2）按贷款人的数量，国际贷款协议可分为独家贷款协议和银团贷款协议。

（3）按贷款期限的长短，国际贷款协议有长期、中期和短期之分。

（4）按贷款有无担保，国际贷款协议又分为有担保的贷款协议和无担保的贷款协议。

（5）按贷款利息的种类，国际贷款协议可分为固定利率贷款协议和浮动利率贷款协议。

（6）按国际贷款协议对贷款使用的不同规定，国际贷款协议可分为自由外汇贷款和项目贷款。

（7）按照贷款资金的来源，国际贷款协议可分为外国贷款协议和欧洲货币贷款协议。

上述划分国际贷款协议的标准并不十分严格，主要目的是从不同侧面反映国际贷款协议的特点。事实上，一项具体的国际贷款协议常具有多种性质，如欧洲银团项目贷款协议，就兼具欧洲货币贷款、银团贷款和项目贷款的特点。

（三）国际贷款的几种主要形态

1. 国际金融机构贷款

国际金融机构贷款是指国际金融机构对成员方政府、政府机构或公私企业的贷款。从事国际贷款的国际金融机构可分为全球性国际金融机构和地区性金融机构。全球性金融机构如国际货币基金组织、世界银行集团等。地区性国际金融机构目前主要有亚洲开发银行、非洲开发银行等。

国际货币基金组织发放贷款仅是其达到促进国际货币合作、调整国际收支失调的手段之一。因此，基金组织的贷款有许多自己的特点。

（1）贷款对象。国际货币基金组织发放贷款的对象仅仅限于成员方政府。

（2）贷款的目的。国际货币基金组织发放贷款的目的是满足成员方国际收支调整的资金需要。

（3）贷款方式。基金组织提供普通资金账户内贷款方式与一般意义上的贷款方式不同。

（4）贷款的种类。主要有普通贷款、中期贷款、出口波动补偿贷款、缓冲库存贷款、补充贷款等。

（5）贷款限额。成员方能申请的贷款，与其在基金中所分得的股份或认缴的股份成正比例。

世界银行集团的三个金融机构均属于联合国的专门机构。虽然它们的成立依据和具体职责各不相同，但其基本宗旨是一致的，即通过向成员方特别是发展中国家成员方提供资金和技术援助，以促进其经济发展。实践中，三者在业务上密切联系，但各自依其组织章程的规定开展活动，各司其职。其中，国际复兴开发银行主要向发展中成员方提供中、长期贷款；国际开发协会向低收入的发展中国家提供长期无息优惠贷款；国际金融公司负责向发展中国家的私人企业提供贷款或直接投资。

2. 政府贷款

政府贷款是指一国政府利用财政资金向另一国政府提供的优惠性贷款。是贷款国与借款国之间进行国际经济合作的重要形式，也是援助国向受援国提供经济发展援助的重要形式。

政府贷款的主要特点有：

（1）贷款期限长、利率低，贷款条件优惠，具有援助性质。

（2）限定用途。政府贷款一般都对贷款的使用目的有明确规定。

（3）政府贷款的程序较复杂。

3. 国际银团贷款

国际银团贷款，是指由数家直至数十家各国银行联合起来，组成一个银行集团（即银团），按统一的贷款条件向同一借款人提供贷款。银团贷款自 20 世纪 60 年代以来已成为国际上筹集中长期资金的主要途径。

国际银团贷款基本上可以分为直接式银团贷款和间接式银团贷款两种方式。

直接式银团贷款是指在牵头银行（或经理银行）的组织下，各个贷款银行或通过其代理人分别和借款人签订贷款协议，按照协议所规定的统一条件向借款人发放贷款。各个贷款银行与借款人直接发生借贷法律关系，仅就各自承诺的贷款份额向借款人负责，相互之间不负连带责任。

间接式银团贷款是指由牵头银行（或经理银行）单独与借款人签订贷款协议，向借款人提供贷款，然后由牵头银行把参与贷款权分别转让给其他愿意提供贷款的银行，这些银行即成为参与贷款银行，它们以持有的参与证书作为债权证明文件。在间接式银团贷款中，借款人、牵头银行与参与银行之间的关系取决于转让贷款参与权的方法。牵头银行将参与贷款权转让给其他银行的方法通常有合同更新、转贷款、让与、隐名代理等几种。

4. 项目贷款

项目贷款（Project Loan）是指对某一特定的工程项目发放的贷款，以项目建成后的经济收益还本付息。项目贷款可以分为无追索权项目贷款和有限追索权项目贷款两种类型。

（四）国际贷款协议的共同条款

1. 陈述与保证条款

陈述与保证条款是借款人就其与贷款协议有关的事实，包括其法律状况、财务及商务状况等作出说明，并保证其所作说明的真实性的条款。

2. 先决条件条款

先决条件是指贷款人发放贷款须以借款人满足有关约定的条件为前提。先决条件应在贷款协议中明确规定，尽管其范围因具体协议而异，但其内容通常可分为涉及贷款协议项下全部义务的先决条件和涉及提供每一笔款项的先决条件两类。

3. 约定事项条款

约定事项是借款人在贷款期限内承诺的作为或不作为义务。约定事项的内容因借款人或贷款事项的不同而有所不同，其中有些事项是各类贷款人所共同要求的，对双方当事人都是利益攸关的，主要包括：消极担保条款、财务约定事项、贷款的用途、保持资产条款等。

4. 违约事件

国际贷款协议往往把借款人可能发生的各种违约行为一一加以列举，一旦发生协议范围内的违约事件，无论出于何种原因，均按借款人违约处理。国际贷款的违约事件可以分为实际违约和预期违约两类。

三、国际银行监管法

（一）跨国银行监管的成因

跨国银行相互渗透，网络遍布全球。跨国银行的经营风险实际上已成为一个国际性问题。因此，有必要加强国际合作，对跨国金融机构制定若干共同遵守的安全准则，确保各国银行在平等的基础上进行竞争。

（二）巴塞尔体系

巴塞尔委员会自 1975 年成立以来，对跨国银行的监管提出了一系列原则、规则、标准和建议，统称为巴塞尔体系。主要包括 1979 年《对银行国际业务的并表监管》、1996 年《跨国银行监管》、1997 年《利率风险管理原则》，等等。

（三）巴塞尔协议的主要内容

1. 1988 年《统一资本衡量与资本标准的国际协议》《巴塞尔协议》

（1）资本的组成。《巴塞尔协议》将银行资本分为核心资本和附属资本。

（2）《巴塞尔协议》规定了银行各类资产的风险权重。银行资产的性质不同，风险的大小也不相同，如库存现金，无风险可言，信用贷款比抵押贷款的风险高，对政府机构的贷款比对普通企业贷款的风险低。

（3）《巴塞尔协议》的核心内容是确立统一的资本充足率标准。所谓资本充足率是资本与风险资产之间的比，即资本充足率 = 资本/风险资产 × 100% 。

协议将银行资本与风险资产的目标标准比率定为 8%，其中核心资本至少为 4%。

（4）过渡期和实施的安排。为顺利过渡到新的监管体系，《巴塞尔协议》规定了一个 5 年的过渡期，并且确立了一个中期目标，以便让各银行调整和建立所需的资本基础。

2.《有效银行监管核心原则》

经过多年的实践，巴塞尔委员会制定的一系列原则、规则、标准和建议已被许多国家接受，但是国际金融市场风险频频发生，一些国际知名银行（如巴林银行）倒闭案说明，仅仅靠达到资本充足率的规定，不足以充分防范金融风险。为此，巴塞尔委员会于 1997 年发布了《有效银行监管核心原则》，强调应对银行业进行全方位多角度的风险监控，将建立银行业监管的有效系统作为实现有效监管的重要前提，并注重建立银行自身的风险防范约束机制。

（四）《新资本充足率框架征求意见稿》

1999 年 6 月 3 日，巴塞尔委员会公布了《新资本充足率框架征求意见稿》，人们通常称为新资本协议。该协议是对 1988 年的《统一资本衡量和资本标准的国际协议》的第二次修订，这次修订的目的是“旨在改进监管部门规定的资本标准对风险的反映方式，更好地应付近年来的风险创新。也旨在肯定在风险衡量和风险控制方面已经取得的进展”。

与 1988 年资本协议相比，新资本协议的内容更加广泛、更加复杂，它摒弃了一刀切的资本监管方式，提出了计算资本充足率的几种不同方法，供银行选择。

四、国际金融法

国际金融法是国际经济法的一个重要分支，内容十分庞杂，主要包括国际货币制度、国际贷款制度、国际证券制度、国际融资租赁、国际融资担保等。

（一）国际金融法的概念

国际金融法是调整国际货币金融交易关系的法律规范的总和，是国际经济法的重要组成部分。对于国际金融法的概念，可从以下几方面来理解：

（1）国际金融法是调整国际货币金融交易关系的国际法规范和国内法规范的总和。

（2）国际金融法是调整国际货币金融关系的公法规范和私法规范的总和。

（3）国际金融法是国际经济法的重要组成部分。

综上所述，国际金融法是有关国际货币金融关系的国际法规范和国内法规范、公法规范和私法规范的总和，是国际经济法的一个重要组成部分。

（二）国际金融法的特点

国际金融法作为上层建筑，反映了货币资金超越国境而流动的国际性或跨国经济关系的性质。国际金融法的本质特点体现在以下几个方面。

1. 主体的广泛性

国际金融法的主体，既有国家、地区和国际组织，也有从事跨国经济活动和使用外汇的个人、法人或非法人单位。

2. 客体的复杂性

国际金融法的客体包括本国货币，外汇和跨国运转中的货币资金，如大额定期存单、信用卡、信用证等。随着国际金融活动日渐成为国际经济活动最活跃的因素，某些新的客体形式也在发展，如电子 CD 和金融票据。

3. 内容的实践性

国际金融法规定的是关于涉外货币管理活动和跨国金融交易活动的规则，它在内容和功能上均具有实践性和技术性特征，它实际不仅仅为一国既定的国际贸易政策和国际投融资政策提供了法律框架和法律工具，其作用在于保障国际经济活动的安全与效率。

（三）WTO 金融服务协议

在金融服务贸易的自由化问题上，由于发达国家和发展中国家因本国金融业的发展水平、具体情况、利益的分配及开放程度不同所持的态度也迥然有异，由此经历了一段相当艰难曲折的谈判过程。WTO 金融服务贸易自由化的法律文件主要包括：

（1）《服务贸易总协定》；

（2）《关于金融服务的附件》；

（3）《金融服务附件二》；

（4）《关于金融服务承诺的谅解》；

（5）GATS 第二次议定书；

（6）《金融服务协议》。

（四）金融服务的定义及主要内容

在 WTO 法律规则体系下，“金融服务”是指：由一成员方的金融服务提供者提供的任何金融性质的服务。金融服务附录中规定的金融服务贸易的范围和定义，与 GATS 第 1 条第 2 款所定义的范围相同，即指下列金融服务方式的提供。

（1）跨境交付（cross - border supply），即从一成员方境内向任何其他成员方境内提供金融服务。

(2) 境外消费 (consumption abroad)，即在成员方境内向来自任何其他成员方的消费者提价。

(3) 商业存在 (commercial presence)，即一成员方的服务提供者到另一成员方境内建立合营企业或分支机构来提供服务。

(4) 自然人流动 (Movement of nature persons)，即一国自然人到外国境内，单独或受雇于外国公司机构，向外国提供服务，这类服务在金融服务贸易中所占的比例较小，多为与银行、保险有关的辅助性金融服务。

(五) 金融服务协议的基本原则

1. 最惠国待遇

《服务贸易总协定》第 2 条第 1 款规定，对于本协定所涵盖的任何措施，每个成员方要立即和无条件地给予任何其他成员方的服务或服务提供者不低于该成员方给予任何其他国家的类似的服务或服务提供者。

2. 透明度原则

一般而言，关税具有较高的确定性和透明性，而通过国内法措施的限制往往具有较大的隐蔽性，因此，在服务贸易中特别需要强调透明度原则，以防止成员方采取的某种国内措施构成国际服务贸易壁垒（非关税壁垒）。

3. 发展中国家更多参与原则

世界贸易组织对发展中国家特别是被列为“最不发达”的国家和地区制定了种种优惠措施，以使他们能够更多地参与到国际经济体系中来，从国际合作与分工中尽可能多地获益。

4. 发展中国家逐步自由化原则

该原则含义是，发展中国家在和其他成员方同样负有逐步开放本国市场的义务的同时，市场开放的进程可以比发达国家相应缓慢。

(六) 具体的义务

《服务贸易总协定》下的市场准入和国民待遇的规定，在 GATS 下，它们属于成员方的特定义务。并且，两者存在紧密的联系，一方面，国民待遇以市场准入为前提；另一方面，只有市场准入以后，才有可能给予国民待遇。

1. 市场准入

所谓市场准入，是指一成员方允许另一成员方的货物、劳务与资本参与本国市场的程度，这是国家通过实施各种法律、法规和规章对本国市场对外开放程度的一种宏观掌握和控制。

2. 国民待遇

服务贸易领域中的国民待遇与货物贸易中的国民待遇有所不同，它不是一项每一成员方都必须遵守的适用于所有服务部门的普遍义务。每个成员方只在其承诺计划表中所承诺的范围内，给予另一成员方的服务和服务提供者以国民待遇。

五、国际证券的法律制度

（一）国际证券的概念和种类

1. 概念

国际证券是指发行人在其本国境外或国际金融市场上发行并流通的，以发行地所在国货币或其他可兑换货币为面值的证券。它除了具有证券的一般特征外，还具有一些与国内证券不同的特点，主要表现在以下几方面：

（1）证券的发行人和投资者分属于不同的国家。

（2）证券的发行地不在发行人所在国境内。

（3）证券以发行地所在国货币或其他可兑换货币为面值。

2. 种类

国际证券可依不同的标准作不同的分类。依其持有人所享权利性质的不同，国际证券可分为国际股票和国际债券两类。

（1）国际股票。国际股票是指各国股份公司在境外发行并交易的股票。

（2）国际债券。国际债券是指一国政府机构、金融机构或国际金融组织，为筹集资金在国际金融市场上发行的债券。

（二）国际证券的发行

1. 国际证券的发行方式

国际证券的发行有私募发行和公募发行之分，与二者相关的法律制度也互不相同。

（1）国际证券的私募发行（Private Placement）。这种发行方式又称为国际证券的直接发行，是指证券发行人直接向特定投资者销售证券的发行方式，通过私募方式发行的证券不得公开向其他投资者销售，发行后也不得进入公开的证券市场流通、买卖。

（2）国际证券的公募发行（Public P1acement）。这种发行方式又称“证券的公开发行”，是指证券发行人公开向社会公众即不特定的投资者推销证券的发行方式。公募发行的证券可以在公开的证券市场流通、买卖。

2. 证券发行的承销方式

国际证券的发行，大多采用公募方式，尤其是以承销募集为主。

3. 证券发行的审核制度

国际上采用的证券发行审核制度大致可分为两种类型，即注册制与核准制。

（1）注册制。注册制又称申报制，即发行人在证券发行之前，依法须向证券主管机关申报注册，将与发行人本身及与证券发行相关的一切信息和资料真实、准确地公布于众，证券主管机关只对所公开信息的形式要件和真实性进行审查，申报者在法定的期限内未被否定即自行生效，发行人即可发行所申报的证券。这以美国和日本的证券立法为代表。

（2）核准制。核准制又称准则制，即发行人发行证券依法除公开有关证券发行的信息资料外，还须符合一定的实质条件，证券主管机关不仅要对所公开的信息资料的真实性进行审查，而且要依据法定标准对发行证券进行实质性审查，只有经过审查核准后，方由审核机构以法定方法准予发行。这以欧洲大陆法系各国有关证券立法为代表。

注册制与核准制各有利弊，现在各国已注意将两者相结合，这可以说是证券发行监管的一种发展趋势。

4. 信息披露制度

信息披露制度是指证券发行人在发行证券时，须将与证券发行有关的一切信息资料真实、准确、充分地公开，以便于证券投资者在分析和评价证券风险及利润的基础上作出投资决策的一种法律制度。

（三）国际证券的流通

国际证券发行之后便进入流通程序，证券流通市场是买卖已发行证券的场所，一般称为二级市场，其职能就是为已发行的证券提供变现能力。

1. 证券流通市场的构成

证券流通市场包括证券交易所和场外交易市场，与此相适应，证券交易可分为场内交易和场外交易。证券交易所是有组织地进行证券交易的场所，它是二级市场的主体，也是最重要、最集中的证券交易市场，在许多国家，也是唯一合法的证券流通市场。

2. 证券商制度

证券商是证券市场构成的主体要素之一。在我国，证券商只能是经主管机关依法批准可经营证券业务的，具有独立法人资格的证券公司和信托投资公司。在国外，证券商还包括个人或合伙的证券经纪人。

3. 证券上市制度

国际证券的流通，是指国际证券从初级市场进入次级市场，在现实的投资者与潜在的投资者之间转让、买卖交易的过程。

（1）证券上市的概念。证券上市是指公开发行的证券，依法定条件和程序在证券交易所集中挂牌交易的法律行为。凡经批准在证券交易所内买卖的证券，即称为上市证券。证券上市为证券提供了一个持续性的市场，有利于证券的流通。

(2) 证券上市标准。各种证券要在证券交易所挂牌上市。必须满足一定的条件或者说达到一定的标准，这些条件或标准是各证券交易所从维持公正的价格、确保证券的流通性及保护投资者利益出发而制定的，主要包括规模标准、经营标准、证券持有的分布标准以及其他标准等内容。

(四) 对证券交易行为的管理

1. 禁止“内幕交易”(Insider trading)

“内幕交易”是行为人通过泄露或利用其掌握的内幕信息，以获取利益或减少经济损失的行为。内幕交易有悖于证券市场“公平、公正、公开”的原则，损害了其他投资者的合法利益。

作为各国禁止内幕交易的法律规定所适用的条件，内幕交易的构成要件主要包括行为主体、行为方式、内幕信息的界定。

2. 禁止“操纵市场”的行为

所谓“操纵市场”，是指行为人以获取利益或者减少损失为目的，利用其资金、信息等优势或者滥用职权，影响证券市场价格，制造证券市场假象，诱导或者致使投资者在不了解事实真相的情况下作出证券投资决定，扰乱证券市场秩序的行为。

3. 禁止欺诈客户行为

欺诈客户是指行为人利用与证券投资人进行交易的机会或利用其受托人、管理人或代理人地位，违背客户的真实意思进行证券交易以及诱导客户委托其代理进行证券交易的行为。

六、案例评析

(一) 基金组织应对全球经济危机的措施

【基本案情】

自2008年全球经济危机爆发以来，基金组织在许多领域行动起来，向其188个成员方提供支持。增加并配置了贷款能力，利用跨国经验提供政策方案，并对自身进行改革，使其能对成员方的需要作出更有效反应。其中最主要的就是调高其贷款能力。

作为克服全球金融危机的一项关键的努力，20国集团于2009年4月同意，将国际货币基金组织的借入资金（作为份额资金的补充）提高5 000亿美元（提高后的总额是危机前总贷款资源2 500亿美元的三倍），以支持新兴市场和发展中国家的增长。

2010 年 4 月，执行董事会通过了一项关于扩大“新借款安排”和提高其灵活性的建议。根据该建议，随着13 个新参加国和机构的加入（其中包括数个新兴市场国家，它们为此次大幅扩充提供大量资金），新贷款安排将扩大到约 3 675 亿特别提款权（约相当于5 600 亿美元）。2011 年 11 月 15 日，波兰国家银行作为新成员加入新贷款安排，使安排总额达到约 3 700 亿特别提款权（约相当于5 150 亿美元），新成员数达到 14 个。自 2011 年 4 月以来，已经八次启动扩大的新贷款安排，为国际货币基金组织提供了重要的资金。

2012 年 4 月，国际货币与金融委员会和 20 国集团财政部长和中央银行行长联合商定，通过新一轮的双边借款，进一步增加国际货币基金组织的资源。最终签订了 35 项、总额约为 2 800 亿特别提款权（约相当于 3 850 亿美元）的协议。这些借款协议是份额和新借款安排之后的第二道防线。

2010 年 12 月批准、但仍未生效的第 14 次份额总检查将使国际货币基金组织的永久资金扩大一倍，达到 4 770 亿特别提款权（约相当于 6 560 亿美元）。新借款安排将从 3 700 亿特别提款权缩小到 1 820 亿特别提款权，于参与方缴纳其第 14 次份额总检查下的增资时开始生效。

除了提高国际货币基金组织自身贷款能力，2009 年，成员方同意普遍国际金融分配，当时相当于 2 500 亿美元的特别提款权，使特别提款权增至此前的近 10 倍。这使许多国家（包括低收入国家）的储备大幅增加。

【争议焦点】

该案主要围绕国际货币基金组织如何通过各项工作推动全球经济稳定这个议题展开的。

【案例分析】

自 2008 年国际金融危机爆发以来，国际货币基金组织通过各项工作推动全球经济稳定，如：①国际货币基金组织向成员方提供有利于促进稳定、减少对危机的脆弱性、鼓励可持续发展以及提高生活水平的经济和金融政策的有关建议；②检查和公布影响国际货币和金融体系的全球经济趋势和发展，推动成员方之间关于各国政策产生的区域性和全球影响的对话；③提供技术援助帮助成员方强化体制能力，并向他们提供资金促进在发生国际收支危机时的调整。即使最好的经济政策也无法完全消除不稳定或避免危机。当某一成员方发生融资困难时，国际货币基金组织可以提供资金援助，支持有关政策规划，以纠正宏观经济根本问题，限制其对国内和全球经济的不利影响，帮助恢复信心、稳定和增长。

2009 年国际货币基金组织对低收入国家提供的优惠贷款承诺总额达 38 亿

美元，约为历史水平的 4 倍。2009—2014 年的优惠贷款承诺总额达到略高于 110 亿美元的水平。国际货币基金组织全面改革了贷款框架，使其更好地适应各国需要，且更加重视危机防范。同时，国际货币基金组织还简化了贷款附带条件。自危机开始以来，国际货币基金组织对成员方的贷款承诺已超过 6 000 亿美元。

国际货币基金组织的灵活信贷额度于 2009 年 4 月设立，2010 年 8 月得到进一步强化，是面向经济基本面非常强健的国家的贷款工具；它提供大额和可预先使用的国际货币基金组织资金，主要作为防范危机的一种保险形式。一旦批准一国使用这项信贷额度，就不再有政策条件限制。它已向哥伦比亚、墨西哥和波兰提供了总额约 1 000 亿美元的灵活信贷额度。灵活信贷额度的使用已被证明能降低借款成本和增加政策回旋空间。

2010 年，国际货币基金组织建立了灾难后减债信托，以此参与对遭受自然灾害的最贫穷国家的国际减债工作。通过该信托融资的减债金额达到 2.68 亿美元。2015 年，国际货币基金组织扩大了灾难后减债信托，将其转变为控灾和减灾信托，目的是使国际货币基金组织还能向面临重大国际公共卫生灾害（这种灾害威胁到若干国家人民的生命、经济活动以及国际商业）的国家提供特殊减债。到目前为止，调整后的信托向遭受埃博拉疫情冲击的利比里亚、几内亚和塞拉利昂提供了约 1 亿美元的减债融资。

【延伸思考】

1. 国际货币基金组织的贷款在应对国际金融危机中起到了哪些积极的作用?
2. 国际货币基金组织在应对国际金融危机中是否还采取了其他措施?
3. 国际货币基金组织的贷款条件存在哪些弊端?

（二）江苏华西国际贸易有限公司诉釜山银行信用证议付纠纷案

【基本案情】

江苏省无锡市中级人民法院审理查明：2008 年 3 月 14 日，原告江苏华西国际贸易有限公司（以下简称华西公司）作为卖方与买方韩国 Hanli Steel Corporation 签订买卖合同，2008 年 4 月 21 日，被告釜山银行作为开证行开具了一份申请人为 Hanil Steel Corporation、受益人为原告华西公司的不可撤销信用证。该信用证所要求的文件包括全套清洁装船海运提单。提单第 2 页左上角载明：代码名称：康金提单；右上角载明：提单，与租船合同一起使用；左下方载明：运费按租船合同，日期 2008 年 8 月 22 日，中国江阴外轮代理有限公司在此处盖章。2008 年 9 月 2 日，原告向被告交付了信用证要求的全套单据，通过江阴农村商业银行向釜山银行请求付款。釜山银行在2008年9月4日加盖了进口件外汇业务部的接收章。2008年9月8日釜山银行出具的电文回复："根据UCP600（《跟单信用证统一惯例》）第16条，我方通知如下不符点：提交了租船合约提单，我方正就不符点征求申请人的意见。我方持有单据，一切风险由贵方承担。如果您已从偿付行获得偿付，请退款。"2008年9月22日，釜山银行向江阴农村商业银行出具的电文中明确其拒绝付款。

江苏省无锡市中级人民法院认为：根据UCP600第22条（a）款的规定，租船合同提单是表明其受租船合同约束的提单。而UCP600第20条、第21条关于"提单""不可转让的海运单"的构成要件中规定必须"未表明受租船合同约束"。即判断一份提单是否是租船合同提单的主要依据在于其是否表明受租船合同约束。华西公司提交的涉案提单右上角载明：与租船合同一起使用；左下方载明：运费按租船合同。虽然提单上并未直接出现受租船合同约束表述，但是"与租船合同一起使用""运费按租船合同"等表述足以表明该提单是根据租船合同签发，受租船合同约束，因此，该提单为租船合同提单，与涉案信用证要求的海运提单不符。

根据UCP600第16条（c）款的规定，当按照指定行事的指定银行、保兑行或开证行决定拒绝承付或议付时，必须给予交单人一份单独的拒付通知。该通知必须声明：ⅰ. 银行拒绝承付或议付；ⅱ. 银行拒绝承付或者议付所依据的每一个不符点；ⅲ. 银行留存单据听候交单人的进一步指示……该条（d）款规定，（c）款要求的通知必须以电讯的方式，如不可能，则以其他快捷方式，在不迟于交单之翌日起第5个银行工作日结束前发出。本案中，首先，釜山银行2008年9月8日出具的电文通知虽然在不迟于交单翌日起第5个银行工作日的时限内，但该通知并不符合UCP600的上述规定。首先，没有直接声明拒绝议付。在釜山银行提交的该电文中未有任何提及拒付的措辞，釜山银行仅凭"如果您已从偿付行获得偿付，请退款"的意思来推断并得出其拒付的意思表示，显然与UCP600的上述规定本意不符。其次，没有具体列明银行拒付所依据的不符点。根据UCP600第14条（g）款的规定，"提交的非信用证要求的单据将被不予理会，并可被退还给交单人"，本案中涉案租船合同提单非信用证要求的单据，银行可以不予理会，并将之退还给交单行。因此，银行必须对于信用证要求的某一或某些单据不符进行声明而不能仅声明提交了某单据。如果釜山银行认为华西公司提交了租船合同提单，而没有提交全套清洁装船海运提单，其应当在不符点声明中表述为"没有提交全套清洁装船海运提单"或"租船合同提单与全套清洁装船海运提单不符"，而不能仅声明"提交了租船合同提单"，故该不符点声明不具体、不完整，不符合UCP600第16条（e）款ⅱ项的规定。釜山银行在审单时未能发出合格的拒付通知，在其通知中没有直接声明拒绝议付，也没有具体列明银行拒付所依据的不符点，故依照 UCP600 第 16 条 (f) 款的规定，“如果开证行或保兑行未能按照本条行事，则无权宣称交单不符”，釜山银行在本案中无权宣称交单不符，在华西公司已履行其合同义务的情况下，其必须按照信用证要求履行其付款义务。釜山银行因违反 UCP600 的规定，应当承担拒绝付款的法律责任以及因未付款给华西公司造成的损失。华西公司请求釜山银行支付其信用证项下款项及利息损失，符合法律规定。

【争议焦点】

本案争议焦点为：第一，涉案提单是否为租船合同提单；第二，釜山银行是否提交了有效的拒付通知。

【案例分析】

第一，涉案提单是否为租船合同提单。

提单（bill of lading，B/L）是国际海上货物运输中最广泛使用的一种合同形式，用以证明海上运输合同和货物已由承运人接管或装船，以及承运人保证凭以交付货物的单据。根据货物是否装船，提单可分为已装船提单和收货待运提单。根据提单上是否有批注，可分为清洁提单和不清洁提单。本案中，信用证项下要求提供全套清洁装船海运提单，是指卖方华西公司必须提交在货物装船以后承运人签发的载明船名及装船日期的提单，且该提单上无明显地声明货物及（或）包装有缺陷的附加条文或批注。

租船合同提单是租船项下的提单，其性质和作用依租船人的身份不同而异，当租船人运送的是自己的货物时，船东签发的提单起证据的作用，提单要服从租船合同的约束，租船人（托运人）与船东（承运人）双方的权利义务以租船合同为准。当租船人以承运人的身份接受第三者即托运人的货物并签发自己的提单时，该提单的性质同班轮运输提单，适用《海牙规则》的规定。承运人与托运人、提单持有人、收货人的权利义务以提单为准，但船东与租船人的权利义务以租船合同为准。

相比其他种类的提单，租船合同提单因为受租船合同的约束，因而其内容具有更大的隐蔽性和不确定性，而信用证交易是以银行信用为保证的单据交易，独立于开证人和受益人之间的基础合同关系，所以除非信用证明确规定可以接受租船合同提单，否则信用证项下的提单都必须“未表明受租船合同约束”这一点，从 UCP600 将提单与租船合同提单在不同条款分别列出即可看出。本案中华西公司提交的涉案提单右上角载明：与租船合同一起使用，左下方载明：运费按租船合同。虽然提单上并未直接出现“受租船合同约束”表述，但是“与租船合同一起使用”“运费按租船合同”等表述足以表明该提单是根据租船合同签发，受租船合同约束。根据《UCP600 评论 UCP600 起草小组逐条评论》关于第 20 条（a）款、（v）款“提单不得表明受租船合同约束”的评注中，对“未表明”进行了解释，是指如果一份提单出现任何表明受租船合同约束的措辞，都将根据本款而不被接受。例如，提单注明“与租船合同一起使用”，或包括“运费按租船合同支付”或“租船合同号码 ABC123”。因此，本案中，涉案提单上已批注有相应表述与措辞，足以表明该提单受租船合同约束，应当被认定为租船合同提单。

第二，釜山银行是否提交了有效的拒付通知。

根据 UCP600 第 16 条（c）款的规定：“当按照指定行事的指定银行、保兑行或开证行决定拒绝承付或议付时，必须给予交单人一份单独的拒付通知。该通知必须声明：及ⅰ. 银行拒绝承付或议付；及ⅱ. 银行拒绝承付或者议付所依据的每一个不符点；及ⅲ. a）银行留存单据听候交单人的进一步指示……”该条（d）款规定，（c）款要求的通知必须以电讯的方式，如不可能，则以其他快捷方式，在不迟于交单之翌日起第五个银行工作日结束前发出。因此，有效的拒付通知必须由以下要件构成：①银行拒绝承付或议付的直接意思表示；②银行拒绝承付或者议付所依据的所有不符点。需要注意的是，只有当拒付的意思表示是明示的，且拒付通知上列出了一切不符点，该拒付通知才是有效的。

按照 UCP600 第 16 条（c）款、（i）款的规定，拒付通知中必须明确表明银行因为不符点而拒绝支付信用证项下款项的意思，即拒付通知中需要包含“re－fuse”这样的否定性词语。在 UCP600 评论，即国际商会出版物编号 680 的书中很清楚地表示：“根据（c）款（i），拒付通知必须首先说明银行拒绝承付或议付。”这是因为，承担审单付款义务的是银行，实践中信用证受益人只有在接获这样的明确拒绝意思之后才能及时修改不符点或者安排以这套单证转售这票“浮动货物”，以减少损失。UCP600 第 16 条 c 项下（a）至（d）的要求，即是敦促买卖双方进行进一步协商。信用证是从国际外贸实践中产生的支付方式，对信用证进行规范目的最终是保证支付的顺畅和交易的安全、迅速，因此信用证惯例的规定就必须是明确且可执行的。本案中被告在回复电文中虽然引述“根据 UCP600 第 16 条”，但其内容并没有说明被告拒绝承付或议付，而是称“我方正就不符点征求申请人的意见”，这种表达不符合 UCP600 的规定，在国际标准银行实务下是无效的拒付通知书。

不符点（discrepancy）是指信用证项下受益人所提交的单据表面出现的一处或多处不符合信用证的条款或条件的错误。当单据出现不符点后，信用证的开证行就可以免除付款的责任。根据 UCP600 第 16 条（c）款（Ⅲ）项的规定，拒付通知书所说明的不符点清单必须是完整的，且据以认定的不符点必须是具体的。拒付通知书没有说明具体的不符点，将不被接受为有效的通知。根据UCP600第14条（g）款的规定，"提交的非信用证要求的单据将被不予理会，并可被退还给交单人"，即非信用证要求的单据银行可以不予理会并将之退还交单行。因此，当银行提出不符点时，其应当指明所提交的单据与信用证要求存在着怎样的不符，即明示不符之处，这种指明存在着一个明确信用证要求以对比不符点的过程，或提示交单人未提交信用证项下有关单据的否定性陈述过程。本案被告对交单人所提交单据的陈述，实质上是将审查不符点的义务转嫁给了交单人，这是有违银行独立审单义务要求的。在UCP600评论，即国际商会出版物编号680一书中，对于第16条的评论指出"（c）款（ⅱ）规定，通知必须还要表明据以拒付的每一个不符点。需要注意的是，该款表述为'每一个不符点'。如果发现不止一个不符点，却仅列出一个不符点或部分不符点是不够的。列出的不符点必须完整，关于被视为不符点的原因必须具体。诸如'发票与信用证不符'或'单据之间内容矛盾'等不符点都将不被视为拒付的具体原因。"可见，银行必须对于信用证要求的某一或某些单据不符进行声明而不能仅声明提交了某单据。

本案中，涉案信用证要求提交的是全套清洁装船海运提单，如果釜山银行认为华西公司提交了租船合同提单，而没有提交全套清洁装船海运提单，其应当在不符点声明中表述为"没有提交全套清洁装船海运提单"或"租船合同提单与全套清洁装船海运提单不符"，而不能仅声明"提交了租船合同提单"，故银行没有完成其审单义务，该不符点声明不具体、不完整，不能构成有效拒付的理由。

【延伸思考】

1. 开证行或是议付行对信用证受益人提交单据审查的义务主要包括哪些方面？

2. 银行信用证当事人之间的法律关系是什么？

3. 釜山银行如何使自己遭受的损失获得救济？

（三）银行监管不力导致全球金融危机案

【基本案情】

2008年伴随着雷曼兄弟申请破产，美林被美国银行收购，AIG依靠政府的救援勉力维持，华尔街金融巨头纷纷倒下，全球股市也不断创下新低，一场袭卷全球的金融危机爆发。复旦大学经济学院院长孙立坚教授指出美国较为宽松的监管制度在一定程度上也导致了这次风波，整个监管体制显然已经无法跟上金融创新的速度。目前主要的监管方式包括资本监管和风险监管。但是此次金融危机暴露出的问题在于，即使是风险监管也不足以解决问题，原因是那些和金融衍生产品相关的表外业务并不纳入计算，又缺乏足够的信息披露，单纯看业务收益和支出，监管部门是不能及时发现问题的。

【争议焦点】

金融危机的爆发给银行监管体制提出了挑战，如何防范金融风险成为本案的焦点。

【案例分析】

跨国银行的特点是大量业务游离于其母国监管视线，而东道国对其全部资产运作的信息掌握有限，导致对其监管易出现盲区，资本的逐利性又使跨国银行自控能力弱，这种情况下可能会产生跨国银行经营失败的后果。而母国能够从总体角度规定银行资本充足率、流动性、放款上限及银行业务的范围，东道国能对在其国内的跨国银行资本运营施加一定的管制，从而促使跨国银行依法经营。但是由于主权、信息交流不畅等原因，跨国银行的监管容易出现盲点。

为防范可能的风险，建立适应新的国际环境的、统一的跨国银行监管原则和风险管理框架，随着跨国银行业务的快速发展，原有的《巴塞尔资本协议》落后于实践要求。从 2001 年起，巴塞尔委员会开始制订新的资本协议，目的是完善银行业的风险管理，建立并推广大银行已经着手开发的方法，反映市场对规模大、业务复杂的银行提出的新要求。作为重要的监管框架，巴塞尔新资本协议力求开发出一套全面、系统的银行风险管理方法。2008 年爆发的全球性金融危机充分体现了对银行放松管制的恶果，在金融机构内控机制及母国、东道国监管方面出现了问题。在新的协议框架下，从三方面控制金融机构的行为或许会免除或减轻这一灾难。

【延伸思考】

1. 巴塞尔委员会对银行监管作出了哪些努力？

2. 如何对跨国银行进行有效监管？

七、课后习题

1. 关于特别提款权，下列哪些选项是正确的？(　　)

A. 甲国可以用特别提款权偿还国际货币基金组织为其度过金融危机提供的贷款

B. 甲乙两国的贸易公司可将特别提款权用于两公司间国际货物买卖的支付

C. 甲乙两国可将特别提款权用于两国政府间结算

D. 甲国可以将特别提款权用于国际储备

【答案】 ACD

【解析】

特别提款权是基金组织按会员国认缴份额的比例分配给会员国使用资金的特别权利。各会员国可以凭特别提款权向基金组织提用资金，偿还基金组织的贷款，还可将其作为国际储备或用于政府之间的结算，因此，本题选项ACD正确；但特别提款权只是一种账面资产，并非真实的货币，不能用于实际货物贸易支付，因此，选项B错误。本题答案为ACD项。

考点：

《国际货币基金协定》

《基金协定》的第一次修订——特别提款权的创设

2. 甲国公司承担乙国某工程，与其签订工程建设合同。丙银行为该工程出具见索即付的保函。后乙国发生内战，工程无法如期完工。对此，下列哪些选项是正确的？（ ）

A. 丙银行对该合同因战乱而违约的事实进行实质审查后，方履行保函义务

B. 因该合同违约原因是乙国内战，丙银行可以此为由不履行保函义务

C. 丙银行出具的见索即付保函独立于该合同，只要违约事实出现即须履行保函义务

D. 保函被担保人无须对甲国公司采取各种救济方法，便可直接要求丙银行履行保函义务

【答案】CD

【解析】

国际融资保证中使用最为普遍的见索即付的保函性质属于独立、连带保证。在这种保证方式下，一旦主债务人（借款人）违约，债权人（贷款人）无须先向主债务人（借款人）追索，即可无条件要求保证人承担第一偿付责任。因此选项AB错误、CD正确。本题答案为CD项。

考点：

国际融资担保；见索即付的保证

3. 实践中，国际融资担保存在多种不同的形式，如银行保函、备用信用证、浮动担保等，中国法律对其中一些担保形式没有相应的规定。根据国际惯例，关于各类融资于担保，下列哪些选项是正确的？（ ）

A. 备用信用证项下的付款义务只有在开证行对借款人的违约事实进行实质审查后才产生

B. 大公司出具的担保意愿书具有很强的法律效力

C. 见索即付保函独立于基础合同

D. 浮动担保中用于担保的财产的价值是变化的

【答案】 CD

【解析】

在使用备用信用证的情况下，贷款人出具信用证要求的违约证明时，保证人即向贷款人付款，并不需要对违约的事实进行审查，因此，A 项错误。

担保意愿书最大的特点是一般不具有法律效力，对担保人只具有道义上的约束力，因此，B 项错误。

见索即付保函是非从属性的独立的担保，独立于基础合同，因此，C 项正确。

浮动抵押是借款人以现有的和将来取得的全部资产为贷款人设定的一种物权又担保。浮动抵押不同于传统物权担保之处就是其担保物固定化前一直处于浮动状态，因此，D 项正确。本题答案为 CD 项。

考点：

国际融资担保；浮动抵押

第八章　国际税法

一、主要知识点

国际税法是适应国际税收关系的需要，从传统的国内税法部门逐渐形成和发展起来的一个综合性的税法分支体系。国际税法的产生和发展，是国际经济交往发展到一定历史阶段时各国税收法律制度顺应征税对象的国际化而产生的结果。

（一）国际税法的产生与发展

国际税法是由调整国际税收关系的各种相互间有机联系的法律规范构成的。在国际经济法领域，这些法律规范构成了一个新的法律部门。随着国际贸易关系的拓展，跨国税收的大量出现，税收逐步具有国际性，并最终出现了国际税收和国际税法的概念。国际税法是国际税收关系的产物。要了解国际税法，必须了解国际税法的产生、发展及背景。

1. 国际经济交往的发展——国际税法产生的经济前提

19 世纪 70 年代以后，世界资本主义经济的发展由自由竞争阶段过渡到垄断阶段，资本输出代替商品输出成为这一时期资本主义经济的主要特征。随着生产突破国家的界限，出现了企业跨国投资经营、国际融资和劳务、资金、人员跨国大量移动的现象，这些现象带来了一个重大的经济后果，就是纳税人收入的国际化。投资者在国外获得丰厚的经营利润，金融家通过国际贷款在东道国获得丰厚的利息，大批受雇的外籍职工、技术人员在东道国获得大量的工资津贴和劳务报酬，如何对这笔收入进行管理和控制成为税务当局的新课题，而跨国收入大量涌现也正为国际税法提供了赖以产生的客观经济条件。

2. 所得税制的改革——国际税法的国内法制的形成

所得税是国家对纳税人的所得课征的一种税收。最初的所得税课征对象仅限于本国人在本国境内的所得。从 20 世纪初到二战这段时间里，各国针对跨国纳税人收入跨越国境的现象，纷纷改革所得税制度，拓展课税对象、纳税主体和税收法律关系的范围，开始对纳税人来源于世界范围的所得纳税，纳税人也不再局限于本国人，从而为现代国际税法奠定了国内法制的基础。

3. 国家间双边和多边税务合作的发展——国际税法的国际法制的形成

二战后国际经贸蓬勃发展，收入的国际化带来了税收的国际化。国际税收关系更加复杂化，一个跨国经营者往往同时成为多个国家的纳税主体，各个国家之间税收管辖权冲突日益频繁，跨国纳税人国际逃税、避税现象日益严重，国际税收矛盾更加复杂化。这时，单靠国内税法已无法控制和协调，各国开始谋求协调与合作，订立了大量的双边税收协定，并在多边合作方面取得了进展，这就为国际税法的发展创造了条件。

（二）国际税法的概念、调整对象及法律特征

1. 概念

税法是调整税收关系的法律规范的总称，国际税法是调整国际税收关系，即国家之间税收分配关系，以及国家与跨国纳税人之间税收征纳关系的各种国际法和国内法规范的总称。

税法的调整对象为税收关系，国际税法的调整对象为国际税收关系，是指跨越一国国境的税收关系。包括两类：一是国家与跨国纳税人之间的税收征纳关系（基础），二是国家间的税收分配关系（核心）。

2. 调整对象

国际税法的调整对象是国际税收关系。所谓国际税收关系，是两个或两个以上国家与纳税人相互间在跨国征税对象（即跨国所得和跨国财产价值）上产生的经济利益分配关系，是有关国家之间的税收权益分配关系和它们各自与纳税人之间的税收征纳关系的统一体。

3. 法律特征

（1）主体。包括国家和跨国纳税人（自然人和法人），此外，一些国际经济组织也是国际税法的纳税主体。

（2）客体。是纳税人的跨国所得（一是本国居民来源于外国的所得，二是非本国居民取自本国境内的所得）。国际税法所涉及的税种主要是各国的所得税及少数国家的一般财产税与遗产税、社会保证税。

（3）内容。

①国际法规范。源于国际税收协定（调整国家间税收分配关系）。

②国内法规范。源于各国的涉外税收法律制度。

（三）国际税法的法律渊源

与国际经济法的其他分支部门一样，国际税法也是一个由国内法规范和国际法规范共同组成的综合性法律体系。国际税法的法律渊源包括国内法渊源和

国际法渊源。

(1) 国内法渊源。主要是各国政府制定的国内税法，如所得税法和一般财产税法等。

(2) 国际法渊源。主要是国际税收条约和协定及国际税收惯例等。

它们的主要作用在于协调各国税收管辖权之间的冲突、避免国际重复征税以及确立国际税务行政协助关系。国际税法的这两部分法律渊源在国际税收实践中彼此配合作用，互相补充渗透，共同实现对国际税收关系的法律调整。

(四) 国际税法的基本原则

国际税法的基本原则，是指国际税法本身所特有的，为世界各国所普遍遵循的，对处理国际税收关系具有全面指导意义的法律规则。概括起来有两个：

1. 税收管辖权独立原则

此原则是国家主权原则在国际税收领域中的具体体现，是指每一个国家都有权制定法律，确定本国的税收管辖权，并对属于本国管辖范围内的纳税人和财务征税。国家独立自主地行使税收权力，不受任何外来意志的干涉。

2. 税收公平原则

包括国家间税收分配公平和跨国税收征纳公平。与此同时，还要求在国际税收领域消除国际重复征税，防止国际逃税、避税，对外国人实行无差别待遇，利用税收手段鼓励向发展中国家投资等。

国际税法的目的和任务是建立一个公平合理的国际税收关系，从而为国际经济合作与经贸往来创造良好的条件。

(五) 国际税收管辖权

1. 税收管辖权的概念

国际税收管辖权是国际税法的一个基本概念，是分析国际税收关系的前提，国家之间税收权益的协调即由此开始。税收管辖权是指一国政府进行征税的权力。具体来讲，是指一国政府决定对哪些人征税、征收哪些税以及征收多少税的权力，是国家主权在税收关系中的体现。

2. 税收管辖权的分类

管辖权上的属地原则和属人原则，在国际税法上分别表现为收入来源地税收管辖权和居民税收管辖权。

收入来源地税收管辖权是一个主权国家根据属地原则所确立的税收管辖权。在实行收入来源地税收管辖权的国家，以所得来源地或财产存在地为征税标志，它要求纳税人就来源于本国领土范围内的全部所得和财产缴税。

居民税收管辖权是一个主权国家按照属人原则所确立的税收管辖权。在实行居民税收管辖权的国家，对属于本国居民的一切所得和财产征税。换言之，一个国家征税的范围可以跨越国境，只要是属于本国居民取得的所得，国家均享有征税的权力。

实行居民税收管辖权的理论基础是：国家对居民提供了社会公共服务和法律保护，那么居民就应该对国家履行纳税义务，这是一种权利与义务相对等的关系。因此，对居民的境外收入而言，收入来源国不能独占税收管辖权，税收权益应该在收入来源国和居住国之间进行分配。

3. 收入来源地税收管辖权

收入来源地税收管辖权是根据来源国原则确立的管辖权，是指一国对非居民来源于本国的所得进行征税的权利。

在国际税法上，纳税人的各项收益与所得从性质上一般划分为四类：即营业所得、劳务所得、投资所得和财产所得。由于各国税法上对不同种类所得的来源地采用的判定标准与识别原则不一致，因而在跨国所得上，各国也往往产生税收管辖权冲突。

（1）营业所得来源地的确认。营业所得又称营业利润或经营所得，包括各种经营业务在内的一种综合性的所得，是指从事生产、采购、销售、服务等一系列工商业和服务业活动，通过进行企业性的经营活动取得的所得，此类所得的形成必须有积极的生产经营活动。各国采用的确认来源地标准有：营业机构所在地标准、商品交货地标准、销售合同缔结地标准、商品交付前的储存地标准、商品使用地标准以及产品制造地标准。

（2）劳务所得来源地的确认。劳务所得可分为独立和非独立两种，独立劳务所得是指自由职业者从事专业性劳务和其他独立性活动所取得的收入，如从事独立的科学、文学、艺术、医师、律师、教学等活动取得的所得，不包括个人独立地从事工业和商业活动的所得；非独立劳务所得是指个人由于受雇或受聘于他人从事劳动工作所得的报酬，如工资、薪金、劳动津贴等。各国确认独立劳务所得的来源地有以下标准：固定基地标准、停留时间标准、收入支付地标准。我国也多采用“固定基地标准”和“183 天规则”。

（3）投资所得来源地的确认。股息、利息和特许权使用费是三项重要的投资所得，投资所得通常是在非居民没有在所得来源国设立常设机构的情况下取得的，或者虽有常设机构，但这些所得与常设机构无实际联系，因而并不归属于常设机构。来源国对非居民纳税人的投资所得，一般都采用从源预提的方式征税，国际上将此种征税统称为预提税，即由支付人在向非居民支付投资所得款项时按税法规定代为扣缴应纳税款，是所得税的一种源泉控制征收方式。

（4）财产所得来源地的确认。主要对非居民动产和不动产所得，但也包括股息等无形财产。各国一般都是由财产所在国征税。但对转让从事国际运输的船舶或飞机，以及属于经营上述船舶或飞机的动产所获得的收益，应仅由转让者的居住国一方独占征税。

4. 居民税收管辖权

（1）概念。居民税收管辖权是根据居住国原则确立的管辖权，是指一国对其本国居民在世界范围内的所得进行征税的权力。

（2）纳税人居民身份的确认。

（3）自然人居民身份的确认。自然人居民身份的确认主要有以下标准：

①住所标准。凡在一国拥有住所的自然人，便是该国的居民纳税人。住所一般是指一个自然人设立其生活根据地并愿意永久定居的场所，通常为配偶和家庭所在地。如荷兰，自然人在荷兰有家庭、住处或有长期居住意向就为荷兰的居民纳税人。

②居所标准。凡在一国拥有居所的自然人，便是该国的居民纳税人。居所一般是指一个人经常性居住的场所，但并不具有永久居住的性质。

③居留时间标准。以自然人在征税国境内居住或停留是否超过一定的时间界限，作为划分纳税居民与非居民的标准。

④国籍标准。以自然人的国籍来确定纳税居民的身份。主要有菲律宾、美国、芬兰、瑞典、墨西哥等国。

国际上常用的标准是兼采住所与居留时间两项标准，我国也采用这一方法。《中华人民共和国个人所得税法》第1条规定：在中国境内有住所，或者无住所而在境内满一年的个人，从中国境内和境外取得的所得，依照本法规定缴纳个人所得税。

（4）法人居民身份的确认。法人居民身份的确认主要有以下标准：

①法人注册成立地标准。即法人的居民身份依法人在何国依法注册成立而定。

②法人实际管理和控制中心所在地标准。法人的居民身份决定于法人的实际管理和控制中心设立在哪一个国家，一般为董事会或股东大会所在地（即经常召集开会的地点）。

法人实际管理和控制中心所在地是指作出和形成法人的经营管理重要决定和决策的地点，它不同于法人的日常经营业务管理机构所在地。一般来说，法人的经营管理的重要决定，是经过董事会或股东会议研究决定，因而董事会或股东会议经常召集开会的地点，是判断法人实际管理和控制中心所在地的重要标志。

③法人总机构所在地标准。法人的总机构，即负责管理和控制企业的日常

经营业务活动的中心机构设在哪一国，该企业则为哪国的居民公司。

此外，还有法人主要经营活动所在地标准、法人资本控制标准等。

我国实际上是以法人注册地和总机构两个标准结合使用来判定法人的居民身份的。《中华人民共和国外商投资企业和外国企业所得税法》第3条规定：外商投资企业的总机构设在中国境内，就来源于中国境内、境外的所得缴纳所得税。《中华人民共和国个人所得税法实施细则》第5条规定：税法第三条所说的总机构，是指依照中国法律组成企业法人的外商投资企业，在中国境内设立的负责该企业经营管理与控制的中心机构。外商投资企业在中国境内或者境外分支机构的生产、经营所得和其他所得，由总机构汇总缴纳所得税。

（5）居民税收管辖权的冲突及其解决。由于各个国家对居民纳税人的居民身份的确定采用不同的标准，发生纳税人居民身份的冲突。为解决这个问题，各国在实践中一般规定签订双边或多边税收协定，确定解决冲突的规则。目前主要有《经合组织范本》和《联合国范本》，对税收管辖权冲突问题作了详细的规定。两个范本原则上规定，各国有权依照本国法律确定纳税人的居民身份，但如果发生冲突时，可以按以下原则解决：

①自然人居民身份冲突的解决。一个自然人同时被两个以上国家认定为居民时，按下列原则解决：

（a）当纳税人在某一国有永久性住所，应认为它是该国的居民。如果他在缔约国双方同时拥有永久性住所，应认为他是与其人身关系和经济关系更密切（重要利益中心）所在国的居民。

（b）如果其重要利益中心所在国无法确定，应认为是其有习惯性居处所在国的居民。

（c）如果其在两个国家都有，或者都设有习惯性居处，应认为是其国籍所在国的居民。

（d）如果其同时是两个国家的国民，或者不是其中任何一国的国民，应由缔约国双方主管当局通过协商解决。

②法人居民身份冲突的解决。如果某个法人依照缔约国双方的法律，同时被认为是双方国家的居民纳税人，应该判定该法人是实际管理控制中心所在国的居民。

（六）国际重复征税和重叠征税

国际重复征税（法律性质的双重征税）和重叠征税（经济性质的双重征税）统称为国际双重征税，是各国税收管辖权发生积极冲突的结果。学界对这两个概念的界定存在分歧，本书采用以下较为主流的说法。

（1）国际重复征税。国际重复征税，是指两个或两个以上的国家，对同一纳税人就同一征税对象，在同一时期课征相同或类似的税收。税收管辖权的积极冲突是产生国际重复征税的根本原因，这种冲突包括居民税收管辖权之间的积极冲突、来源地税收管辖权之间的积极冲突以及居民税收管辖权和来源地税收管辖权之间的冲突三种，其中居民税收管辖权和来源地税收管辖权之间的冲突是最主要的原因。

（2）国际重叠征税。国际重叠征税，是指两个或两个以上的国家对同一笔所得在具有某种经济联系的不同纳税人手中各征一次税的现象，其通常发生在公司和股东之间。由于公司与股东在法律上都具有各自独立的人格地位，公司所获利润一般应当依法缴纳企业所得税，税后利润以股息的形式分配给股东后，股东依法又应当缴纳投资所得税。于是，同一笔所得在公司和股东手中各被征一次税，重叠征税由此产生。和国际重复征税不同，重叠征税有国际重叠征税，也有国内重叠征税。

（3）国际重复征税和国际重叠征税的辨析。国际重复征税和国际重叠征税的相同之处在于同一来源的所得在不同税收管辖下被多次征税，但二者也存在本质的区别，主要表现在：第一，纳税主体不同。国际重复征税是对同一纳税人的同一所得重复征税。国际重叠征税则是对不同纳税人的同一所得多次征税。第二，税种不同。国际重复征税适用的税种始终相同；而国际重叠征税适用的税种有可能不同。国际重复征税和国际重叠征税都会打击投资者跨国投资的积极性，因此都应当采取措施避免或缓解。第三，重复征税只有国际情形没有国内情形，重叠征税有国际与国内情形之分。

（4）国际重复征税和国际重叠征税的危害。国际重复征税有悖税收公平原则，它会使跨国纳税人相较于国内纳税人承担更沉重的税负，会严重影响跨国经济活动者的积极性，从而阻碍国际商品流通、经济技术交流以及国际资本的流转，因此，避免或缓解国际重复征税具有极为重要的意义。

国际重叠征税当然也会对国际税收关系及国际经济关系产生负面影响，例如，使纳税人负担过重、利润减少等。但是，由于在国际重叠征税下，纳税人毕竟是不同的法律主体，所以它所产生的负面影响并不如国际重复征税那样直接，因此在国际税法中，各国更重视的是避免或缓解国际重复征税。

（七）国际重复征税的解决

相互承认对方的税收管辖权是避免国际重复征税的前提。在国际税法实践中，解决国际重复征税的具体方法主要有以下几种：

（1）运用冲突规范划分征税权。如常设机构原则，对国际海运和航空运输业利润的征税原则，都是运用冲突规范划分征税权的做法。

（2）免税法（Exemption method）。指居住国政府对本国居民来源于国外的所得和位于国外的财产免予征税。实行此法的国家不多。

免税法依具体操作方式及结果的不同，可分为以下两种：

①全额免税法（Full exemption）。

指居住国在确定纳税人的应税所得及其适用税率时，完全不考虑应免予征税的国外所得部分。

②累进免税法（Exemption with progression）。

是指居住国在确定纳税人的国内应税所得的适用税率时，将应免予征税的国外所得部分考虑进去，但对国外所得部分却不予实际征收，必须以居住国实行累进税率为前提。（累进税率指按照征税对象的数额大小，规定累进的等级税率征收，其特点是征税对象的数额越大，税率越高，一般适用于对所得额征税。）

免税法的实质是居住国对居民的境外所得放弃行使税收管辖权，等于承认来源国的税收管辖权独占，使居住国财政收入减少，因此，从维护国家主权的角度，免税法不是解决国际重复征税的最佳办法，但对跨国纳税人最有利。

（3）抵免法（Foreign tax credit）。也称外国税收抵免，指纳税人可将已在收入来源国实际缴纳的所得税税款应当从向居住国缴纳的所得税税额内扣除。此法是常用法，但大多数国家都以互惠为条件，我国也采用此法。有两种具体形式：

①全额抵免。指居住国允许居民纳税人将已经向来源国缴纳的税款从居住国应纳税额中全部予以抵免。

举例：甲国A公司在某纳税年度内来自本国的应税所得为100万元，来自乙国的应税所得为50万元，设甲、乙两国适用相同的比例税率，如甲国实行全额抵免制，则A公司无须对其从乙国取得的应税所得向甲国实际缴纳任何税款。

②限额抵免。指纳税人可以从居住国应纳税额中冲抵的已缴来源国税额，不得超过纳税人的境外来源所得按照居住国税法规定税率计算出的应纳税额。我国采用此法。

（4）扣除法和减税法。扣除法是指居住国在对跨国纳税人征税时，允许本国居民将国外已纳税款视为一般费用支出从本国应纳税总所得中扣除。减税法是指居住国对于本国居民来源于国外的所得进行征税时扣除。

（八）国际重叠征税的解决

1. 股息收入国的措施

（1）对来自国外的股息减免所得税。采用此法的多数国家要求对国外来源的股息减免所得税必须具备一定的条件，如收取股息的公司必须在付出股息的公司中持有一定数量的股份等。

(2) 准许母子公司合并报税。采取此措施的国家往往规定母公司对子公司的持股要达到相当的比例，手续上比较复杂，实践中采用的国家不多。

(3) 实行间接抵免制。即母公司所在国对子公司在其所在国缴纳的公司所得税给予抵免，当然，间接抵免也存在限额抵免的问题。

2. 股息付出国的措施

(1) 双税率制（Two - rate system）。具体做法是对用于分配股息的利润和不用于分配股息的利润实行不同的公司税率，前者税率低，后者税率高。

(2) 折算制（Imputation system）。具体做法是公司按税法规定缴纳公司的所得税，并用税后利润分配股息，对于分配到股息的股东，国库按其所收到的股息额的一定比例退还公司已缴纳的税款，然后，以股息和所退税款之和为基数按适用税率对股东计征所得税，纳税余额便是净股息所得。

（九）国际逃税与避税

(1) 国际逃税与国际避税的概念。国际逃税（International tax evasion），指跨国纳税人采取非法的手段或措施，以减少或逃避就其跨国所得本应承担的纳税义务，从而违反国际税法的行为。

国际避税（International tax avoidance），指跨国纳税人利用各国税法的差异或国际税收协定的漏洞，通过各种形式上不违法的方式，以减少或躲避就其跨国所得本应承担的纳税义务。

逃税与避税，历来是税收征管工作中一个重要问题，在国际税收实践中，跨国纳税人利用各种手段进行国际逃税和避税，已经成为许多国家政府和有关国际组织日益关注的问题。在国际税收中，一方面，由于跨国纳税人在进行国际投资的可行性研究时，常常把基于种种避税方案所拟定的不同税收计划与它的投资地区组织形式和经营方式联系在一起，成为一个重要的内容；另一方面，由于跨国纳税人的经营活动不受一国的国界限制，各国政府当局在征税范围、税率高低以及征管条例上的差异，往往为跨国纳税人进行国际逃税、避税提供了可乘之机。因而，国际逃税、避税就显得更为复杂，矛盾也就更为突出。

(2) 国际逃税与国际避税的辨析。国际逃税与国际避税的既有联系，又有很多区别。二者的相同之处在于，其目的和动机都是减轻或消除税负，在客观经济效果上，两者都能导致国际税收的减少和损失以及跨国纳税人经济收益上的增加。

二者的不同点可以归纳为两点。

①性质不同。国际逃税是纳税人在纳税义务发生以后，以各种非法手段来故意逃避税负，具有欺诈的性质，是非法行为，从广义而言，逃税还包括纳税人因疏忽或过失而没有履行税法义务的行为；而国际避税则是纳税人在纳税义务发生以前，以合法的手段来安排自己的事务，从而达到逃避交税的目的，其行为是合法的，不具有欺诈性，但是一种规避法律的行为。

值得注意的是，从合法与非法来区别逃税和避税，是基于具体国家的税收法律制度而言的，一种以减轻税负为目的的活动究竟是非法还是合法，只有根据当事人有关的国家的税法规定才能确定。

②处理方法不同。国际逃税是一种公然违反、践踏税法，与税法对抗的行为，各国对于逃税行为都是在法律上予以严厉制裁，除了追缴已逃的税收，还要处以行政处罚，乃至承担刑事责任。国家试图通过打击措施来阻止逃税行为的发生，对于避税，各国通过完善和修改有关税法和税收协定的方式来解决，还要加强国际税务合作，以防止避税。目前，国际反避税已经提高到与避税斗争相当的程度，联合国和经济合作与发展组织已经将与避税的斗争优先于与逃税的斗争。同时，越来越多的国家加强了反避税立法，强化了反避税的措施，追究避税人的相应的责任。

当然，从合法与否来区别两者是不全面的，因为世界上许多国家都认为规避法律的行为是非法的，在某些国家，间接违反税收法律是要受到处罚的，“避税”一词可以认为无意义，因为“不正当避税”从法律上可以定为偷税。税收法典中“偷税”一词就是表示对税收法律的一切违犯。

（十）国际逃税与国际避税的成因及危害

1. 国际逃税与国际避税的成因

随着经济全球化发展的进程逐步深入，当今国际交往日益频繁，世界经济全球化日趋发展，跨国投资的规模和数量激增。而与此同时，许多国家的税率和实际税负呈不断上升的趋势。跨国公司在激烈的国际市场上要立于不败之地，就要尽量减轻税收负担，因此各国之间国际逃税与国际避税大量产生并迅速发展蔓延，其主、客观原因归纳如下：

主观原因——追逐利润最大化。

客观原因——各国税收制度的差异；国际避税港的大量出现和大量资本输出国竞相提高所得税税率。

2. 国际逃税与国际避税的危害

二战后，国际上大量出现逃税和避税的现象，给各国造成了很多消极影响：

严重损害有关国家的税收利益；造成国际资本的不正常移转，引起国际经济关系的混乱；违背税收公平原则，损害税法的尊严，使奉公守法者处于不利的竞争地位。

综上，国际逃税与避税对国际税收关系和国际经济关系都危害极深，为此我们要积极地采取措施防止国际逃避税。

（十一）国际逃税的方式

1. 虚报、谎报事实

包括纳税人虚报或谎报收入、成本费用以及其他与纳税人身份有关的信息。主要方法有：

（1）谎报所得和虚构扣除。谎报所得是指纳税人没有如实地说明所得的真实性质，而是为了取得税收上的好处而将一种所得谎报为另一种所得。

（2）虚构成本费用等扣除项目从而减少应税所得数。

（3）伪造账册和收付凭证用以隐瞒所得的真实情况。

2. 隐瞒事实

纳税人隐瞒事实包括隐瞒其经营活动的事实和实际收入的事实。

（1）不向税务机关报送纳税资料，这种手段主要是不向税务机关提供纳税申报单和匿报应税财产和收入。

（2）从事地下经营活动。

（3）借用相关国家严格的银行保密法律和匿名存款的制度来达到偷税的目的。

（十二）国际避税的方式

通过纳税主体的跨国活动进行国际避税。

这是自然人常用的避税方式。由于各国一般以自然人在境内存在居所、住所或居留达到一定时间等法律事实，作为行使居民税收管辖权的依据，所以，作为自然人的纳税人往往采取移居国外或压缩在某国的居留时间等方式，达到规避在某国承担的居民纳税人义务的目的。

此外，由于各国存在法人居民身份认定的不同标准，法人企业也可能通过选择注册成立地或收变总机构所在地和决策控制中心地的方式，规避高税率国的国籍税收管辖权或居民税收管辖权。

通过征税对象的转移进行国际避税。

在这类避税方法中，最主要的方式有以下几种：

1. 跨国联属企业通过转移定价和不合理分摊成本费用进行避税

联属企业，又称关联企业，是指处于同一集团利益直接或间接共同控制下，其财产、税收相互关系达到一定程度，需要在国际税法上加以规范的企业。关联企业可以由两个企业或多个企业组成，也可以是跨国公司或跨国企业集团。比较常见的关联企业又分为两类：一类是母公司与子公司以及同一母公司下的各个子公司之间的关联关系，另一类是总公司与其分支机构以及一个总公司下的各个分支机构之间的关联关系。

转移定价即关联企业在进行交易时不按一般市场价格标准，而是基于逃避有关国家税收的目的来确定相互之间的交易价格，或人为地提高交易价格或压低交易价格，使利润从税负高的国家转移到税负低的国家，以逃避税收。基本做法是：高税区的企业向低税区的关联企业销售货物、提供劳务、转让财产、租赁财产、提供贷款、转让特许权时制定低的价格，低税区的企业向高税区的企业销售货物、提供劳务、转让财产、租赁财产、提供贷款、转让特许权时制定高的价格。这样，收益就通过两种不同定价的交易，从高税区企业转移到低税区的企业，常用于母子公司或同一母公司之下的子公司之间。

不合理分摊成本与费用即关联企业利用常设机构原则，通过不合理地分摊成本和费用的方式，人为地逃避该机构所在国国家税收的目的。常发生在总机构与分支机构之间。

2. 在避税港设立的基地公司达到逃避税收的目的

避税港一般是指那些对所得和财产不征税或按很低的税率进行征税的国家和地区，例如，百慕大、巴拿马、我国港澳地区等。

跨国纳税人利用避税港实现避税主要是通过在避税港设立“基地公司”，将在避税港境外的所得和财产汇集在“基地公司”的账户下，从而达到逃避所在国税收的目的。

所谓基地公司，是指跨国企业为了避免税收或减少税收而在避税地设立的子公司。一般来说，税收基地公司具有以下特征：①具有独立的法人资格，不受母公司所在的居住国居民税收管辖权下的无限纳税义务的制约；②受两个或两个以上母公司及其关联公司的控制，以保证被避税地以外的企业合法利用和控制；③实质性的经营活动和经济利益主要或全部处于避税地之外，其经济职能是充当资金的中转迂回站；④税务因素决定着公司建立地点的选择。

利用基地公司进行避税的活动可以分为两个方面：一方面，母公司通过开展中介业务和转移定价等方式将各类所得和财产向基地公司转移；另一方面，基地公司利用积累起来的资金向母公司或其他关联公司进行贷款或再投资。

基地公司的活动又有两种模式：其一，以在高税国家或地区的公司的名义从事一些经营活动，比如，提供服务、保险，海上运输、贸易等，从而使所得向基地公司集聚；其二，成为使所得从高税区流向低税区的导管公司（the

Conduit Company)。

3. 跨国投资人有意弱化股份投资进行国际避税

股东的股份投资和金融机构的贷款是公司企业经营资金的主要来源。但跨国投资者常常会将本应以股份形式投入的资金转为贷款方式提供，其原因主要有：(1) 股份投资的股息不能从应税所得中扣除，只能从税后利润中分配，而贷款投资利息可以从应税所得中扣除；(2) 股份投资会遭遇重叠征税，而贷款投资不会面临这个困境；(3) 从预提汇率上看，股息的预提税率会更高。

4. 跨国投资人滥用税收协定进行国际避税

国际税收协定通常为缔约国各方的居民提供了某些减免税的优惠，为缔约国各方的居民提供了某些减免税的优惠待遇，但这些协定规定采取的优惠待遇与非缔约国居民的纳税人和缔约国的居民纳税人的目的不相符。为获取该协定的优惠待遇，本无资格享受某一特定的税收协定优惠待遇的第三国居民往往通过在协定的缔约国一方境内设立一个具有该国居民身份的传输公司（多为子公司形式），从而间接享受该税收协定提供的优惠待遇，从而避免了其跨国所得本应承担的纳税义务。纳税人为此而设置的传输公司，可分为设置直接传输公司和设置踏脚石传输公司两种类型。随着国际税收协定数量的增多，跨国纳税人滥用税收协定进行国际避税的现象也更加普遍。

(十三) 国际逃避税的解决

目前，为应对国际逃避税的消极影响，各国常见的解决国际逃避税的方法主要是通过制定国内立法和加强国际合作等方式予以制止。

1. 通过国内立法解决国际逃避税

各国管制纳税人国际逃避税的一般性法律措施，主要是加强国际税务申报制度，强化税务会计审查制度，实行评估所得征税制度等。在采取一般性措施防范的基础上，针对纳税人的各种具体的国际逃避税行为，许多国家还制定了特别的国内法管制措施。典型的例子就是1972年的《联邦德国对外关系税法》。

针对跨国纳税人利用内部交易，通过转移定价和不合理分摊成本、费用逃避税的行为，各国主要通过正常交易原则和总利润原则来进行调整。

按照正常交易原则，关联企业各个经济实体之间的营业往来，都应按照公平的市场交易价格来计算。如果有人为地抬价或压价等不符合这一原则的现象发生，有关国家的税务机关可以依据这种公平交易市场价格，重新调整其应得收入和应承担的费用。

总利润原则的含义是按照一定的标准，将跨国企业的总利润分配给各联属企业，并不要求相关国家的税务部门直接审核联属企业间发生的每一笔收入和费用，而是听任它们按内部制定的转让价格来分配。

针对跨国纳税人利用国际避税港逃避税的行为，各国实行的法律管制措施可以分为三种类型：通过法律禁止纳税人在避税港设立基地公司：禁止非正常的利润转移；取消境内股东在基地公司未分配股息所得的延期纳税待遇，从而打击纳税人在避税港设立基地公司积累利润的积极性。

2. 通过国际合作解决国际逃避税

随着国际逃避税现象的日益严重，单纯依靠各国单方面的国内法措施，很难有效地管制国际逃税和国际避税行为，只有通过国际合作，综合运用国内法和国际法措施，才能有效地制止国际逃税和避税现象。目前，各国主要通过建立国际税收情报交换制度、在税款征收方面相互协助、在国际税收协定中增设反套用协定条款等国际合作方法来防止国际逃避税。如1967年联合国成立的税务专家小组强调通过包括国家制定反避税法以及国际合作打击国际逃避税的行为，提出一个要求交换财政情报的协定条款，具有极大的意义。再如1979年《联合国范本》为发达国家与发展中国家签订双重税收协定提供了示范。

（十四）国际税收协定

1. 概念

国际税收协定（International Txation Agreement）是两个或两个以上主权国家为了协调相互之间的税收分配关系和处理税收方面的问题而签订的双边或多边书面文件。

根据签订和参加协定的国家数量的多寡，国际税收协定可分为双边税收协定和多边税收协定；按协定适用的税种的不同，则可分为关税协定、增值税协定、所得税协定和财产税协定；根据协定涉及的内容范围不同，又可分为一般或综合性税收协定和特别或专项性税收协定。

2. 历史发展

最早的双重征税协定是1872年8月瑞士与英国签订的关于避免对遗产的双重征税协定。而国际上第一个综合性的避免对所得的双重征税协定，是1899年6月奥匈帝国和普鲁士所缔结的税收条约。回顾历史，可以发现，双重征税协定的发展经历了一个内容由简单到综合、条款由各具特色到规范统一的演进过程。

3. 两大范本

目前，国际上比较有影响的国际税收协定格式文件有《经合组织范本》和《联合国范本》。《经合组织范本》（全称《关于对所得和财产重复征税协定范本》）于1977年由经济合作与发展组织制订并公布。该范本强调对居民的税收管辖权，对收入来源地税收管辖权有所限制，对资本输出国较为有利，因此多为发达国家所采用。《联合国范本》（全称《关于发达国家与发展中国家间双重征税的协定范本》）于1979年由联合国经济及社会理事会制定并通过。该范本侧重于强调来源地税收管辖权，对资本输入国较为有利，因而多为发展中国家所采用。目前，各国之间缔结的税收协定基本上参照了《经合组织范本》和《联合国范本》。

4. 主要作用

国际税收协定的作用主要有：

（1）协调缔约国之间的税收管辖权的行使，避免和消除缔约国之间产生的国际双重征税，减轻跨国纳税人的不合理的税收负担。

（2）加强国家间的税务合作，互通税收情报，防止国际逃税和避税。

（3）消除缔约国的税收方面的国际歧视，保护跨国纳税人的税收利益。

（十五）国际税收协定的主要内容

1. 协定的适用范围

（1）协定在空间和时间上的效力范围。从协定在空间上的效力范围上看，协定在地域上的适用范围一般与缔约国各方税法有效适用的地域范围一致。缔约国税法有效适用的地域范围，包括缔约国领土、领海、领海以外缔约国根据国际法拥有勘探开发海底和底土资源以及海底以上水域资源权利的区域。

从协定在时间上的效力范围上看，通常协定从生效后的下一个纳税年度起适用。双重征税协定一般长期有效，但缔约双方往往也规定自协定生效起若干年后（通常为5年）可以单方面通知的方式终止协定。

（2）协定对人的适用范围。现代各国之间签订的双重征税协定除个别条款外，一般都明确规定仅适用于具有缔约国一方或双方居民身份从而对缔约国负有居民纳税义务的纳税人。因此，只有被认定为是缔约国一方居民的纳税人，才能享受协定中的优惠待遇。各国税收协定中“缔约国一方居民”的用语通常是指按照缔约国法律，由于住所、居所、管理场所或其他类似性质的标准，负有纳税义务的人。

（3）协定适用的税种范围。通常而言，协定只适用于以所得或财产价值为征税对象的税种，即缔约国的双方各自开征的各种属于所得税或一般财产税性质的税收。协定通常要具体列出缔约双方各自适用于协定的现行税种，同时考虑到协定签订后可能会进行修改，一般还规定也适用于签订后缔约国任何方增加或代替与现行税种相同或实质相似的税收。

2. 对各类跨国所得和财产的征税权的划分

缔约国双方对跨国所得和财产的征税权划分，其中跨国所得的征税主要是对各项所得作出课税安排，解决缔约国间关于各项所得在征税权上如何划分的问题，是协定的核心。对财产的征税，主要是对不动产与各种动产的征税权进行划分和确定。

3. 消除双重征税的方法

这部分主要涉及两个方面的内容：一是关于征税权的划分；二是消除重复征税的方法分为免税法和抵免法两种方法，由缔约国双方协商选择使用。

4. 防止国际逃税与避税

目前对此问题的国际合作仅限于利用情报交换这一手段。

5. 税收饶让抵免

税收饶让抵免也称税收饶让（Tax Spring），是指居住国政府对本国纳税人国外所得因来源国给予税收减免而未实际缴纳税款，应视同已缴纳税款而给予抵免的制度。

大多数发展中国家在与发达国家签订税收协定时，都要求发达国家实行税收饶让。在我国，主要采用直接、限额、饶让抵免等方式。

6. 税收无差别待遇

税收无差别待遇，即反对税收歧视，主要含义是保证缔约国一方给予缔约国另一方的纳税居民的待遇不低于给本国居民的待遇。

7. 特别规定和最后规定

特别规定主要是关于国际税收上的无差别待遇、相互协商程序、情报交换、外交代表及领事官员税收豁免等特殊事项的规定。最后规定主要涉及协定的生效和终止、文字效力等问题的规定。

（十六）国际税收协定的实施

通常来说，国际税收协定一经缔结，就应通过缔约各国得到实施。

1. 关于国际税收协定的法律效力问题

（1）国际税收协定与国内法相互补充、相互配合。

（2）当国际税收协定与国内税法产生矛盾和冲突时，应坚持国际税收协定优于国内税法。但国际税收协定不能完全脱离国内税法，也不能代替国内税法，更不能干涉国内税法的制定与变更。

2. 关于利用第三国税约的问题

这是纳税人滥用税收协定进行国际避税的方式。利用第三国税约（Treaty Shopping）是指两国没有签订税收协定或签订的税收协定对纳税人提供优惠待遇利益较少的情况下，纳税人利用第三国与对方国家签订的税收协定来享受协定所规定的优惠待遇，它一般是通过在协定的缔约国一方境内设立一个具有该国居民身份的导管公司（通常采用子公司的形式），从而间接享受了该税收协定提供的优惠待遇，减轻或避免了其跨国所得本应承担的纳税义务。目前世界上一些国家已注意这一问题并开始采取一定措施加以防止。

（十七）双重征税协定与缔约国国内税法的关系

双重征税协定与缔约国国内税法，都是统一的国际税法规范体系的组成部分。它们之间的关系，表现在以下几个方面。

1. 协定和国内税法的功能和作用各有侧重

缔约方征税权的创设、课税对象范围和程度以及征税程序方式的确定，主要由国内税法确立。而双重征税协定的作用，在于运用冲突规范限制缔约方一方的来源地税收管辖权，同时规定缔约方另一方在行使居民税收管辖权时应该采取的消除双重征税措施。协定对缔约方通过国内税法确定的税收管辖权的调整，只能是维持其原状或是加以限制，而不能为缔约方创设或扩大征税权。

2. 协定与国内税法彼此配合、互相补充

一方面，协定中的冲突规范和实体规范的功能和作用，需要缔约方国内税法上的有关实体和程序规范的配合补充，才能得以实现；另一方面，对于协定本身未明确定义的用语，按照协定的解释规则，允许依照缔约方国内有关税法概念进行解释。

3. 在二者发生冲突的情况下，原则上协定条款应优先适用。

但是，协定优先适用的地位不是绝对的，因为跨国纳税人越来越频繁地利用双重征税协定进行国际避税。在纳税人滥用税收协定的情况下，国内反避税规定的适用，应不受协定条款的影响。

（十八）国际税收协定的滥用和反滥用

1. 概念

国际税收协定的滥用是指非缔约国双方的居民通过各种途径获得税收协定的优惠待遇，使税收协定滥用者获取了他本应不能享受到的优惠，从而达到跨国避税的目的。

2. 消极影响

滥用国际税收协定会产生许多不良后果，其中主要包括：

（1）有悖于国际税收协定的互惠原则，造成缔约方的税收损失；

（2）对缔约方有关国内税收立法形成冲击，破坏了缔约方给予税收优惠的前提条件；

（3）不利于鼓励国际税收协定的缔结。

3. 主要方法

滥用国际税收协定的主要方法和途径有：利用第三国税约设立基地公司（子公司）或者设立导管公司（中介公司），来规避税收。

4. 防范的法律措施

（1）国际法救济措施。防止国际税收协定滥用的救济途径，包括国际法救济和国内法救济。其中，国际法救济主要包括：①禁止法；②排除法；③透视法；④征税法；⑤渠道法。

（2）国内法救济措施：针对国际税收协定的滥用，在国内法上的救济方法是设立专门法律条款。在立法中，较早提出滥用税收协定并反对滥用税收协定的是瑞士的《1962 年法令》，但最早提出这个问题的不是瑞士，而是瑞士的税收协定另一方缔约国美国、法国提出来的，这些国家认为它们与瑞士签订的税收协定加上瑞士本身的税收制度，可以被它们国家的纳税人利用来避税。

（十九）中国对外双边税收协定的实践

自 1978 年实行对外开放政策以后，中国才开始同外国缔结税收协定的工作。最早签订的单项税收协定是 1979 年 1 月 23 日在巴黎签订的《中华人民共和国政府和法兰西共和国政府关于互免航空运输企业税捐的协定》。为了适应改革开放的形势，从 1981 年起，中国对外开始进行缔结综合税收协定的谈判工作。截至目前，我国已对外正式签署一百多个避免双重征税协定。

中国对外签订税收协定主要采用收入来源国税收管辖权优先原则、平等原则、友好协商原则、税收饶让抵免等基本原则。我国对外签订的双边税收协定基本上采用《联合国范本》的条文结构。关于常设机构，一般依《联合国范本》的规定，以连续存在 6 个月以上者才视为常设机构。关于预提税的征税，一般规定的预提税的限制税率均不超过 10%。关于个人劳务所得的征税，分别对独立劳务所得与非独立劳务所得实行不同的税收待遇。关于独立的个人劳务所得，应仅由居住国行使征税权，但如取得独立劳务所得的个人在来源国设有固定基地或者连续或累计停留超过 183 天者，则应由来源国征税。关于非独立个人劳务所得，一般规定原则上应由来源国行使征税权。

二、案例评析

（一）帕瓦罗蒂涉税案

【基本案情】

世界著名歌唱家帕瓦罗蒂，1935 年生于意大利，1983 年宣布移居摩纳哥的蒙特卡洛。1996年，意大利税务部门在检查中发现，1989—1991年，帕瓦罗蒂的音乐唱片销量剧增，他本人因此获得了大笔收入，但未向税务部门缴纳分文税收。于是，帕瓦罗蒂家乡摩德纳所属的博洛尼亚大区税务部门认为，他是通过“假移民”手段逃避意大利税收，因此将这位歌唱家告上了法庭。2000年7月，帕瓦罗蒂和税务部门达成庭外协议，帕瓦罗蒂一次性向税务部门补缴税款250亿里拉（约合1 250万美元）。

2000年4月，帕瓦罗蒂又被指控有骗税行为。2001年2月，帕瓦罗蒂第三次被指控。检察机关说他在1989—1995年，未申报的应税收入为350亿—400亿里拉，合1 660万—1 900万美元，因此又一次把帕瓦罗蒂告上法庭。

帕瓦罗蒂认为自己是在国外工作的意大利公民，只需要向演出所在地的政府缴税；自己已正式移居摩纳哥的蒙特卡洛多年，并一直长年居住在那里，已不是意大利的税收居民；而且自己每年在世界各地进行巡回演出，其收入也不是在意大利获得的，因此不需要向意大利税务部门缴纳税款，对他进行起诉是没有依据的。

【争议焦点】

本案中双方争论的焦点是帕瓦罗蒂是不是意大利的税收居民，他在世界各地获得的收入要不要向意大利税务部门缴纳所得税。

【案例分析】

在税收管辖权上，意大利是同时实行居民管辖权和收入来源地管辖权的国家，也就是说，只要是意大利的税收居民，就要对其取得的所有收入向意大利政府纳税，不管这些收入来自国内还是国外。意大利检察官认为帕瓦罗蒂是假移民、真逃税。检察官指出，帕瓦罗蒂虽然在1983年宣布移居摩纳哥的蒙特卡洛，但据调查，他每年在蒙特卡洛的居住时间都未满6个月，而大部分时间仍是在意大利度过的，他仍是意大利的税收居民。帕瓦罗蒂在摩纳哥的那座价值20万英镑的公寓占地面积不到100平方米，其面积、设施与帕瓦罗蒂的身价不符，不能算是一个永久居住的地方，而他在意大利的房产价值远远超过他在摩纳哥的房产价值。因此，意大利税务当局认定用帕瓦罗蒂拥有住所这一法律事实来判定其是否为征税国的居民，而不问该自然人的国籍。对于何为住所，各国的规定不一，主要有主观说、客观说和折中说。法国税法规定，凡在法国境内拥有永久性或经常性住所的个人，均为法国税法上的居民。有的国家还结合自然人的定居意愿来判定其是否为居民纳税人，如《荷兰税法》规定，自然人在荷兰有家庭、住处或有长期居住意向就为荷兰的居民纳税人。单纯采用住所标准的各国往往同时兼用其他标准以弥补住所标准的不足。二是居所标准，以自然人在征税国是否拥有居所这一法律事实来判定其是否为征税国的居民。居所这一概念，在各国税法上的含义可能不尽相同，但一般是指一个人在某个时期内经常居住的场所，并不具有永久居住的性质。大多数国家采用居所与居住时间相结合的标准来判定自然人的居民身份。三是居住时间标准，以自然人在一国居住或停留的时间长短来判定其是否为该国居民，而不考虑其在征税国境内是否拥有财产或住宅等因素。四是国籍标准，凡是具有本国国籍者，不论其居住何处，也不论其与本国是否存在实际的经济利益联系，都是本国税收上的居民。五是意愿标准，一个自然人在行使居民税收管辖权的国家内有长期居住的主观意图或被认定为有长期居住意愿的，即为该国的居民纳税人。当今国际社会，多数国家同时采用住所或居所标准和居住时间标准，纳税人只要符合其中一个标准即被视为该国居民，鲜有国家仅采用单一标准。

本案中，意大利的税法兼采了住所和居住时间标准，具体而言，①在意大利办理了居住人口登记；②在意大利有利益中心和经营地；③在一个财政年度内在意大利停留了183天以上，即被认为是意大利的居民纳税人。本案中，从户口登记和居住时间来看，帕瓦罗蒂不构成意大利居民，但他在意大利的财产足以证明其经济利益中心在意大利。虽然帕瓦罗蒂说他的永久住所在蒙特卡洛，而且在那里有一栋价值20万英镑、占地100平方米的公寓式房屋，但他在意大利的摩德纳也有一套豪华住宅，其中包括15个公寓和1个花园，价值200万英镑，由帕瓦罗蒂和前妻共有。同时他在意大利的佩萨罗还有一间别墅，价值120万英镑。按国际惯例，如果一个人在两个或两个以上国家同时有住所，应该认为与其个人经济关系更密切的住所是永久住所。本案中，帕瓦罗蒂的主要房产在意大利，因此其经济利益中心在意大利，按住所标准，帕瓦罗蒂也应当被判定为意大利税收居民，应就其世界范围所得，而不是仅就其来源于意大利的所得向意大利纳税。

【延伸思考】

1. 美国、中国、日本、欧盟等主要国家和地区在居民身份认定标准的现行规定是什么？

2. 如何协调国家间的税收利益，解决各国自然人居民判定标准的冲突？

（二）国际重复征税案

【基本案情】

某甲在A国有自己的居所。2009年，甲离开A国去B国从事经营活动，在B国居住了150天并取得了一笔收入。甲回到A国，先后收到了A国和B国要求其缴纳个人收入所得税的纳税通知。根据A国税法规定，A国公民离开A国满180天的为A国非居民；根据B国税法规定，凡在B国居住满90天的个人为B国居民。

【争议焦点】

本案的争议焦点在于该情况是否属于国际重复征税？如何认定重复征税？

【案件分析】

本案涉及的法律问题是法律性国际重复征税，某甲在A国有居所，离开A国前往B国从事经营活动，在B国居住了150天并取得了一笔收入。根据A国税法规定，某甲在A国有居所且离开A国未满180天，因此A国认定某甲为A国的居民纳税人，可以对其行使居民税收管辖权，就其境内外的收入所得征收税款。然而B国根据该国税法，凡在B国居住满90天的个人认定为B国居民，从而认定某甲为B国居民纳税人，也主张对其行使居民税收管辖权，就其境内外的收入所得征税。从而出现了A国与B国之间的居民税收管辖权之间的冲突，导致某甲在B国的同一笔收入所得需要同时向A国与B国纳税，同时承担无限纳税义务，导致法律性国际重复征税。

国际双重征税的产生是有关国家所主张的税收管辖权在纳税人的跨国所得或财产价值上发生重叠冲突的结果。这种税收管辖权之间的冲突，主要有以下三种：一是居民税收管辖权与来源地税收管辖权之间的冲突；二是居民税收管辖权与居民税收管辖权之间的冲突；三是两个国家的来源地税收管辖权之间的冲突。一纳税人有来源于他国的境外所得，该国对其主张来源地税收管辖权，同时该笔所得收入被另一国认定为来源于其境内，也要对该纳税人主张来源地税收管辖权，于是出现这两个国家之间的来源地税收管辖权的冲突。以上国家间税收管辖权冲突的种种情形均可导致国际双重征税。

国际双重征税使从事跨国投资和其他各种经济活动的纳税人相对于从事国内投资和其他各种经济活动的纳税人，背负了沉重的双重税收负担，违背了税收公平和税收中性的税法原则。税收公平原则是指税收应基于纳税人的纳税能力予以课征，包括横向公平和纵向公平。①税收中性原则是指税收不应对纳税人的投资、经营决策产生影响。纳税人根据市场条件，准备对外投资，税收中性意味着税收不应干预或影响纳税人的投资取向和经营决策。纳税人对投资区域、行业和经营方式的选择，主要应由价值规律和市场竞争因素来支配。②国际双重征税造成税负不公，使跨国纳税人处于不利的竞争地位，势必挫伤其从事跨国经济活动的积极性，从而阻碍国际资金、技术和人员的正常流动和交往，从而对国际投资和国际经济交往产生扭曲影响。

【延伸思考】

1. 分析国际法律性双重征税与国际经济性双重征税的异同。

2. 重复征税的消极影响有哪些？

3. 归纳总结国际双重征税的规制原理。

（三）避免重复征税案件

【基本案情】

NatWest（国民西敏寺银行）是一家从事国际银行业务的英国公司。在1981—1987纳税年度，NatWest通过六个常设分支机构（统称为“美国分行”）在美国进行批发银行业务。在纳税争议年度的美国联邦所得税申报表上，NatWest要求扣除美国分行账簿上应计利息费用的扣除额。经审计，美国国税局（IRS）根据《财务条例》第1.882-5条规定的公式重新计算了利息费用扣除额。该公式不包括基于确定资产、负债和利息支出的考量而进行的分支机构间交易。该公式还根据固定比率或NatWest全球平均总负债与全球平均总资产之比估算美国分行持有的资本数量。根据美国国税局重新计算的利息费用扣除额，NatWest的应税收入在所涉年份增加了约1.55亿美元。NatWest得出结论，增加的收入将导致在美国产生至少3 700万美元的额外税收负担，而该笔税收无法在英国获得外国税收抵免。因此，NatWest根据《经合组织范本》第24条，要求英国与美国进入主管当局程序，以解决双重征税问题。根据主管当局的程序，英国向NatWest提出了和解要约，NatWest认为该要约未充分解决其双重征税问题。NatWest拒绝了和解要约，支付了额外的税款后，于1995年提起诉讼，声称IRS（Inter Revenue Service）向NatWest之类的国际银行申请第1.882-5条的规定违反了《经合组织范本》的相关条款。美国初审法院与联邦上诉法院均支持了NatWest的主张，认定IRS的计算方法有违《经合组织范本》所规定的独立企业原则。

【争议焦点】

双方的争议焦点在于适用独立企业原则的方式，包括公司内部贷款（即美国分支机构和NatWest其他分支机构之间的贷款）的利息支出，以及向美国分支机构分配资本。

【案例分析】

双方在初审法院和上诉法院均认可《经合组织范本》要求美国分行像从NatWest分离出来的企业（即“独立企业原则”）一样被征税。双方的争议在于适用独立企业原则的方式，上诉法院主要围绕上述两个问题进行了裁定。

1. 常设机构原则

所谓常设机构原则，是指一国的税收居民企业取得的跨境营业所得（利润）只应在居民国一方被征收所得税，如果该企业通过设在来源地国的常设机构进行营业，则归属于该常设机构的利润可以在该来源地国一方被征收所得税。

NatWest 在美国设立的 6 家分支机构被法院认定为常设机构，应就其获得的利润向美国纳税。

2. 《经合组织范本》相关条款

《经合组织范本》第 7（2）条规定：除适用第 3 款的规定以外，缔约方一方企业通过设在缔约方另一方的常设机构在该缔约方另一方进行营业，应将该常设机构视同在相同或类似情况下从事相同或类似活动的独立分设企业，并同该常设机构所隶属的企业完全独立处理，该常设机构可能得到的利润在缔约方各方应归属于该常设机构。

在确定常设机构的利润时，应当允许扣除其进行营业发生的各项费用，包括行政和一般管理费用，不论其发生于常设机构所在国或者其他任何地方。

法院认为对于《经合组织范本》第 7 条的解释首先应采用广义解释，即根据条约的所适用的语言来解释相关条款，除非采用广义解释明显与缔约方的打算或预期相冲突。因而，在条约采用措辞“不完全体现其目的”解释相关条款时必须实现其基本目的。

3. IRS 的纳税方式是否有违独立企业原则

针对 IRS 采用的应纳税款的计算方法，首先，上诉法院认为英国在《经合组织范本》于 1980 年正式生效前已在 1978 年认定其与独立企业原则相违而废除了该方法，说明作为缔约国之一的英国没有采用这种计算方法的打算。其次，对于 IRS 所采用的计算方法所依据的财税规则（Treasury Regulation 1977）第 1. 861 - 8 条，上诉法院认为该条并没有明确规定在确定可扣除的利息支出时，不考虑分支机构间的交易。且常设机构与其他关联企业的交易在适用《经合组织范本》有相关规定时，其相对于属于国内法规则的 1. 861 - 8 具有优先适用的效力。

上诉法院进一步对《经合组织范本》第 7（2）条所采用的“相同或相似”进行解读。上诉法院认为第 7（2）条对独立企业原则进行界定时所采用的“相同或相似”的表述应理解为美国分行开展商业活动时所开展的业务活动和条件。也就是说，对美国分行征税时，应将其视为与美国分行从事的活动“相同或相似”的单独企业，也将其视为与美国分行从事活动的条件“相同或相似”下经营。很明显，为正确理解“相同或相似”条款，第 7（2）条中所使用的“完全独立”一词要求税务机关仔细审查涉及常设机构的企业内部交易，以确保准确地界定交易的性质并反映独立交易原则和价格。“相同或相似”条件的表达似乎支持 NatWest 的立场，即美国分行应按照其实际运作情况进行纳税即使该分行的运营资金很少或没有免息资本。

在本案中，美国分行因其自有资本较低而需要在获得总部资金支持时支付相关利息。法院认为，《经合组织范本》的签署方期望由常设国际金融企业（例如 NatWest 美国分公司）产生的利息支出可以在与该常设机构的日常活动有关的范围内扣除。而 IRS 采用的估算利息公式拒绝抵扣该分支机构因其（实际）资本账户未达到美国国内法所规的独立机构所需的“自我营运资金”而支付的利息是没有根据的。

（四）克罗南伯格诉美国国内收入局改变国籍避税案件

【基本案情】

克罗南伯格是一名美国人，同时保留了瑞士国籍。1955 年至 1966 年，克罗南伯格及其妻子共同拥有 PIC 公司 95.30% 的股份，并出任该公司董事。后来克罗南伯格决定出售其公司并考虑移居瑞士。PIC 公司股东投票表决进行清算，预计一年后完成。克罗南伯格从其财务顾问处得知，如其在获得清算分配之前放弃美国国籍，那么该笔分配收益就不承担对美国的纳税义务。此后，克罗南伯格即匆忙投入工作，委托律师准备清算文件，出售了住宅，为其全家移居瑞士做各种安排。PIC 公司于 1967 年 2 月 20 日完成公司清算。克罗南伯格指示其律师在可能做到的最晚时间再对 PIC 财产进行分配。克罗南伯格及其家人于 2 月 21 日离开美国，次日到达苏黎世。2 月 23 日，他和妻子宣布放弃美国国籍。依其指示，他的律师在 2 月 24 日将 PIC 公司财产转入其私人账户。根据上述证据，法庭认为克罗南伯格出具的证据根本不能证明其不存在避税目的，从而判定征税。

【争议焦点】

本案涉及的法律问题主要是跨国自然人纳税人如何通过纳税主体的跨国移动进行国际避税。

【案例分析】

本案中，美国对自然人的纳税义务是由其国籍决定的，自然人想摆脱美国的公民税收管辖权，唯一途径是放弃美国国籍，获得别国国籍，克罗南伯格正是想通过改变国籍，放弃美国国籍而摆脱美国公民税收关系权的制约，从而不承担在美国纳税的义务。一般而言，国籍的变更受国籍法和移民法的制约，因为改变国籍对国家税收有影响，因此各国一般都实行严格管理。此外，自然人还可以以下方式实现国际避税：住所、居所的迁移：住所的短期迁移，再迁回原来的居民国，这被称为假移居；缩短居住时间和短期离境；成为临时纳税人等方式。

本案中，克罗南伯格得知，如其在获得清算分配之前放弃美国国籍，那么该笔分配收益就不承担对美国的纳税义务。随后其委托律师准备清算文件，出售了住宅，为其全家移居瑞士做各种安排。2 月 20 日，PIC 完成公司清算。克罗南伯格指示其律师在可能做到的最晚时间再对 PIC 财产进行分配。克罗南伯格及其家人于2 月 21 日离开美国，次日到达苏黎世。2 月 23 日，他和妻子宣布放弃美国国籍。依其指示，他的律师在 2 月 24 日将 PIC 财产转入其私人账户。从以上种种行为可以推断出克罗南伯格试图通过放弃美国国籍的方式来规避美国居民税收管辖权的意图非常明显。克罗南伯格的做法实质上是纳税主体的跨国移动，改变国籍就是改变纳税主体与税收管辖权之间的联结因素。克罗南伯格避税意图明显，因此，法院判决克罗南伯格的行为属于避税行为，应就其收入向美国纳税。

本案涉及的另一个法律问题是对跨国纳税人通过纳税主体的跨国移动进行国际避税的行为，应该如何进行规制。对自然人跨国移动的国际避税行为的管制主要包括：一是对自然人避税性移居的制约。个人的移居自由得到许多国际规范性法律文件和各国法律的保障，因此很容易被跨国自然人利用进行国际避税，同时对自然人避税性移居进行限制也并非易事。许多国家利用对自由移居原则的例外规定，来禁止自然人离境。如许多国家规定欠税者不得离境，然而对没有违法的避税意图的移居者则不能禁止其离境。对于有避税意图的自然人的跨国迁移，有些国家采取了强制措施，使该自然人在移居后很长一段时间内，在其原居民国或国籍国仍负有纳税义务。例如，本案中，克罗南伯格原本具有美国国籍，受美国公民税收管辖权的制约。美国法律规定，如果一个美国人以逃避美国联邦所得税为主要目的而放弃美国国籍移居他国，美国在该人移居后的 10 年内保留对其征税权。美国税务机关通过对该人滞留在美国境内的银行存款、房地产等财产的留置权，对该人实行有效的征管。如果该人不纳税，则可以从其在美国的财产中扣除。美国法庭认定克罗南伯格具有国际避税的意图，据此判定其仍需要向美国承担纳税义务。二是不承认假移居，对居住天数严格计算。对各种以避税为目的的假移居和临时移居，原居住国可以采取不予承认的方法来约束。

对法人国际逃税与国际避税的管制包括：加强对迁移出境的控制；对转移营业和资产的限制；防止法人利用公司重组进行避税；取消延期纳税节制对避税地公司的使用；在税收征管与税务司法中运用“实质重于形式”的原则，该原则是指法律上不承认那些形式上合法而实质上违背立法意图的行为和安排。在税务司法中，法院不承认那些符合正式法律要求却没有充分商业理由的公司和交易。

【延伸思考】

1. 简析国际逃避税的成因与危害。

2. 比较逃税与避税的异同，并阐述区分两者在法律上的重要意义。

3. 归纳总结反避税的基本思路。

（五）苹果公司的避税模式

【基本案情】

苹果公司通过设立两家爱尔兰子公司和一家荷兰子公司来达到避税的目的。首先，在爱尔兰投资设立了实际在爱尔兰运营的全资子公司——苹果销售国际公司（Apple Sales International，ASI），由ASI在欧洲开展实际的经营活动，适用爱尔兰12.5%企业税率，而ASI在美国按照其打钩规则视同为不存在。其次，在荷兰设立荷兰子公司。该荷兰子公司在美国按照规则为非实体公司，视同不存在。最后，苹果美国母公司还在爱尔兰注册成立子公司苹果运营国际公司（Apple Operations International，AOI），并在英属维尔京群岛（BVI）设立鲍德温控股无限公司（Baldwin Holdings Unlimited）对其进行实际管理。因为爱尔兰政府为吸引国际企业，只要实际运营位于海外，原则上可以不用缴税，这家公司享有零税率优惠。

苹果美国母公司和AOI签订成本分摊协议，共同研发无形资产，共同拥有无形资产，但是此前苹果美国母公司正在研发无形资产，因此，后加入研发的AOI“加入费”以进行合作研发，后期在此基础上买断欧洲地区的无形资产所有权，且交易定价符合美国转让定价要求。当一个苹果客户在iTune市场上购买一首歌或一个软件的时候，购买费就进入了ASI手中。其中的许可费(RoyaltyPayment)支付到荷兰子公司时，这笔许可费可以获得税收减免(TaxReduction)，从而使得这一部分许可费免征爱尔兰12.5%的企业所得税。荷兰子公司将该笔款以缴纳许可费的形式转给AOI。根据《爱尔兰税法》，总部或者母公司在外国就认定为外国公司，且该爱尔兰运营公司把许可费收人汇到加勒比群岛总部时不需要向爱尔兰缴税。如此一来，购买费中的知识产权许可费就由ASI通过荷兰子公司流到AOI，并最终流向AOI的总部避税天堂加勒比群岛。在整个收入转移过程中，苹果只需要缴纳荷兰低廉的交易税和部分爱尔兰低廉的所得税。根据苹果公司对外披露的财务报表，截至9月30日的2012财年，苹果公司在美国以外盈利所得税率仅为1.9%。

2013年，欧盟成立了专项小组对成员国范围内的转移定价进行调查并于当年开启了对苹果公司的调查。2016年8月欧盟出具了相关报告，认定爱尔兰对于苹果公司的税收优惠构成有违欧盟规定的不正当的国家补贴，要求爱尔兰向苹果公司追回130亿欧元的“非法国家援助”。

当前，爱尔兰政府已与苹果公司方面签订《托管账户框架行动协议》

(*Escrow Framework Deed*) 以执行欧盟委员会作出的向苹果追缴130亿欧元“非法国家援助”的最终裁定。但对于欧盟的上述裁定，苹果公司表示不服，向欧盟相关法院提起诉讼，其汇入托管账户的“非法国家援助”是欧盟委员会自行计算、确认的所得税加利息，这笔巨额资金的最终命运将取决于欧盟法院作出的最终判决。

【争议焦点】

该案如何转移定价?

【案例分析】

1. 转移定价

转移定价（transfer pricing）是指跨国公司内部的母公司与子公司之间、子公司与子公司之间提供产品、劳务或技术所采用的定价。基于实现减少税收的目的，为这些交易设定的价格以及基于这些价格计算的所得金额有助于增加一个子公司的利润，并减少另一个子公司的利润，从而确定两个实体的应税基础。因此，转移定价还涉及同一公司集团不同部分之间的利润分配，是跨国公司经常使用的国际资金调度管理的手段。因此，以这些转移价格来作为税基是不可靠的。为了避免转移定价减少税收，有必要确保应税收入的确定与私人经营者在类似情况下会申报的应税收入一致。欧盟委员会认为税务顾问提议并为爱尔兰税收局（Irish Revenue）在2007年的利润分配措施中所接受的方法实际上是转移定价5种常用方法中的交易净利润率法（thetransactional net margin method, TNMM）。交易净利润率法，是指按照没有关联关系的交易各方进行相同或者类似业务往来取得的净利润水平确定利润的方法。

2. 独立交易原则

独立交易原则（Arm's length principle）是全球普遍适用，用以判定转让定价合理性的最基本的原则，即关联企业之间的内部交易应视为独立企业之间的交易，符合正常交易的原则。独立交易原则是约束关联企业间交易行为和税务当局调整转移定价行为的共同准则。为应对转移定价所带来的税基侵蚀，OECD经合组织的《跨国企业和税务管理部门转移定价指南》2010版（Transfer Pricing Guidelines for Multinational Enterprises and Tax Administrations, OECD 2010）为“独立交易原则”的应用提供了指导，这是关于转移定价的国际共识，即出于税收目的对有关企业之间跨境交易的价格进行评估，独立交易原则要求关联企业之间的交易条件（价格、利润率等）与独立的交易双方在相似情形的类似交易中应当采用的交易条件一致。独立交易原则为关联企业和独立企业提供了同等的税收待遇，尽量消除跨国公司利用转移定价达到减少税收负担的目的。但是在具体贯彻实施中，经常会遇到一些困难。独立交易原则的运用，主要是基于受控交易的条件与独立方“可比”交易的条件之间的比较。但是作为参照对象的可比非受控交易有时难以寻找。欧盟委员会一般适用 OECD 的上述指南确定跨国公司内部交易是否符合独立交易原则。

3. 不当国家补贴

(1) 是否存在补贴。

《欧盟运行条约》第 107 条，宣布对积极生产、加工和销售符合国内市场的渔业和水产养殖产品的企业提供某些类别的援助。因此，要使一项措施符合被认定为与共同市场相抵触，就必须满足以下累积条件：①该措施必须属国家所为，并通过国家资源提供资金；②它必须赋予其接受者利益；③优势必须是选择性的；④措施必须扭曲或威胁扭曲竞争，并有可能影响成员国之间的贸易。

本案中的主要问题是，这些税收优惠措施是否会给苹果公司带来一定的优势，只要它能降低其在爱尔兰的应纳税额。如果可以证明存在选择优势，那么根据《欧盟条约》第 107 条第（1）款找到国家援助的其他两个条件就相对简单了。

①是否属于国家所为。有争议的税收措施是由爱尔兰政府机构——税收局提供的。在本案中，苹果公司使用这些税收措施来计算其在爱尔兰的企业所得税基础。爱尔兰税收局已接受这些计算，并在此基础上确定了应缴税款。

②是否有通过国家资源筹集资金的情况。有争议的税收措施导致苹果公司在爱尔兰的应纳税额降低，从而使爱尔兰政府失去了部分本可以获得的税收，这就导致了国家资源的损失。

③是否扭曲或威胁扭曲了欧盟共同市场的竞争。欧盟委员会认为苹果公司是一家活跃于全球的公司，在欧盟各个成员国开展业务，因此，任何有利于苹果公司的援助都会扭曲或威胁扭曲竞争，并有可能影响欧盟成员国之间的内部贸易。

④是否存在有选择的优势。欧盟委员会认为爱尔兰税务机构给予苹果公司的税收措施使得苹果公司所缴纳的税款低于类似的其他公司所缴纳的税款。

总之，在参照 OECD 的指南后，首先，欧盟委员会认为爱尔兰税务局和苹果公司所达成 1991 年的税收措施中的应税税基及苹果各子公司间的利润分配，是基于双方协商而没有通过参照可比交易加以证实的，且爱尔兰税务局也未按常规对此进行有关转移方面的调查并形成报告。其次，爱尔兰税务局对苹果公司 2007 年所采取的税收措施中虽采用了 TNMM 利润法来确定转移定价，但欧盟委员会认为该方法将运营成本作为净利润的指标是不妥的。再次，欧盟委员会认为在苹果公司几个子公司间的利润分配规则有违独立交易原则，如 AOE 所分摊的65%的成本并无任何数据支撑。基于上述理由，欧盟委员会认为有争议的税收措施不符合独立交易原则。而通过这些税收措施，爱尔兰税收当局赋予了苹果公司有利的地位，且这些偏离了实际经济数据的税收措施事实上使苹果公司享受了较类似其他公司更低的税负。因而，爱尔兰税务局的相关税收措施有违独立交易原则的范围，这些税收措施也应视为具有选择性。最后，欧盟委员会认为鉴于相关税收措施是在《欧盟运行条约》在爱尔兰生效后实施的，因此该措施构成了欧盟理事会（EC）659/1999号条例第1（c）条所指的新援助。

（2）补贴是否符合欧洲共同市场规则

如果符合TFEU（欧盟功能条约）第107条第2款和第107条第3款所列的例外情况，可以认为国家补贴措施与欧洲共同市场兼容。但是，爱尔兰所采取的相关税收措施并不符合例外情况的任何一条，该国也未就此进行抗辩。因此爱尔兰的相关税收措施而形成的国家补贴并不符合欧洲共同市场规则。

三、课后习题

1. 甲国人李某长期居住在乙国，并在乙国经营一家公司，在甲国则只有房屋出租。在确定纳税居民的身份上，甲国以国籍为标准，乙国以住所和居留时间为标准。根据相关规则，下列哪一选项是正确的？（ ）

A. 甲国只能对李某在甲国的房租收入行使征税权，而不能对其在乙国的收入行使征税权

B. 甲、乙两国可通过双边税收协定协调居民税收管辖权的冲突

C. 如甲国和乙国对李某在乙国的收入同时征税，属于国际重叠征税

D. 甲国对李某在乙国经营公司的收入行使的是所得来源地税收管辖权

【答案】B

【解析】

本题考查国际法中的居民税收管辖权。

A选项：居民税收管辖权，是指一国政府对于本国税法上的居民纳税人来自境内外的全部财产和收入实行征税的权力，居民包括自然人和法人，纳税人承担无限纳税义务。由于甲国以国籍为纳税标准，所以只要具有该国国籍，无论是否在该国居住，均为该国的纳税居民，李某为甲国人，因此，甲国既可以对李某在甲国的房租收入行使征税权，也可以对其在乙国的收入行使征税权。A选项错误。

B选项：由于各国在确定居民身份上采取了不同的标准，因此，当纳税人进行跨越国境的经济活动时，就可能出现两个以上的国家同时认定其为本国纳税居民的情况，该问题的协调主要是通过双边协定。甲、乙两国均可对甲国人

李某在本案中的收入行使居民税收管辖权，甲、乙两国可通过双边税收协定协调居民税收管辖权的冲突。B 选项正确。

C 选项：国际重复征税，是指两个或两个以上国家依据各自的税收管辖权按同一税种对同一纳税人的同一征税对象在同一征税期限内同时征税。国际重叠征税，是指两个或两个以上国家对同一笔所得向具有某种经济联系的不同纳税人各征一次税。因此，甲国和乙国对李某在乙国的收入同时征税，属于国际重复征税。C 选项错误。

D 选项：收入来源地税收管辖权，是指一国政府针对非居民纳税人就其来源于该国境内的所得征税的权利，纳税人承担有限的纳税义务。李某在乙国的收入并不是来自甲国，因此，甲国对李某在乙国经营公司的收入行使的不是所得来源地税收管辖权，而是依据其国籍行使的居民税收管辖权。D 选项错误。

综合上述分析，本题正确答案为 B 选项。

考点：

国际双重征税及其解决；国家税收管辖权及其表现形式

2. 为了完成会计师事务所交办的涉及中国某项目的财务会计报告，永居甲国的甲国人里德来到中国工作半年多，圆满完成报告并获得了相应的报酬。依相关法律规则，下列哪些选项是正确的？（　）

A. 里德是甲国人，中国不能对其征税

B. 因里德在中国停留超过了 183 天，中国对其可从源征税

C. 如中国已对里德征税，则甲国在任何情况下均不得对里德征税

D. 如里德被甲国认定为纳税居民，则应对甲国承担无限纳税义务

【答案】 BD

【解析】

本题考查税收管辖权。

A 选项：2019 年 1 月 1 日起修正实施的《中华人民共和国个人所得税法》第 1 条第 2 款规定“在中国境内无住所又不居住，或者无住所而一个纳税年度内在中国境内居住累计不满一百八十三天的个人，为非居民个人。非居民个人从中国境内取得的所得，依照本法规定缴纳个人所得税。”2019 年 1 月 1 日起修正实施的《中华人民共和国个人所得税法实施条例》第 3 条第（1）项规定：“除国务院财政、税务主管部门另有规定外，下列所得，不论支付地点是否在中国境内，均为来源于中国境内的所得：（一）因任职、受雇、履约等在中国境内提供劳务取得的所得……”根据上述法条，中国可根据来源地税收管辖权对其所得征税，A 选项错误。

B 选项：在各国税法上，对于独立个人劳务者，按照一般原则，或者在征

税国境内设有固定基地，或者在一个纳税年度内连续或累计停留达到征税国税法规定的天数（大多规定为183天以上），其所得均可由所得来源地国从源征税。但本案中，里德是为了完成会计师事务所交办的任务，并非以个人名义提供劳务，属于非独立劳务所得。对于非独立个人劳务者，国际法上通行的原则是非居民在所得来源地国受雇的所得，可由所得来源地国从源征税。但同时具备下列三个条件的，应当由其居住国征税：（1）在一个纳税年度内连续或累计停留不超过183天；（2）其报酬的支付人不是另一国国民；（3）其报酬不是由雇主设在另一国的常设机构或固定基地负担。B项中，因里德在中国停留超过了183天，不满足条件（1），所以中国可对里德的所得从源征税。B选项正确。

C选项：国家税收管辖权有两个类别：一类是居民税收管辖权；另一类是收入来源地税收管辖权。居民税收管辖权是指一国政府对于本国税法上的居民纳税人来自境内外的全部财产和收入实行征税的权利，居民包括自然人和法人，纳税人承担无限纳税义务。收入来源地税收管辖权是指一国政府针对非居民纳税人就其来源于该国境内的所得征税的权利，纳税人承担有限的纳税义务。里德为甲国人且永居甲国，甲国可依居民税收管辖权对其所得进行征税。若我国与甲国同时对里德进行征税，则形成国际重复征税，但可以通过抵免法等方式予以解决，并不为国际法所禁止。C选项错误。

D选项：居民税收管辖权，是指一国政府对于本国税法上的居民纳税人来自境内外的全部财产和收入实行征税的权利，居民包括自然人和法人，纳税人承担无限纳税义务。据此，依据居民税收管辖权国家有权对于本国税法上的居民纳税人来自境内外的全部财产和收入实行征税，纳税人承担无限纳税义务。D选项正确。

综合上述分析，本题正确答案为BD选项。

考点：

国际双重征税及其解决；国家税收管辖权及其表现形式

3. 甲乙两国均为WTO成员，甲国纳税居民马克是甲国保险公司的大股东，马克从该保险公司在乙国的分支机构获利35万美元。依《服务贸易总协定》及相关税法规则，下列哪些选项是正确的？（ ）

A. 甲国保险公司在乙国设立分支机构，属于商业存在的服务方式

B. 马克对甲国承担无限纳税义务

C. 两国均对马克的35万美元获利征税属于重叠征税

D. 35万美元获利属于甲国人马克的所得，乙国无权对其征税

【答案】 AB

【解析】

本题考查 WTO 和国际税法。

A 选项：WTO1995 年生效的《服务贸易总协定》通过四种服务贸易方式来调整服务贸易，包括：跨境供应、境外消费、商业存在、自然人存在。其中，商业存在是外国实体在另一国境内设立附属公司或分支机构提供服务的方式。A 选项正确。

B 选项：税收管辖权包括居民税收管辖权和来源地税收管辖权，马克是甲国纳税居民，对甲国承担无限纳税义务。B 选项正确。

C 选项：两个或两个以上国家依据各自的税收管辖权按同一税种对同一纳税人的同一征税对象在同一征税期限内同时征税是国际重复征税。国际重叠征税指两个或两个以上国家对同一笔所得向具有某种经济联系的不同纳税人各征一次税。国际重复征税和国际重叠征税的区别在于：①纳税对象不同。国际重复征税中是对同一纳税人的同一所得重复征税；国际重叠征税则是对不同纳税人的同一所得两次或多次征税。②纳税人不同：在国际重叠征税的两个纳税人中，就一般情况而论，至少有一个纳税人是公司；在国际重复征税中，有时只涉及个人，而与公司无关。③税种有可能不同：国际重复征税是两国按同一税种对同一所得重复征税。但是国际重叠征税中，如股东也是公司，则两国将按同一税种分别征税，如股东为个人，则一国按公司所得税征收，另一国按个人所得税计征。本题中，两国对同一人就同一所得各征一次税，属于国际重复征税而非重叠征税。C 选项错误。

D 选项：来源地税收管辖权，又称“收入来源国税收管辖权”，是指征税国对于在本国虽无税收居所，但却与本国有某种地域联系并从本国取得收益的外国个人或进行征税的权力。这里地域联系是指作为征税对象或纳税人的所得，与征税国存在着经济上的源泉关系。马克获利 35 万元的机构在乙国，与乙国存在地域联系，因此乙国有来源地税收管辖权。D 选项错误。

综合上述分析，本题正确答案为 AB 选项。

考点：

国际双重征税及其解决；国家税收管辖权及其表现形式；服务贸易总协定

4. 目前各国对非居民营业所得的纳税普遍采用常设机构原则。关于该原则，下列哪些表述是正确的？( )

A. 仅对非居民纳税人通过在境内的常设机构获得的工商营业利润实行征税

B. 常设机构原则同样适用于有关居民的税收

C. 管理场所、分支机构、办事处、工厂、油井、采石场等属于常设机构

D. 常设机构必须满足公司实体的要求

【答案】AC

【解析】

本题考查国家税收管辖权及其表现形式。

AB 选项：对非居民纳税人的跨国营业所得的征税，目前各国通常是采用常设机构原则。常设机构原则是指仅对非居民纳税人设在征税国境内的常设机构而获取的工商营业利润实行征税的原则。因此，常设机构原则不适用于居民纳税人。A 选项正确，B 选项错误。

CD 选项：常设机构包括管理场所、分支机构、办事处、工厂、车间、作业场所、矿场、油井、采石场等。由此可见，常设机构仅仅是一个企业的一个固定的营业场所，不是一个独立的法人，因此其设立不必满足于对一个公司实体的法律要求。C 选项正确，D 选项错误。

综合上述分析，本题正确答案为 AC 选项。

考点：

国家税收管辖权及其表现形式

5. 为避免或缓解国际重复征税，纳税人居住国可以采用的方法有哪些？（ ）

A. 免税制

B. 抵免制

C. 扣除制

D. 减税制

【答案】ABCD

【解析】

本题考查国际税法。

ABCD 选项：免税制，又称豁免制，是指一国对其居民来源于国外并已由来源地国家政府征收的那部分所得，在一定条件下放弃行使居民税收管辖权，允许从本国的应税所得中予以扣除，免于征税。抵免制，又称外国税收抵免，是配合冲突规范解决国际重复征税的方法之一，为世界上大多数国家所采用。按照抵免制，纳税人可将已在收入来源国实际缴纳的所得税税款在应向居住国缴纳所得税额内抵免。扣除制，是指居住国在对本国居民纳税人计征所得税时，允许纳税人将其在国外已纳税款作为费用，在其应税所得中扣除的制度。这在一定程度上减轻了纳税人的纳税负担，但却不能像免税制和抵免制那样地彻底避免国际重复征税。减税制：是用来缓解国际重复征税的一种方法，是居住国对本国居民来源于国外的收入给予一定的减征照顾，如对国外收入适用低税率或按国外收入的一定百分比计征税收等。居住国在来源国已经优先征税的情况下，通常会采取相应的措施来避免或缓解国际重复征税，可以采取的方法主要包括免税制、抵免制、扣除制和减税制。A、B、C、D 选项正确。

综合上述分析，本题正确答案为 ABCD 选项。

考点：

国际双重征税及其解决

6. 在国际税法中，对于法人居民身份的认定各国有不同标准。下列哪些属于判断法人纳税居民身份的标准？(　)

A. 依法人的注册成立地判断

B. 依法人的股东在征税国境内停留的时间判断

C. 依法人的总机构所在地判断

D. 依法人的实际控制与管理中心所在地判断

【答案】 ACD

【解析】

本题考查国际税法中法人身份的认定。

当前国际上对法人纳税居民身份的认定主要有三种标准：(1) 法人登记注册地标准，即依法人在何国注册成立来判别法人纳税居民的身份。(2) 实际控制与管理中心所在地标准，即法人的实际控制与管理中心所在地设在哪个国家，该法人即为哪个国家的纳税居民，董事会或股东大会所在地往往是判断实际管辖中心所在地的标志。(3) 总机构所在地标准，即法人的总机构设在哪个国家，该法人即为哪个国家的纳税居民，总机构通常指负责管理和控制企业日常营业活动的中心机构。一些国家在确定法人纳税居民身份时采取两个以上的标准。故 A、C、D 选项正确，B 选项错误。

综合上述分析，本题正确答案为 ACD 选项。

考点：

国家税收管辖权及其表现形式

第九章　国际经济贸易争端的解决

一、主要知识点

（一）国际贸易纠纷解决法概述

1. 国际经济争议

国际经济争议是指国际经济法主体在其相互的经济交往中所产生的法律争端。国际经济领域内的争议可以表现为不同国家的国民之间的国际经济争议，国家与本国国民或外国国民之间的经济争议以及国家之间的经济争议等形式，但绝大部分属于不同国家国民之间的争议。

国际经济争议的产生和存在，严重地阻碍着国际经济交往与合作的顺利发展，所以要确定一个切实可行的办法，公平合理地解决国际经济争议，促使国际经济交往与合作在平等互利的基础上顺利发展，则成为国际经济法的一项重要内容。

2. 解决国际经济争议的法律规范

国际法和国内法共同组成解决国际经济争议的法律规范。

（1）国际规范。国际社会为处理经济争端，签订了一系列国际条约。这类条约大体可分为三类：

①关于司法、仲裁和调解的国际条约。在司法方面，此类条约有 1954 年《民事诉讼程序公约》（*The Convention relating to Civil Procedure*）等。

在仲裁方面，有 1958 年《承认及执行外国仲裁裁决公约》（*Convention on the Recognition and Enforcement of Foreign Arbitral Awards*，以下简称《纽约公约》）。该公约对促进各国当事人以仲裁方式解决国际经济争端，具有重要的意义。1986 年 12 月 2 日，第六届全国人民代表大会常务委员会正式批准关于中国加入《纽约公约》的议案，同时声明作出“互惠保留”和“商事保留”。该公约于 1987 年 4 月 22 日对中国生效。这是中国首次在仲裁领域与国际相关法律制度接轨的重要举措。由于中国是《纽约公约》的成员方，在符合该公约规定的情况下，有关中外经济争端的仲裁裁决，无论在中国或该公约其他成员方作出，均能得到承认和执行。

在调解方面，2014 年 7 月，联合国国际贸易法委员会（UNCITRAL，以下简称贸法会）第四十七届会议决定拟订一部旨在鼓励通过调解方式解决商事争端的公约。

②专门处理国际经济争端的国际条约。《解决国家与他国国民间投资争端公约》和《WTO 协定》附件二《关于争端解决规则与程序的谅解书》（DSU）等专门处理国际经济争端的国际条约对处理国际经济争端的调解、仲裁方式或其他特殊解决方式作了具体规定。

（2）国内规范。除了国际法方面的规范以外，各国还通过涉外经济立法和民事诉讼法，具体规定了国际经济争端的调解、仲裁或司法解决方式。

仲裁法是这方面规范的重要组成部分。仲裁法是国家制定和确认的关于仲裁制度的法律规范的总称。如 1889 年《英国仲裁法》、1929 年《瑞典仲裁法》等专门制定的调整仲裁关系的法律；再如中国《民事诉讼法》（2017 年修订）第二十六章“仲裁”等国家制定或确认的关于仲裁的法律规范。在一些国家的仲裁法中，对调解程序也作了具体规定。

3. 解决国际商事争议的方法

就不同国家国民之间的争议解决方法而言，概括起来有两种：解决国际经济争议的司法方法和非司法方法。司法方法是指通过诉讼的方法解决国际经济贸易争议；非司法方法主要是指通过法院以外的方式解决争议的方法，如通过双方当事人的友好协商或谈判，或者由双方同意的第三人进行调解或仲裁。

（1）解决国际商事争议的司法方法。解决国际商事争议的司法方法是指一国法院内通过诉讼的方法解决国际商事争议的方法。

（2）解决国际商事争议的非司法方法。解决国际商事争议的非司法方法指通过法院诉讼以外的方式解决争议，如通过当事人自行协商或请求第三人介入调解而解决争议，这种方法又称为选择性的解决争议的方法（Alternative Dispute Resolution，ADR）。

（3）双方当事人协商谈判（negotiation）。协商指争议各方当事人在自愿互谅的基础上，按照有关法律、政策及合同条款的规定，直接进行磋商或谈判，自行达成协议，从而解决争议的一种争端解决方法，其特点是没有第三者的介入，而由当事人通过友好协商的方式，自行解决他们之间的争议。协商谈判的原则是自愿原则、平等互利和协商一致原则。

（4）双方当事人共同选择的第三者调解。调解是在第三者参与和介入下，通过其劝说引导，使国际经济争议当事人在互谅互让的基础上达成协议，以解决争议的一种方法。其特点是在第三者主持下进行。

调解应当遵循的原则是自愿原则、查明事实、分清是非、明确责任的原则和合法原则。调解又分为三类：民间调解、仲裁机构调解和法院调解。

（二）国际商事仲裁法

1. 仲裁的概念和分类

仲裁又称公断，是当事人自愿将他们之间已经发生或将要发生的争议交由第三方评判或裁决并约定自觉履行该裁决的争议解决制度。可分为以下三类：

国际仲裁是和平解决国际争端的法律方法之一，具体指争端当事国一致同意把他们之间的争端交给自己选任的仲裁人来裁判并承诺服从其裁决的一种解决争端的方法。特点是其解决的为国家间的争端，争端类型多种多样，如涉及国家主权和利益被侵犯的争端，涉及领土的纠纷以及关于海上中立法和海上捕获法等方面的争端。因此，它是国际公法研究的对象。

国内仲裁是专门解决一国国内商事或非商事争议的仲裁，其所解决的争议不具有涉外因素，即仲裁的主体、客体及导致产生争议的法律关系均在一国境内。其不全然是商事仲裁，还包括非商事性质的劳动仲裁等，属国内程序法研究的对象。

国际商事仲裁主要指自然人、法人和其他组织相互之间因商事交易而产生的具有国际因素或涉外因素的仲裁。其脱胎于国内商事仲裁，它以私法方面带有国际因素的争议作为主要的调整对象，既不同于国内仲裁，也不同于国际仲裁。

仲裁的优点在于效率高，费用较省，减少繁文缛节和更为谨慎；由于仲裁员的技术专长，裁决可望更为公正；仲裁员可以由当事人自己选择，审理具有保密性。

2. 国际商事仲裁的概念和特征

国际商事仲裁是目前运用最为广泛的国际商事争议解决方式，它与其他的国际商事争议的解决方式有着本质的区别。

国际商事仲裁是指国际商事争议双方当事人根据事前或事后所达成的协议，自愿将其国际商事争议交付第三者，由第三者按一定程序居中评断是非并作出裁决，该裁决对争议双方均有约束力的一种解决争议的方法。

（1）国际性的认定。国际商事仲裁与其他仲裁制度的根本区别在于它解决的是“国际性的”和“商事性质的”争议。各国对“国际性”的理解并不完全相同，大体可以分为三个标准。

①地理标准。指以“实际性连结因素”作为认定标准。包括自然人的国籍、住所或居所、法人的注册登记地、管理中心所在地以及仲裁地等，只要这

些联结点位于本国境外，即被视为国际性的争议。采用这一标准的国家有英国、瑞典以及一些阿拉伯国家。

②争议的国际性质标准。即对争议的性质加以分析，当争议“具有国际性质”或争议“涉及国家商事利益时”，就被视为“国际性”仲裁。

③复合标准。《联合国国际贸易法委员会国际商事仲裁示范法》兼采以上两项标准，对“国际性”作了广义的界定，以便于仲裁裁决的承认与执行。其第3条第3款规定：“一项仲裁是国际性的，如果仲裁协议双方当事人在签订该协议时，他们的营业地位于不同的国家；或下列地点之一位于双方当事人营业地共同所在的国家之外：（A）仲裁协议或根据仲裁协议确定的仲裁地；（B）商事关系义务的主要部分将要履行的任何地点与争议标的具有最密切联系的地点；或者双方当事人已明确地同意，仲裁协议的标的与一个以上的国家有联系。”

（2）商事性质的认定。与争议的“国际性”一样，“商事”这一概念的界定在国际商事仲裁中具有重要的意义：①它关系到争议事项是否可以通过仲裁的方式解决，进而决定了仲裁协议是否有效；各国立法均区分“商事”与“非商事”，只有前者才可通过仲裁方式解决，而后者只能通过诉讼方法解决。②争议是否属商事性质还决定了裁决作出后能否得到本国或外国法院的承认与执行。③《联合国国际贸易法委员会国际商事仲裁示范法》对“商事”一词作了广义的解释。

1982年12月12日，我国正式加入1958年《纽约公约》，但对互惠与商事作了保留。该公约于1987年4月22日对我国生效，我国最高人民法院于1987年4月22日《关于执行我国加入的〈承认与执行外国仲裁裁决〉公约的通知》第2条首次对商事一词作了司法解释，其界定是较宽泛的，与《联合国国际贸易法委员会国际商事仲裁示范法》的注释性规定基本一致。

（3）特征。与诉讼方式相比，国际商事仲裁具有其独特的特征：

①管辖权的非强制性。仲裁机构属于民间机构，双方当事人可自愿选择仲裁。

②当事人享有充分的自主权。当事人可通过仲裁协议自行选择仲裁机构、仲裁地点、仲裁员以及仲裁适用的程序法和实体法。

③裁决的“一审”终局性。仲裁程序终结后所作出的裁决一般都是终局性的，任何一方当事人均不得向法院起诉，也不得向其他机构提出变更仲裁裁决的请求。所以一般而言，采用仲裁解决争议往往比诉讼更为便捷。

④仲裁方式具有灵活性。程序简化，裁决快速，降低了解决有关争议所花的费用。

⑤中立性与保密性。仲裁员是当事人自己选择的，大多数国家的仲裁机构中都有相当比例的外籍仲裁员，且仲裁员的中立性还会得到有关法律或道德规范的约束。仲裁一般不公开审理，以利于保护当事人的商业秘密。

（4）国际商事仲裁的国际立法。为统一各国仲裁法，国际社会制定了若干国际商事仲裁公约，其中最具有影响力的是联合国1958年在纽约主持制定的《纽约公约》。此外，由世界银行1965年在华盛顿主持制订了《解决国家与他国国民间投资争端公约》(《华盛顿公约》)，部分内容也对国际商事仲裁作了重要规定。该公约建立了“解决投资争端国际中心”，为各缔约国和其他国家国民发生的投资争议提交国际仲裁提供了便利。

3. 国际商事仲裁的分类

从不同的角度，国际商事仲裁可以作如下分类。

（1）以仲裁机构的组织形式为标准，可分为：

①机构仲裁指由根据国际条约或国内立法而设立的常设仲裁机构进行的仲裁。其特点是：A. 常设仲裁机构是固定性的组织，具有自己的组织章程和仲裁规则；B. 有可供选用的仲裁员名册，可为当事人提供各种便利服务，实践中，指定常设机构进行仲裁是最为普遍的做法。目前，著名的常设仲裁机构主要有：国际商会仲裁院、解决国家与他国国民间投资争端的中心、美国仲裁协会、英国伦敦国际仲裁院、香港国际仲裁中心、中国国际经济贸易仲裁委员会等。

②临时仲裁又称特别仲裁，是由争议当事人指定的仲裁员自行组成的仲裁庭开展的仲裁。临时仲裁庭对特定案件审理完毕并作出仲裁裁决后即自动解散。其具有较大的灵活性，如当事人对仲裁的各个环节具有完全的控制权；当事人不受固定的时间限制，因而较为符合特定案件的实际情况；仲裁费用相对较低以及仲裁速度相对较快。

（2）以仲裁员是否必须依照法律作出裁决为准，可分为：

①友好仲裁是仲裁庭在争议当事人授权的情况下，认为适用严格的法律会导致不公平的结果，转而依据公平善意的标准作出对争议当事人有约束力裁决的一种仲裁方式。目前我国尚不承认友好仲裁。

②依法仲裁指仲裁庭严格依据有关法律进行的仲裁。

（3）以仲裁的主体不同可分为：

①私人间仲裁：指争议当事人均为自然人、法人或其他经济组织的仲裁。

②国家为一方当事人的仲裁：指一方为主权国家，另一方为另一国私人的商事仲裁，又称为跨国仲裁。1965年缔结的《华盛顿公约》设立的解决国家与他国国民间投资争端的中心是唯一一个专门解决一个缔约国与另一个缔约国国民间投资争议而设立的国际常设仲裁机构。

4. 国际商事仲裁的性质

关于国际商事仲裁的性质，主要有四种理论：

（1）司法权理论。司法权理论认为仲裁虽然源于当事人之间的仲裁协议，但一国法院始终具有管理和控制在其境内进行仲裁的权利。

（2）契约理论。契约理论强调仲裁的契约性特点。首先，仲裁是基于当事人之间的仲裁协议而设立的，而仲裁协议本身就是合同；其次，仲裁的组成体系主要是争议当事人通过仲裁协议自行确定的，如通过仲裁协议，当事人可以自由选择仲裁员、仲裁的组织形式、仲裁的程序规则和实体规则等；最后，仲裁裁决的强制执行力也属于合同约束力的范畴，即当事人信守合同必须执行这一合同法的基本原则。

（3）混合理论。该种理论持一种折中的观点，认为仲裁兼具司法与契约的双重性质。第一，当事人缔结的仲裁协议无疑是一种契约，它体现了当事人在仲裁中的高度意思自治，具有明显的私法特征；第二，仲裁协议的效力要依赖于有关的法律准则，仲裁的程序规则也不能违反有关的国内法，同时仲裁的顺利进行同样离不开国内法院的支持和监督。因此仲裁又具有明显的公法因素。

（4）自治理论。该理论主张商事仲裁是商人注重实效的实践结果，强调仲裁协议和仲裁裁决之所以具有强制性，是各国商人顺利处理国际商事关系的基本需要。

（三）国际商事仲裁协议

仲裁协议是双方当事人所达成的表示愿意把他们之间可能发生或已经发生的争议交付仲裁的协议。它是仲裁机构受理案件的依据。有三种类型：

（1）仲裁条款。指当事人在签订国际商事合同时，在该合同中订立的表示愿意把将来可能发生的争议提交仲裁解决的一种专门条款。

（2）提交仲裁的协议。也叫仲裁协议书，指双方当事人于争议发生后订立的，表示愿意把已经发生的争议交付仲裁的一种专门协议。

（3）能证明双方愿意将争议交付仲裁的共同意思表示的其他书面文件，如双方往来的信函、电传和电子邮件等。

国际商事仲裁协议的主要内容有：仲裁地点、仲裁机构、仲裁程序规则、提交争议的事项。

根据有关仲裁的国际条约和大多数国家仲裁立法的规定，仲裁协议具有以下法律效力。

（1）仲裁协议是当事人提交仲裁的依据。

（2）仲裁协议是仲裁员和仲裁机构受理争议案件的依据。

（3）仲裁协议对法院具有排除其司法管辖的法律效力。

（4）仲裁裁决具有强制执行力。

（5）指引仲裁程序的法律效力。

（四）仲裁协议的有效要件

由于仲裁协议本身就是一个合同，因此仲裁协议的效力也应从以下四个方面进行考查。

1. 仲裁协议应是当事人真实意思的表示

（1）当事人首先要有请求仲裁的意思表示，而这种意思表示通常能通过各种书面形式加以证明；

（2）该意思表示应是自愿、真实的，一方采取胁迫手段迫使对方订立仲裁协议的，该协议无效；

（3）当事人要求仲裁的意愿应当明确、肯定，而不应模棱两可，否则该仲裁协议可能被判定为无效。

2. 仲裁协议应当采用书面形式

《联合国国际贸易法委员会国际商事仲裁示范法》第 7 条第 2 款规定：①书面的仲裁协议包括了通过能够"提供协议记录的其他电讯手段"订立的仲裁协议，如电子商务时代的电子数据交换及电子邮件等现代通信手段；②争议当事人提交仲裁文件和不对仲裁管辖提出异议的行为可以作为认定当事人之间存在书面仲裁协议的依据。

3. 订立仲裁协议的当事人应具备完全的民事行为能力

1985 年《联合国国际贸易法委员会国际商事仲裁示范法》第 36 条、1958 年《纽约公约》第 5 条第 1 款规定，如订立仲裁协议的当事人依对其适用的法律有某种无行为能力情形者，缔约国可以拒绝承认和执行该项裁决。

4. 争议事项可以采用仲裁的方式解决

在国际经济交往中，通常只有商事性质且当事人可以自行和解的事项才可通过仲裁的方法加以解决。争议的可仲裁性具有重要的法律意义，首先，它关系到有关仲裁协议的效力；其次，它还决定了依据有关仲裁协议作出的仲裁裁决的效力及该裁决是否能够得到相关国家法院的承认与执行。

（五）仲裁协议有效性的法律适用

关于仲裁协议是否有效，应适用仲裁地所在国法律。

（六）仲裁条款的独立性问题

1. 理论依据

仲裁条款的独立性，又称仲裁条款的自治性，指当某一国际商事合同被确认为无效或失效时，包含在其中的仲裁条款并不必然无效或失效。依该理论，仲裁条款是独立于主合同的一个独立的协议。仲裁条款的独立性原则已得到大多数国家的立法以及常设仲裁机构的仲裁规则的确认。法国最高上诉法院在1963年的“戈塞特案”中最早提出了仲裁条款的效力可独立于主合同的主张。

（1）仲裁条款是独立于主合同的一项特殊协议。主合同规定的是当事人在商业利益方面的权利与义务关系，而仲裁条款则规定的是发生争议后解决争议的方式。当事人订立仲裁条款的目的在于约定通过何种方式解决可能发生的纠纷，它的实施必须以主合同的履行发生困难或争议为前提，并作为主合同不能履行或不能完全履行时的一种救济手段而存在。

（2）如任何一方当事人可以通过声称主合同自始无效而否认仲裁条款的效力，则对载有仲裁协议的合同当事人一方而言，将始终有机会仅简单声称合同无效而达到剥夺仲裁庭管辖权以及解除自己参与仲裁的目的，如这种情况存在，则以仲裁方式解决商事争议的意义也将不复存在。

（3）依据《纽约公约》及大多数国家的国内立法，一国法院在承认与执行外国仲裁裁决时，通常不对裁决所涉的实体问题进行审查。

2. 我国的立法与实践

《仲裁法》《合同法》《中国国际经济贸易仲裁委员会仲裁规则》均承认仲裁条款的独立性原则。我国1998年最高人民法院的一次司法批复中首次确认，即使一方当事人在履行合同过程中实施侵权行为，合同中的仲裁条款并不因此失效。

（七）国际商事仲裁机构及其规则

国际商事仲裁机构分为常设仲裁机构和临时仲裁机构。其中，常设仲裁机构最为常见。目前，影响较大的常设仲裁机构有国际商会仲裁院、斯德哥尔摩商会仲裁院、伦敦国际仲裁院、美国国际仲裁协会、日本商会仲裁协会、中国国际经济贸易仲裁委员会、香港特别行政区国际仲裁中心、解决投资争端国际中心等。

1. 中国国际经济贸易仲裁委员会

该机构是中国专门受理涉外案件的常设仲裁机构，主会设在北京，在上海和深圳设有分会。目前。该会已成为世界上受理商事案件最多并具有良好声誉的仲裁机构。其现行的仲裁规则是2000年9月5日修订通过的《中国国际经济贸易仲裁委员会仲裁规则》，2000年10月1日起施行。

中国国际经济贸易仲裁委员会仲裁规则如下：

（1）受案范围。契约性或非契约性的经济贸易等争议，包括：①国际的或涉外的争议；②涉港澳台争议；③涉及外国或港澳台地区资金、技术或其他利益的争议；④外商投资企业相互之间以及外商投资企业与其他法人、自然人或经济组织之间的争议；⑤中华人民共和国法律、行政法规特别规定或授权由仲裁委员会受理的争议。

另外，现行规则允许当事人协议选择由中国国际经济贸易仲裁委员会对其他国内争议进行仲裁，从而扩大其受案范围。

（2）仲裁申请、答辩和反诉。

（3）仲裁庭的组成。

（4）审理。

（5）裁决受理期限：9 个月。

（6）简易程序：独任仲裁员审理。

（7）受理案件：①争议金额不超过 50 万元人民币的案件；②争议金额超过 50 万元人民币但经一方当事人书面同意的争议案件。

2. 国际商事仲裁中的主要程序问题

（1）国际商事仲裁庭。仲裁程序的进行以仲裁员的指定以及仲裁庭的组成而开始，主要涉及以下问题。

①仲裁员的指定方法及仲裁庭的组成。如有关仲裁员的指定方法未在仲裁协议中作出明确的规定，则应达成补充协议，如未达成补充协议，则应依仲裁规则的规定组成仲裁庭。在国际商事仲裁中，仲裁庭一般由 1 名或 3 名仲裁员组成。

②仲裁员的资格。除了具备完全的行为能力、未受过任何刑事处分等基本要求外，各国立法一般还要求仲裁员应是具备较高的法律或专业知识、德高望重的专业人士。此外各国法律一般都不限制外国人在本国的国际商事仲裁机构担任仲裁员。

③仲裁员的行为规则。依当事人的授权及法律的规定，在整个仲裁程序中，仲裁员的主要义务有：公正行为的义务；勤勉审慎履行职责的义务；保密的义务。

（2）预备会议。在当事人初步交换文件后，正式开庭审理之前，国际商事仲裁庭往往会组织争议当事人举行预备会议，就仲裁协议中约定不明的问题进行讨论并予以先行解决。

（八）国际商事仲裁的法律适用

1. 仲裁程序的法律适用

各国立法实践普遍允许当事人合意选择仲裁程序，无此合意时，则适用仲裁机构自身的仲裁规则或仲裁地的仲裁规则，或者由仲裁人或仲裁机构来决定适用的仲裁程序规则。

2. 实体问题的法律适用

（1）适用合同当事人自主选择的法律。

（2）在当事人未作选择时的法律适用。根据仲裁地所属国的冲突规范确定合同的准据法；授权仲裁庭决定合同的法律适用，或导致适用国际法规则。

（九）仲裁裁决的承认与执行

由于仲裁是建立在双方自愿的基础上的，一般能够得到当事人的自觉执行。但也不排除一方当事人拒绝执行的情况。因此各国为维持仲裁裁决的效力，大多规定可以向法院申请强制执行。

外国仲裁裁决的承认与执行直接涉及本国当事人的利益和本国的国家利益，因此在申请执行中常常遇到阻力。为解决各国在承认和执行外国仲裁裁决问题上存在的分歧，一些国家于1958年在纽约签订了《纽约公约》。该公约于1987年4月22日对我国生效。

1. 外国仲裁裁决承认和执行地的选择

胜诉方当事人选择外国仲裁裁决的承认和执行地时，一般应向仲裁地以外的国家提出申请，而且最好是向仲裁败诉方财产所在地的国家提出申请。因为仲裁裁决大多是财产性裁决，执行裁决需要通过法定程序扣押或查封败诉方的资产。

当事人在选择承认与执行地时，一般应考虑如下因素。

（1）拟申请的执行地与裁决地的关系；

（2）拟选择的执行地法院对于申请承认和执行外国仲裁裁决的态度如何，以及是否通晓国际商事关系等；

（3）申请承认和执行裁决所需的费用。

2. 拒绝承认和执行外国仲裁裁决的理由

《纽约公约》规定，以下情况下，被请求执行国有权拒绝承认和执行外国仲裁裁决。

（1）仲裁协议无效。

（2）仲裁过程违反正当程序。违反正当程序涉及以下几个方面的问题：

①未给予当事人适当通知；

②当事人未能提出申辩；

③仲裁庭超越权限；

④仲裁庭组成或仲裁程序不当；

⑤裁决不具有约束力或已被撤销；

⑥争议事项的不可仲裁性。

（十）国际商事诉讼法

1. 定义

国际商事诉讼是国际经济争议当事人通过司法途径解决纠纷的一种方式。

2. 法院对国际商事争议案件的管辖

一般原则：（1）属人管辖原则。以当事人国籍为标志确定管辖权，原告或被告的国籍国法院享有管辖权。（2）属地管辖原则。即涉外案件的管辖以地域为联结因素，由该地所属国法院行使管辖权。这种属地的联结因素主要有住所、居所、临时所在地、物之所在地、诉讼原因发生地等。（3）协议管辖原则。指双方当事人依意思自治原则，在争议发生前或发生后达成协议，将他们之间的争议案件交由一国法院审理。（4）专属管辖。指为维护本国公共秩序，保护本国当事人利益，一国主张对某些案件专归本国法院管辖，排除他国法院的管辖权。

3. 国际商事诉讼中的诉讼程序

在英美法系国家，国际商事诉讼中的诉讼程序通常适用当事人主义模式，具有对抗式的特点。

而在大陆法系国家，国际商事诉讼主要适用职权主义模式，具有审问式的特点。

4. 解决争议应适用的法律规则

解决争议应适用的法律规则以意思自治原则为主，以最密切联系原则为辅。

5. 法院判决的承认和执行

综观有关国内立法与国际条约，承认和执行外国判决需具备的条件：

（1）作出判决的外国法院对案件有管辖权；

（2）外国法院的判决已经生效，具有执行力；

（3）外国法院诉讼案件的程序是公正的；

（4）请求承认与执行的外国法院判决不与内国的公共秩序相抵触。

6. 我国法院对涉外案件的处理

我国《民事诉讼法》及最高人民法院的司法意见中已明确规定，具体是：

（1）我国法院对涉外民事案件的管辖。

①专属管辖事项。位于我国境内的不动产纠纷和在我国港口作业中发生的纠纷（34 条）；在我国境内履行的中外合资经营企业、中外合作经营企业合同、中外合作勘探开发自然资源合同发生的争议提起的诉讼。（246 条）

②协议管辖事项。对于涉外合同或者涉外财产权益的纠纷，当事人均可就由此产生的争议的管辖法院作出书面约定。(245 条)

③其他事项的管辖法院。因合同纠纷或者其他财产权益纠纷，对在我国境内设有住所的被告提起的诉讼，如合同在我国境内签订或履行，或诉讼标的物在我国境内，或被告在我国境内设有可供扣押的财产，或被告在我国境内设有代表机构，可由合同签约地、合同履行地、诉讼标的物所在地、可供扣押的财产所在地、侵权行为地或代表机构住所地人民法院管辖。(243 条)

(2) 国际商事争议案件的适用法律。

①专属管辖事项适用我国法律；

②协议管辖事项可通过当事人选择对争议案件管辖的法院；

③侵权行为损害赔偿适用法律。原则上适用侵权行为法，但当事人双方国籍相同或者在同一国家有住所的，也可以适用当事人本国法律或住所地法律。

(3) 我国法院对外国法律判决的承认与执行。

①承认与执行的法院。有管辖权的中级人民法院（267 条)；

②原则。国际条约规定；依互惠原则审查；

③条件。我国《民事诉讼法》第 268 条规定，承认与执行外国法院判决的条件是：

A. 判决在请求国已发生效力；

B. 该国与我国存在此方面的条约关系或有互惠关系；

C. 该判决不违反我国的法律基本原则或国家主权、安全和社会公共利益；

D. 判决作成国法院对案件有管辖权；

E. 判决作成国法院已给予被执行人充分的出庭应诉机会；

F. 对同一诉讼标的，我国法院未作出过判决，也未执行过第三国的判决。

（十一）WTO 争端解决机制

世界贸易组织（WTO）的争端解决机制是在 WTO 法律框架下解决成员间争议的专门机制，是保证 WTO 成员有效履行相关条约义务、维护和促进多边贸易体制发展的支柱性制度。

1. 世界贸易组织争端解决机制及其特点

(1) WTO 争端解决机制的起源。1947 年《关税与贸易总协定》(GATT) 的第 22 条和第 23 条通常被认为是 WTO 争端解决机制的起源。根据 GATT 第 22 条，对于任何缔约方提出的有关影响 GATT 实施的陈述，缔约各方应予同等的考虑，并给予充分磋商的机会。如果磋商未能达成圆满结果，经一缔约方提出请求，缔约方全体可与另一缔约方或另几个缔约方进行磋商。根据第 23 条，成员为解决相关争端之目的，可向有关缔约方提出改变措施的书面建议或请求，如在合理期限内仍无法解决，则可以将争端提交缔约方全体处理。缔约方全体应立即研究，并向有关缔约方提出适当建议，或者酌情对此问题作出裁决。如果缔约方全体认为情况非常严重，则有权批准某缔约方根据实际情况对其他缔约方暂停实施 GATT 规定的减让或其他义务。这两个条款构成了 GATT 争端解决规则的核心内容，在其后的发展实践中，成员又先后通过了一系列的补充性法律文件，如 1979 年东京回合谈判达成的《关于通知、协商、解决争端和监督的谅解》《关于 GATT 争端解决领域惯常做法的一致说明》，1989 年通过的《1989 年 4 月 12 日关于改进 GATT 争端解决规则和程序的决议》等，其中很多内容都为 WTO《关于争端解决规则与程序的谅解》（*Understanding on Rules and Procedures Governing the Settlement of Disputes*，DSU）所吸收。

GATT 争端解决机制存在着一些固有缺陷，例如：其规则分散、缺乏体系，缔约方可以根据自身利益对争端解决机制和机构进行选择。为了解决和弥补 GATT 争端解决规则的不足，使争端解决机制能够更好地保障和促进多边贸易体制的实施和发展，经过乌拉圭回合谈判，WTO 最终通过了《关于争端解决规则与程序的谅解》，DSU 由 27 个条款和 3 个附录组成，是一揽子文件的组成部分，对所有成员方均有拘束力。WTO 以 DSU 为基础构建了更为公平、迅速、有效的争端解决机制。

（2）WTO 争端解决机制的特点。第一，统一的争端解决机制。与 GATT 框架下的争端解决制度不同，WTO 争端解决机制统一适用于 WTO 各项协议和规则，其内容涵盖了 WTO 协定所涉及的各个领域，包括货物贸易、服务贸易、与贸易有关的投资措施等。

第二，对相关争端的强制管辖权。WTO 争端解决机制对成员间因 WTO 相关协定产生的争端具有强制管辖权，任何成员就此类争议只能通过 WTO 争端解决机制加以解决，无选择权和保留权。同时，任何成员不得自行认定其他成员违反 WTO 义务或自行采取报复措施，有效避免了成员之间采用单边或双边方式解决争端，尤其是避免了以往较为常见的贸易战。

第三，“两级审案”的准司法体系。WTO 争端解决机制更趋司法化，构建了专家组和上诉机构的“两级审案”体系。专家组和上诉机构成员均以独立身份参与案件审理，严格遵循 WTO 协定、规则和争端解决程序，任何成员不得对其施加影响，保障其客观公正地解决争端。

第四，自动的程序和决策机制。WTO 争端解决程序的启动和推进机制具有自动性，从磋商到专家组、上诉审议直至执行程序，在各个环节中，只要申诉方发起和推动程序的进行，该程序即可有序展开，其他成员均无权阻止程序进行，大大提高了 WTO 争端解决机制的效率和强制力。

2. WTO 争端解决程序

（1）磋商。根据 DSU，如果 WTO 任何成员的措施、法律及其适用与 WTO 协定及该成员的承诺不一致，进而导致了另一成员利益的丧失或减损，则后者可向前者提出磋商请求。磋商请求应采用书面形式并说明理由，同时应通知 DSB 及其相关的理事会和委员会。被请求方应“给予积极考虑”，自收到请求之日起，如果 10 天内未作答复，或 30 天内（或者双方约定的期限内）未进行磋商，或者 60 天内经磋商未解决争端，则提出请求的成员可以请求设立专家组。

磋商是 WTO 争端解决中的必经程序，但如果当事方无法通过磋商解决争端，其结果并不会影响专家组程序的进行。

（2）专家组程序。若经磋商程序争端无法得以解决，申诉方可以书面形式向 WTO 争端解决实体（DSB）提出设立专家组的请求，并说明是否进行了磋商、其认为存在争端的措施、申诉的法律根据等。通常情况下，DSB 最迟应在该请求首次作为议题列入其议程的会议之后的下一次会议上设立专家组。专家组成员通常由 3 名组成，除非在专家组设立后 10 天内争端各方同意专家组由 5 名成员组成。专家组均为临时组建，不是常设机构，其成员可从秘书处专家名册中选择，考虑的因素主要包括专家的独立性、不同的背景和丰富的相关工作经验等。秘书处应向争端各方建议专家组成员，并经争端各方同意。若在专家组设立之日起 20 天内未就专家组成员达成协议，则总干事应在任一争端方请求下，经与争端解决机构主席、有关委员会或理事会主席以及争端各方磋商后决定专家组的组成。

如果争端发生在发展中国家成员与发达国家成员之间，在发展中国家成员的请求下，专家组应至少有 1 名成员来自发展中国家。如果有 1 个以上成员就同一事项请求设立专家组，则可以设立同一专家组进行审查。同一专家组应对所有相关成员的权利同时予以考虑，并保证争端各方在由若干专家组分开审查时本可以享受的权利不会因此而被减损。

专家组程序主要依据 DSU 第 12 条及其附录三。争端各方应首先将其书面陈述交存秘书处，以便立即转交专家组和其他争端方。专家组会议不公开，在第一次实质性会议上，应先由申诉方陈述案情，再由被申诉方陈述观点；而在第二次实质性会议上则由被申诉方先发言。正式辩论是在第二次实质性会议上作出，专家组在会议过程中可随时向各方提问，请争端各方在会议过程中进行说明或者作出书面说明。在 DSU 中，任何对审议的事实有实质利益且已将其通知 DSB 的成员被称为“第三方”。第三方利益应在专家组程序中得到充分考虑，专家组应听取其意见并给予其提出书面陈述的机会。同时，在专家组第一次实质性会议期间应专门安排一场会议，书面邀请所有第三方参加会议并陈述其意见。专家组的审议和提交专家组的文件均保密，但这并不妨碍任何争端方向公众披露有关其自身立场的陈述。

在考虑了争端双方的书面、口头意见与抗辩后，专家组应向争端各方提交其报告草案中的描述部分（事实和论据），由各方在设定的期限内提出书面意见，该期限截止后，专家组应向各方提交一份包括描述部分、调查结果和结论的中期报告，在设定的期限内向各方征求意见，经过这一中期审议阶段后形成的报告才为最终的专家组报告。该报告应包括事实的调查结果、WTO 相关规则的可适用性以及调查结果和相关建议的基本理由。如果争端方为发展中国家成员，则专家组报告还应说明以何种形式考虑了该成员提出的适用 WTO 协定中有关发展中国家成员差别和更优惠待遇的规定。

专家组进行审查的期限（自专家组组成和职权范围议定之日起至最终报告提交争端各方之日）一般不应超过 6 个月，紧急案件不超过 3 个月，若专家组认为在上述期限内无法提交报告，则应书面通知 DSB 并说明迟延的原因和提交报告的预计期限，但经延长后的总期限不应超过 9 个月。经申诉方请求，专家组可随时中止工作，一旦中止则上述工作时限应按照中止工作的时间顺延，中止期限不应超过 12 个月，否则设立专家组的授权即告终止。

DSB 可以在专家组报告发至各成员之日 20 天后审议通过专家组报告。除非争端一方正式通知 DSB 其上诉的决定，或者 DSB 经过协商一致决定不通过报告，否则在专家组报告散发给各成员之日起 60 天内，报告应在 DSB 会议上通过。

(3) 上诉程序。争端当事方如果对专家组报告不服可以提出上诉。上诉机构的设置是乌拉圭回合谈判后 WTO 争端解决机制的一项创新。与 GATT 争端解决机制不同，DSU 的“反向一致”决策机制使争端方即使反对专家组的法律结论和解释也无法单方面地阻止专家组报告的通过，因此，DSU 实际上通过上诉机构程序为纠正专家组报告中法律上的错误提供了一种救济渠道。

上诉机构为常设机构，上诉方仅限于争端当事人，但有实质利益的第三方可以向上诉机构提出书面陈述，以便上诉机构对其观点和意见予以考虑。

根据《上诉审查工作程序》规定，上诉应从根据 DSU 第 16 条第 4 款书面通知 DSB 并向上诉机构秘书处提交上诉通知开始。通常情况下上诉程序为非公开程序，自提交上诉通知起 30 天至 45 天内上诉机构应召开口头听证会，在听证会上争端各方可进行口头陈述并回答问题。在完成最终报告之前，上诉机构还应与各方交换意见。上诉机构的审查对象与专家组不同，仅审理专家组报告涉及的法律问题和专家组的法律解释，不能审查专家组报告中的事实问题，对专家组的裁决和结论可以维持、变更或者撤销。

上诉机构的报告应自提交上诉通知起 90 天内散发给各成员，并自报告散发给各成员后 30 天内由 DSB 通过，除非 DSB 经过协商一致决定不予通过。争端各方须无条件接受通过后的上诉机构报告。

（4）建议和裁决的执行。在专家组或上诉机构报告通过后，有关成员应通知 DSB 其执行 DSB 建议和裁决的意向，如果无法立即执行，则应确定一个合理的执行期限。该合理期限可依次通过以下三种途径确定：①有关成员提议并获得 DSB 批准；②自通过建议和裁决之日起 45 天内由争端各方合意确定；③自通过建议和裁决之日起 90 天内通过有约束力的仲裁确定。

如果有关成员在合理执行期内仍未执行，则该成员应在执行期限届满前，在收到请求时与援引争端解决程序的任何一方谈判补偿方案。若在合理执行期限期满之日起 20 天内双方无法达成补偿共识，则申诉方可以请求 DSB 授权其中止对被诉方的减让或其他义务，也就是通常所说的“报复措施”。“报复措施”应首先针对被裁决违反协定或造成申诉方损失的相同部门；如果相同部门的报复不可行或无效，则可以针对同一协定项下的其他部门，即跨部门的报复；如果跨部门报复仍然无效或不可行，则可针对其他协定项下的义务，跨部门、跨协定的报复也被称为“交叉报复”。

除非 DSB 经过协商一致决定拒绝授权，否则 DSB 应在合理执行期限结束后 30 天内授权中止减让或其他义务。若被诉方对中止程序提出反对或认为 DSU 第 22 条第 3 款所列的原则和程序未得到遵守，则可将该事项提交仲裁。仲裁人不得审查拟予中止的减让或其他义务的性质，而应确定此类中止的程序是否等于利益丧失或减损的程序。该裁决为终局裁决，对争端方均有约束力。

补偿、中止减让或其他义务均为临时性措施，一旦被裁定违反义务的措施终止，或申诉方利益损失的问题得到解决，或双方达成了满意的解决办法，则上述临时性措施应停止。同时，只要被诉方废除或修改被裁定违反义务的措施，则无须对该措施以往造成的利益损失进行赔偿，这体现了 WTO 争端解决机制面向未来、既往不咎的价值取向。

除了上述程序外，成员还可以采用斡旋、调解和调停方式解决争端。斡旋、调解和调停是在争端各方同意的情况下自愿采用的程序，更多地体现了当事人意思自治原则，该程序可以随时开始或终止。

3. 中国关于世界贸易组织争端解决的立场与实践

2001 年中国正式加入世界贸易组织，中国是最大的发展中国家，也是目前全球第一大货物贸易国，中国与其他 WTO 成员在经贸往来过程中产生贸易摩擦和争端在所难免，事实上中国已成为WTO争端解决机制中的主要参与者。

在中国作为申诉方的案件中，被申诉方以美国和欧盟为主，诉由主要集中在对中国出口产品采取的反倾销、反补贴和保障措施等问题。在中国被诉的案件中，申诉方仍以美国、欧盟为主，但除了欧美以外还包括加拿大和日本等，诉由主要集中在政府补贴、反倾销、反补贴措施、对原材料的出口限制等方面。由于中国社会经济制度与其他经济体之间存在较大差异，在争端解决实践中也遇到了一些特殊问题，如某些成员不承认中国是“市场经济国家”，中国数量庞大的国有企业被某些成员视为“公共机构”等。

自加入世界贸易组织以来，在逐步了解和运用争端解决机制过程中，中国积累了宝贵经验并取得了一些成绩，如在“中国诉美国某些产品‘双反’案”（DS379）、“中国诉欧盟紧固件反倾销措施案”（DS397）等案中，针对欧美对中国出口产品采用的保障措施、“双重救济”、反倾销过程中的“归零”做法、“单一税率”等问题，中方的申诉主张均不同程度地得到了专家组或上诉机构裁决的支持。

为了在争端解决机制中更好地维护中国的国家利益和正当权益，中国应总结经验教训，更加积极地参与WTO相关议题的谈判和改革，在WTO争端解决机制的发展中更多展现中国的立场与主张，力争在制定规则和运用规则方面都能赢得主动。

二、案例评析

（一）王莘与北京谷翔信息技术有限公司等著作权权属、侵权纠纷案

【基本案情】

笔名为棉棉的王莘是《盐酸情人》一书（以下简称涉案作品）的作者。2009年10月，王莘的委托代理人登录北京谷翔信息技术有限公司（以下简称谷翔公司）经营的域名为http：//www.google.cn网站（简称谷歌中国网站），进入其中图书搜索栏目页面，在搜索框中键入“棉棉”进行搜索，发现第一个搜索结果即为涉案作品。点击该搜索结果进入下一页面，显示有涉案作品的概述、作品片段、常用术语和短语、作品版权信息等内容。在该页面中，使用关键词搜索，可以看到涉案作品包含有该关键词的相关作品片段。王莘以谷歌公司电子化扫描涉案作品、谷翔公司在谷歌中国网站上显示涉案作品片段的行为构成侵权为由，向北京市第一中级人民法院提起诉讼，请求法院判令：两被告立即停止侵权，并公开赔礼道歉；连带赔偿原告经济损失人民币1 762 462元、精神损害赔偿人民币67 787元；两被告连带赔偿原告合理支出人民币1 500元。

第一被告谷翔公司辩称：1. 原告与涉案图书的作者为“棉棉”，二者名称不同，涉案图书的著作权人并非原告。2. 涉案网站实施的系对涉案图书的搜索、链接行为，而非信息网络传播行为。作为搜索、链接服务提供商，在知晓本案诉讼后即已删除涉案图书已尽到法定义务，并不构成侵权，亦不存在与谷歌公司共同实施被控侵权行为的情形。

第二被告谷歌公司辩称：谷歌公司为美国公司，对涉案图书进行数字化扫描的行为发生在美国，并未违反美国法律，中国法院无管辖权，不应适用中国《著作权法》。

北京市第一中级人民法院认为，谷翔公司提供涉案作品片段的行为构成信息网络传播行为，但该行为构成合理使用；谷歌公司的全文扫描行为不构成合理使用，应当承担侵权责任。一审法院判决谷歌公司停止侵权行为，赔偿经济损失 5 000 元和诉讼合理支出 1 000 元。王莘不服一审判决，向北京市高级人民法院提起上诉。二审驳回上诉，维持原判。

【争议焦点】

本案的争议焦点主要在于：第一，中国法院对本案是否具有管辖权；第二，关于本案的实体法律适用问题；第三，两被告是否应承担侵权责任的问题。

【案例分析】

第一，中国法院对本案是否具有管辖权？

《中华人民共和国民事诉讼法》（简称《民事诉讼法》）第二百四十三条规定：“因合同纠纷或者其他财产权益纠纷，对在中华人民共和国领域内没有住所的被告提起的诉讼，如果合同在中华人民共和国领域内签订或者履行，或者诉讼标的物在中华人民共和国领域内，或者被告在中华人民共和国领域内有可供扣押的财产，或者被告在中华人民共和国领域内设有代表机构，可以由合同签订地、合同履行地、诉讼标的物所在地、可供扣押财产所在地、侵权行为地或者代表机构住所地人民法院管辖。”由上述规定可知，涉外民事案件管辖权的确定可以依据多种联结因素，“侵权行为地”即为其中之一。因民事案件中涉及的被控侵权行为既可能是单一的侵权行为，亦可能是多个侵权行为，而多个侵权行为的发生地可能并不相同，因此，上述规定应理解为只要案件中所涉侵权行为“之一”发生在中国境内，中国法院即对整个案件具有管辖权。侵权行为地既包括侵权行为“实施地”，亦包括侵权行为“结果发生地”，故只要案件中上述任一地点位于中国境内，中国法院即对整个案件具有管辖权。

具体到本案，原告指控两被告实施了如下两个被控侵权行为：将原告作品进行电子化扫描的行为；涉案网站将原告作品向公众进行信息网络传播的行为。

对于涉案信息网络传播行为，鉴于涉案网站是在中国登记注册的网站，在无相反证据的情况下，该网站中的相关行为均应认定发生在中国境内，故现有证据可以认定中国是被控信息网络传播行为的侵权行为地，依据这一联结点，中国法院即可对本案全部涉案侵权行为具有管辖权。

对于涉案复制行为，两被告虽主张该行为发生于美国，但因其未提交证据佐证，故本院对两被告这一主张无法确认。在此基础上，本院进一步认为，即便扫描行为确实发生在美国，但鉴于第二被告认可其扫描的目的在于最终为用户提供相关作品，在结合考虑中文书籍的受众多数位于中国，且两被告均认可第一被告网站中所提供的原告作品确系来源于第二被告的情况下，本院合理认为作为关联公司的两被告所实施的复制行为及信息网络传播行为属于系列行为（即第二被告在复制原告作品后将其传输给第一被告并由第一被告向中国公众提供），据此，涉案扫描行为的结果发生在中国，中国法院对该扫描行为亦具有管辖权。

综上，北京市第一中级人民法院认为，中国对本案全部被控侵权行为均具有管辖权。在此基础上，鉴于第一被告住所地位于本院辖区（北京市海淀区），而第二被告属于涉外民事主体，故依据《民事诉讼法》中有关级别管辖及地域管辖的规定，本院对本案具有管辖权。

第二，关于本案的实体法法律适用问题。

本案中，因被告谷歌公司为在美国登记注册的公司，属于外国法人，故本案纠纷属于涉外民事纠纷。涉外民事纠纷的审理并非当然地适用中国法，故本案首先应根据我国的冲突规范确定应适用的准据法。

因本案为民事侵权纠纷案件，故本案准据法的确定应依据原《中华人民共和国民法通则》第八章“涉外民事关系的法律适用”中有关涉外侵权案件法律适用的相关规定。该部分第一百四十六条规定，“侵权行为的损害赔偿，适用侵权行为地法律”。对于何为“侵权行为地”，原《最高人民法院关于贯彻执行〈中华人民共和国民法通则〉若干问题的意见（试行）》第187条作了进一步限定，“侵权行为地的法律包括侵权行为实施地法律和侵权结果发生地法律。如果两者不一致时，人民法院可以选择适用”。由此可知，涉外侵权民事案件的审理既可以适用侵权行为实施地法律，亦可以适用侵权行为结果发生地法律。

本案中，原告认为两被告应对如下两个侵权行为承担民事责任：将原告作品进行电子化扫描的行为；涉案网站将原告作品向公众进行信息网络传播的行为。而中国为涉案信息网络传播行为的行为实施地和涉案复制行为的结果发生地，故法院应依据中国的相应法律对涉案被控侵权行为进行审理。

第三，两被告是否应承担侵权责任？

法院认为，被告谷翔公司实施的涉案信息网络传播行为虽然未经原告许可，但鉴于其并未与作品的正常利用相冲突，也没有不合理地损害著作权人的合法利益，因此，该行为属于对原告作品的合理使用，并未构成对原告信息网络传播权的侵犯。被告谷歌公司对原告作品进行全文复制的行为已与原告作品的正常利用相冲突，亦会不合理地损害著作权人的合法利益，这一复制行为并未构成合理使用行为，已构成对原告著作权的侵犯。

【延伸思考】

1. 对于涉外网络侵权案件，可能很多国家都有管辖权，如何协调这种管辖权冲突？

2. 如果本案相同争议已由美国法院受理并作出判决，我国法院是否还可以受理本案？

（二）北京朝来新生体育休闲有限公司与北京所望之信投资咨询有限公司申请承认和执行外国仲裁裁决案

【基本案情】

北京朝来新生体育休闲有限公司（简称朝来新生公司）是国内自然人独资公司；北京所望之信投资咨询有限公司（简称所望之信公司）是外国自然人独资公司；股东（发起人）安秉柱，大韩民国公民。2007 年 7 月 20 日，甲方朝来新生公司与乙方所望之信公司签订《合同书》，该合同约定，甲、乙双方合作经营甲方现有的位于北京市朝阳区的高尔夫球场，并就朝来新生公司的股权比例、投资金额等相关事宜达成协议。合同中写明签订地在中国北京市。合同中还约定，如发生纠纷时，甲乙双方首先应进行友好协商，达成协议，对于不能达成协议的部分可以向大韩民国商事仲裁院提出诉讼进行仲裁，仲裁结果对于甲乙双方具有同等法律约束力。

合同签订后，双方开始合作经营，在经营过程中高尔夫球场土地租赁合同解除，土地被收回。因土地租赁合同解除，高尔夫球场获得补偿款人民币 1 800 万元，朝来新生公司与所望之信公司因土地补偿款的分配问题发生纠纷。为此，所望之信公司于 2012 年 4 月 2 日向大韩商事仲裁院提起仲裁，请求朝来新生公司支付所望之信公司土地补偿款人民币 248 万元。朝来新生公司提起反请求，要求所望之信公司给付朝来新生公司土地补偿款人民币 1 100 万元及利息。大韩商事仲裁院依据双方约定的仲裁条款受理了所望之信公司的仲裁申请及朝来新生公司反请求申请，适用中华人民共和国法律作为准据法，于 2013 年 5 月 29 日作出仲裁裁决，裁决：①所望之信公司给付朝来新生公司中华人民共和国货币 1 000 万元整及利息；②所望之信公司及朝来新生公司其余之请求驳回。裁决作出后，朝来新生公司于 2013 年 6 月 17 日向北京市第二中级人民法院提出申请，请求法院承认上述仲裁裁决。北京市第二中级人民法院于 2014 年 1 月 20 日作出裁定，驳回朝来新生公司要求承认大韩商事仲裁院仲裁裁决的申请。

【争议焦点】

本案的争议焦点是将无涉外因素的争议提交外国仲裁机构的仲裁协议是否有效以及涉外因素的判断标准。

【案例分析】

第一，将无涉外因素争议提交外国机构的仲裁协议是否有效？

《民事诉讼法》第 271 条规定，涉外经济贸易、运输、海事中发生的纠纷，当事人可以通过订立合同中的仲裁条款或者事后达成的书面仲裁协议，提交我国仲裁机构或者其他仲裁机构仲裁。《仲裁法》第 65 条也有同样的规定。法院据此得出法律并未允许国内当事人将其不具有涉外因素的争议提请外国仲裁的结论。

法院得出这一结论并不意外，最高人民法院在之前的一些文件中也表明了这一倾向。2003 年，最高人民法院发布的《关于人民法院处理涉外仲裁及外国仲裁案件的若干规定》第二十条规定："有下列情形之一的，经一方当事人申请，人民法院应认定仲裁协议无效：（七）国内当事人将无涉外因素的争议约定外国仲裁的。2004 年最高人民法院民四庭《涉外商事海事审判实务问题解答(一)》第 83 条同样规定："根据《中华人民共和国民事诉讼法》第 257 条和《中华人民共和国仲裁法》第 65 条的规定，涉外经济贸易、运输、海事中发生的纠纷，当事人可以通过订立合同中的仲裁条款或者事后达成的书面仲裁协议，提交我国仲裁机构或者其他仲裁机构仲裁。但法律并未允许国内当事人将其不具有涉外因素的争议提请外国仲裁。因此，如果国内当事人将其不具有涉外因素的合同或者财产权益纠纷约定提请外国仲裁机构仲裁或者在外国进行临时仲裁的，人民法院应认定有关仲裁协议无效。"在最高人民法院编写的《立案工作指导》2011 年第 1 辑（总第 28 辑）刊载的六盘水恒鼎实业有限公司与张某兴采矿权转让合同争议管辖权异议案中，最高人民法院指出，"非涉外民事案件双方当事人约定发生争议由我国大陆境外的仲裁机构裁决，因违反司法主权原则，应当认定该约定无效"。在 2012 年 8 月 31 日的《最高人民法院关于江苏万源风电设备制造有限公司与艾尔姆风能叶片制品（天津）有限公司申请确认仲裁协议效力纠纷一案的请示的复函》中，最高人民法院认为，由于仲裁管辖权系法律授予的权力，而我国法律没有规定当事人可以将不具有涉外因素的争议交由境外仲裁机构或者在我国境外临时仲裁机构仲裁，故应当认定本案当事人将有关争议提交国际商会仲裁是没有法律依据的，因而认定涉案仲裁协议无效。

第二，本案是否具有涉外因素？

《最高人民法院关于适用〈中华人民共和国民事诉讼法〉若干问题的意见》第304条规定：当事人一方或者双方是外国人、无国籍人、外国企业或者组织，或者当事人之间民事法律关系的设立、变更、终止的法律事实发生在外国，或者诉讼标的在外国的民事案件，为涉外民事案件。本案所望之信公司与朝来新生公司，均属于在中国境内设立的公司法人；双方之间的股权转让合同，无论是合同签订地、合同履行地均在中国北京；双方争议的补偿款分配问题也发生在中国北京。因此，法院认为本案不具有任何涉外因素。

本案中，朝来新生公司与所望之信公司均为中国法人，双方签订的《合同书》，是双方为在中华人民共和国境内经营高尔夫球场设立的合同，转让的系中国法人的股权。双方之间的民事法律关系的设立、变更、终止的法律事实发生在我国境内，诉讼标的亦在我国境内，不具有涉外因素，故不属于我国法律规定的涉外合同。该合同以及所包含的仲裁条款之适用法律，无论当事人是否作出明示约定，均应确定为中国法律。据此，法院认为，《合同书》中关于如发生纠纷可以向大韩商事仲裁院提出诉讼进行仲裁的约定违反了我国《民事诉讼法》《仲裁法》的相关规定，该仲裁条款无效。

第三，承认及执行外国仲裁裁决的条件为何？

1958年联合国《承认及执行外国仲裁裁决公约》第五条规定："一、裁决唯有于受裁决援用之一造向声请承认及执行地之主管机关提具证据证明有下列情形之一时，始得依该造之请求，拒予承认及执行：（甲）第二条所称协定之当事人依对其适用之法律有某种无行为能力情形者，或该项协定依当事人作为协定准据之法律系属无效，或未指明以何法律为准时，依裁决地所在国法律系属无效者；（乙）受裁决援用之一造未接获关于指派仲裁员或仲裁程序之适当通知，或因他故，致未能申辩者；（丙）裁决所处理之争议非为交付仲裁之标的或不在其条款之列，或裁决载有关于交付仲裁范围以外事项之决定者，但交付仲裁事项之决定可与未交付仲裁之事项划分时，裁决中关于交付仲裁事项之决定部分得予承认及执行；（丁）仲裁机关之组成或仲裁程序与各造间之协议不符，或无协议而与仲裁地所在国法律不符者；（戊）裁决对各造尚无拘束力，或业经裁决地所在国或裁决所依据法律之国家之主管机关撤销或停止执行者。二、倘声请承认及执行地所在国之主管机关认定有下列情形之一，亦得拒不承认及执行仲裁裁决：（甲）依该国法律，争议事项系不能以仲裁解决者；

(乙) 承认或执行裁决有违该国公共政策者。”

我国和韩国均为加入1958年联合国《承认及执行外国仲裁裁决公约》的国家，现朝来新生公司申请承认和执行韩国大韩商事仲裁院作出的仲裁裁决，法院应依据《承认及执行外国仲裁裁决公约》的相关规定审理本案。因大韩商事仲裁院受理的所望之信公司与朝来新生公司《合同书》项下的纠纷所依据的仲裁条款为无效条款，根据《承认及执行外国仲裁裁决公约》第五条第一款(甲) 项之规定，法院对大韩商事仲裁院于2013年5月29日作出的仲裁裁决不予承认及执行。

(三) 欧共体特定海关事项案

【基本案情】

2004年9月12日，美国根据《关于争端解决规则与程序的谅解》第1条和第4条以及GATT1994第22条第1款的规定，就欧共体特定海关事项向欧共体提请磋商。美国与欧共体于2004年11月16日在日内瓦进行了磋商，但未能解决争端。2005年1月，美国要求WTO争端解决机构成立专家组，争端解决机构于3月21日成立专家组处理该争端。2006年6月16日，专家组报告公布。2006年8月，美国和欧共体均对专家组报告提出上诉，2006年12月11日，上诉机构报告通过。

【争议焦点】

本案的争论要点有二：一是美国控诉欧共体对GATT 1994第10条第1款所指的法律、规章、判决和裁决的执行方式是不统一、不公正或不合理的，因而违反了GATT 1994第10条第3款a项。美国在设立专家组请求书中指出，这些法律文件包括《欧共体海关法典》《欧共体海关法典实施规定》《共同海关税则》《欧共体统一关税税率》(TARIC) 以及以上法律文件的修订和其他有关措施。美国还提交了欧共体海关法律执行不统一的不同事例，以证明欧共体海关执行制度整体违反了GATT 1994第10条第3款a项的统一执行要求。

二是美国指控欧共体将其成员国海关当局的行政决定的上诉程序交由各成员国负责，而各成员国之裁决只能适用于该国境内，因此违反了GATT 1994第10条第3款b项中对于缔约方应保持或尽快设立司法、仲裁、或行政的法庭或者程序，以迅速审查与纠正有关海关事项的行政行为的规定。

【案例分析】

本案的意义不在于上诉机构对实体问题的认定，而在于其对程序问题的分析。上诉机构在其报告中用了大量篇幅分析程序问题，尤其是专家组的职责范围问题，使得本案程序问题具有典型意义。

第一，DSU 第 6 条第 2 款和第 19 条第 1 款的关系。

DSU 第 19 条第 1 款的条文为："如专家组或上诉机构认定一措施与一适用协定不一致，则应建议有关成员使该措施符合该协定。"本案专家组认为，DSU 第 6 条第 2 款中的系争措施一词应根据具体争议中起诉方所主张的该措施所违反的具体 WTO 义务来进行解释，因为根据 DSU 第 19 条第 1 款，如果该措施被认定违反了 WTO 义务，那么该系争措施就要成为争端解决机构建议的对象。而 GATT 1994 第 10 条第 3 款 a 项下的义务是以统一、公平、合理的方式执行有关法律文件。如果某一 WTO 成员被认定违反了该项下的义务，争端解决机构就应根据 DSU 第 19 条第 1 款提出建议，要求该成员使系争措施符合 GATT 1994 第 10 条第 3 款之规定。为履行该建议，该 WTO 成员就需要改变相关法律文件的执行方式。根据以上推理，专家组进而认为，根据 GATT 1994 第 10 条第 3 款 a 项提出的诉请，其系争措施必定为起诉方所主张的不统一、不公正或不合理的执行方式。

本案上诉机构认为，专家组的以上推理是错误的，因为专家组将某种措施是否属于其职权范围这一先决问题与确立了违反之后建议的履行方式问题混在了一起。DSU 第 19 条第 1 款只涉及报告的履行阶段，而与某种措施是否属于专家组的职权范围这一问题无关。本案上诉机构还援引了美国高地棉花案，该案上诉机构强调，专家组对某一措施所提建议的性质不能左右专家组能否审理有关该措施的诉请这一先决问题。在该案的支持下，本案上诉机构提出了其观点，即 DSU 第 19 条第 1 款没有对根据 DSU 第 6 条第 2 款提出的设立专家组请求书中所能指明的措施类型施以限制。

第二，"包括但不限于"一词的法律效果。

很多起诉方在起草设立专家组请求书时经常使用"包括但不限于"一词，该措辞能否起到将请求书中没有明确列出的措施纳入专家组职权范围之法律效果？本案专家组表达了对这一问题的观点："'包括但不限于'这一用语本身不能起到将设立专家组请求书中明确指出的领域以外的所有海关执行领域纳入专家组的职权范围之法律效果。如果将这一用语解释成包括所有海关执行领域，将违背 DSU 第 6 条第 2 款所要求的正当程序目的一向被诉方和第三方提供案件性质的充分通知。"本案上诉机构虽然没有对这一问题进行分析，但也没有反对专家组的观点。

第三，系争措施和论据的区别。

本案专家组就是因为将论据视为系争措施，从而没有对美国的诉请本身进行审理，导致美国表面胜诉但目的却没有达到。上诉机构认为，设立专家组请求书第三段所列的是美国认为欧共体海关法律没有以统一的方式得到执行的例子，是美国用来说明为何请求书第一段所列法律文件没有以 GATT 1994 第10 条第3 款 a 项要求的统一方式执行的论据。DSU 第 6 条第 2 款没有禁止起诉方在设立专家组请求书中简单列出支持其诉请的论据。这些论据不应被解释为对系争措施的限制。

第四，系争措施的时间限制。

本案上诉机构在分析这一问题时，首先援引了欧共体无骨冷冻鸡块关税分类案中上诉机构的观点，“原则上，可纳入专家组职权范围之系争措施必须为专家组成立时存在的措施”。然而，这一原则有两个例外。一为智利农产品价格幅度案。该案上诉机构认为，“如果对设立专家组请求书中指明的措施进行修订的一项法律制订在专家组成立之后，只要该修订后的法律与设立专家组请求书中指明的措施没有本质区别，专家组就有权审理这一专家组成立后制定的法律”。二为巴西诉美国高地棉补贴案。该案上诉机构认为，“如果一项措施在成立专家组时已丧失了法律基础，但起诉方认为该措施仍对其根据涵盖协定获得的利益造成减损，则专家组有权审理该措施”。

本案上诉机构认为，系争措施具有时间限制，但这一限制不能同样适用于证据。因此，应将系争措施和用来证明系争措施违反 WTO 规则的证据区分开来。不能仅仅因为某一证据存在于专家组成立之前或之后，专家组就不能对其进行考虑。专家组在确定某一存在于专家组成立之前或之后的证据之关联性和重要性时，拥有一定的自由裁量权。

第五，本案对系争措施的认定。

本案专家组将系争措施认定为欧共体海关法律在具体海关领域的执行，而上诉机构认为本案系争措施为欧共体海关法律整体的执行。由于专家组将系争措施限定在一个较为狭窄的领域，导致美国的主要实体主张没有得到审理。美国贸易副代表约翰·裴农努指出，“我们还将申请原专家组对欧盟海关法律体系视为一个整体作出更广泛的裁决”。

【延伸思考】

1. 从欧共体特定海关事项案来看，可发现专家组对系争措施采用了较为严格的认定标准，上诉机构则采用了较为宽松的认定标准。有学者认为，如果对系争措施的认定过于宽松，将会使专家组审议范围扩大而影响效率；如果过于严格，将会有剥夺起诉方要求充分审议其案件的权利之危险。你认为对系争措施的认定严格一些还是宽松一些更有利于争端的积极解决？

2. DSU 第6.2 条规定：“应以书面形式提出设立专家组的请求。它应阐明是否已经进行磋商，确认争端中意见一致的各项具体措施，并提出一份简要概述足以明确说明作出该项投诉的法律依据。如果申请方请求设立的专家组具有标准职责范围以外的职责，书面申请应包括特殊职责的建议文本。”如何判断是否提出了“一份简要概述足以明确说明作出该项投诉的法律依据”。

三、课后习题

1. 甲、乙均为《解决国家和他国公民间投资争端公约》缔约国。甲国A公司拟将与乙的争端提交根据该公约成立的解决国际投资争端中心。对此，下列哪一选项是不正确的？(　　)

A. 该中心可根据A公司的单方申请对该争端行使管辖权

B. 该中心对该争端行使管辖权，须以A公司和乙书面同意为条件

C. 如乙没有特别规定，该中心对争端享有管辖权不以用尽当地救济为条件

D. 该中心对该争端行使管辖权后，可依争端双方同意的法律规则作出裁决

【答案】 A

【解析】

本题考查《解决国家和他国国民间投资争端公约》。

AB选项：1966年10月14日实施的《华盛顿公约》第25条规定：“中心的管辖适用于缔约国（或缔约国向中心指定的该国的任何组成部分或机构）和另一缔约国国民之间直接因投资而产生并经双方书面同意提交给中心的任何法律争端。当双方表示同意后，任何一方不得单方面撤销其同意。”根据上述法条，中心仅对争端双方书面同意提交给ICSID裁决的争端有管辖权。A选项错误，B选项正确。

C选项：1966年10月14日实施的《华盛顿公约》第26条规定“除非另有规定，双方同意根据本公约交付仲裁，应视为同意排除任何其他救济方法而交付上述仲裁。缔约国可以要求以用尽该国行政或司法救济作为其同意根据本公约交付仲裁的条件。”根据上述法条，中心的管辖权具有排他的效力，即一旦当事人同意在中心仲裁，有关争端不再属于作为争端一方的缔约国国内法管辖的范围，而属于中心的专属管辖。这表明，双方可以不用尽当地救济即可在书面同意的基础上将争端提交仲裁。C选项正确。

D选项：1966年10月14日实施的《华盛顿公约》第42条第1项规定：“一、仲裁庭应依照双方可能同意的法律规则对争端作出裁决。如无此种协议，仲裁庭应适用作为争端一方的缔约国的法律（包括其冲突法规则）以及可能适用的国际法规则。”根据上述法条，中心仲裁庭应依争端双方同意的法律规则对争端作出裁决。D选项正确。

综合上述分析，本题正确答案为A选项。

考点：

《关于解决各国和其他国家国民之间投资争端公约》

2. 根据《关于解决国家和他国国民之间投资争端公约》，甲缔约国与乙缔约国的桑德公司通过书面约定一致同意：双方之间因直接投资而产生的争端，应直接提交解决投资争端国际中心仲裁。据此事实，下列哪一选项是正确的？( )

A. 任何一方可单方面撤销对提交该中心仲裁的同意

B. 在中心仲裁期间，乙国无权对桑德公司行使外交保护

C. 在该案中，任何一方均有权要求用尽当地救济解决争端

D. 对该中心裁决不服的一方有权向有管辖权的法院提起撤销裁决的诉讼

【答案】 B

【解析】

本题考查解决投资争端国际中心的管辖。

A 选项：1966 年 10 月 14 日实施的《华盛顿公约》第 25 条第 1 款规定："中心的管辖适用于缔约国（或缔约国向中心指定的该国的任何组成部分或机构）和另一缔约国国民之间直接因投资而产生并经双方书面同意提交给中心的任何法律争端。当双方表示同意后，任何一方不得单方面撤销其同意。"当双方表示同意后，任何一方不得单方面撤销其同意。也就是说，东道国政府和投资人一旦都表示同意提交给解决投资争端国际中心管辖，那么任何一方不得单方面撤销同意，A 选项错误。

B 选项：1966 年 10 月 14 日实施的《华盛顿公约》第 27 条第 1 款规定："缔约国对于其国民和另一缔约国根据本公约已同意交付或已交付仲裁的争端，不得给予外交保护或提出国际要求，除非该另一缔约国未能遵守和履行对此项争端所作出的裁决。"B 选项正确。

C 选项：1966 年 10 月 14 日实施的《华盛顿公约》第 26 条规定"除非另有规定，双方同意根据本公约交付仲裁，应视为同意排除任何其他救济方法而交付上述仲裁。缔约国可以要求以用尽该国行政或司法救济作为其同意根据本公约交付仲裁的条件。"在本案中，案件已经交付仲裁，故可以认定当事人已经用尽了当地救济，故 C 选项错误。

D 选项：1966 年 10 月 14 日实施的《华盛顿公约》第 52 条第 1 款规定"任何一方可以根据下列一个或几个理由，向秘书长提出书面申请，要求撤销裁决：（一）仲裁庭的组成不适当；（二）仲裁庭显然超越其权力；（三）仲裁庭的成员有受贿行为；（四）有严重的背离基本程序规则的情况；（五）裁决未陈述其所依据的理由。"1966 年 10 月 14 日实施的《华盛顿公约》第 53 条第

1 款规定："裁决对双方具有约束力。不得进行任何上诉或采取除本公约规定外的任何其他补救办法。除依照本公约有关规定予以停止执行的情况外，每一方应遵守和履行裁决的规定。"根据上述法条，除非仲裁裁决符合撤销条件，一方向秘书长提交撤销裁决的申请，撤销该裁决以外，仲裁裁决具有终局性，不得上诉。D 选项错误。

综合上述分析，本题正确答案为 B 选项。

考点：

《关于解决各国和其他国家国民之间投资争端公约》

3. 关于《解决国家和他国国民间投资争端公约》和依其设立的解决国际投资争端中心，下列哪些说法是正确的？（　）

A. 中心管辖直接因投资引起的法律争端

B. 中心管辖的争端必须是关于法律权利或义务的存在或其范围，或是关于因违反法律义务而实行赔偿的性质或限度的

C. 批准或加入公约本身并不等于缔约国承担了将某一特定投资争端提交中心调解或仲裁的义务

D. 中心的裁决对争端各方均具有约束力

【答案】 ABCD

【解析】

本题考查《解决国家和他国国民间投资争端公约》。

A 选项：1992 年 7 月 1 日批准签署的《国家与他国国民投资争端公约》第 25 条第 1 款规定"一、中心的管辖适用于缔约国（或缔约国向中心指定的该国的任何组成部分或机构）和另一缔约国国民之间直接因投资而产生并经双方书面同意提交给中心的任何法律争端。当双方表示同意后，任何一方不得单方面撤销其同意。"A 选项正确。

B 选项：依世界银行董事会的解释，何为"投资"可以由争端当事方自主决定，公约没有必要进行解释或界定。关于"法律争端"，董事会报告则认为，"争端必须是关于法律权利或义务的存在或其范围，或是关于因违反法律义务而实行赔偿的性质或限度的"。B 选项正确。

C 选项：依照公约规定，中心仅对争端双方书面同意提交给 ICSID 裁决的争端有管辖权，而批准或加入公约本身并不等于缔约国承担了将某一特定投资争端提交中心调解或裁决的义务。C 选项正确。

D 选项：1992 年 7 月 1 日批准签署的《国家与他国国民投资争端公约》第 53 条第 1 款规定："一、裁决对双方具有约束力。不得进行任何上诉或采取除本公约规定外的任何其他补救办法。除依照本公约有关规定予以停止执

行的情况外，每一方应遵守和履行裁决的规定。”中心的裁决对争端各方均具有约束力，不得进行任何上诉或采取任何其他除本公约规定外的补救办法。D选项正确。

综合上述分析，本题正确答案为ABCD选项。

考点：

《关于解决各国和其他国家国民之间投资争端公约》

参考文献

［1］王传丽．国际经济法（第六版）［M］．北京：高等教育出版社，2018.

［2］陈安．国际经济法学新论（第五版）［M］．北京：北京大学出版社，2020.

［3］余劲松，吴志攀．国际经济法（第四版）［M］．北京：北京大学出版社，2014.

［4］莫世健．国际经济法［M］．北京：中国政法大学出版社，2008.

［5］董世忠．国际经济法［M］．上海：复旦大学出版社，2004.

［6］郭寿康，赵秀文．国际经济法（第五版）［M］．北京：中国人民大学出版社，2015.

［7］车丕照．国际经济法概要［M］．北京：清华大学出版社，2003.

［8］朱榄叶．国际经济法学［M］．北京：北京大学出版社，2005.

［9］曾华群．国际经济法导论（第二版）［M］．北京：法律出版社，2007.

［10］姚梅镇．国际经济法概论［M］．武汉：武汉大学出版社，1999.

［11］曹建明，贺小勇．世界贸易组织［M］．北京：法律出版社，1999.

［12］王贵国．世界贸易组织法［M］．北京：法律出版社，2003.

［13］何力．国际贸易法（第二版）［M］．上海：复旦大学出版社，2003.

［14］冯大同．国际贸易法［M］．北京：北京大学出版社，1995.

［15］汤树梅．国际经济法案例分析［M］．北京：中国人民大学出版社，2000.

［16］郭寿康，韩立余．国际贸易法［M］．北京：中国人民大学出版社，2000.

［17］余劲松．国际投资法［M］．北京：法律出版社，2007.

［18］王贵国．国际投资法［M］．北京：北京大学出版社，2001.

［19］吕岩峰，何志鹏，孙璐．国际投资法［M］．北京：高等教育出版社，2005.

［20］范剑虹．国际投资法导读［M］．杭州：浙江大学出版社，2000.

［21］龚柏华．国际金融法新论［M］．上海：上海人民出版社，2002.

［22］赵威．最新国际货币金融法［M］．北京：人民法院出版社，2002.

[23] 李仁真. 国际金融法 [M]. 武汉: 武汉大学出版社, 2005.

[24] 董世忠. 国际金融法 [M]. 北京: 法律出版社, 1989.

[25] 吴志攀. 国际金融法 [M]. 北京: 法律出版社, 1999.

[26] 范剑虹. 国际金融法导读 [M]. 杭州: 浙江大学出版社, 2001.

[27] 王贵国. 国际货币金融法 [M]. 北京: 北京大学出版社, 1996.

[28] 朱榄叶. 世界贸易组织国际贸易纠纷案例评析 (2003—2006) [M]. 北京: 法律出版社, 2008.

[29] 石广生. 中国加入世界贸易组织知识读本 [M]. 北京: 人民出版社, 2001.

[30] 高尔森. 国际税法 [M]. 北京: 法律出版社, 1992.

[31] 那力. 国际税法学 [M]. 吉林: 吉林大学出版社, 1999.

[32] 刘剑文. 国际税法学 [M]. 北京: 北京大学出版社, 2004.

[33] 张智勇. 国际税法 [M]. 北京: 人民法院出版社, 2002.

[34] 车丕照. 国际技术转让法 [M]. 吉林: 吉林大学出版社, 1999.

[35] 陈绍蓉. 国际技术转让法理论与实践 [M]. 北京: 人民出版社, 1997.

[36] 余敏友. 世界贸易组织争端解决机制法律与实践 [M]. 武汉: 武汉大学出版社, 1998.

[37] 郑成思. 世界贸易组织与贸易有关的知识产权 [M]. 北京: 中国人民大学出版社, 1996.

[38] 赵秀文. 国际商事仲裁及其适用法律问题研究 [M]. 北京: 中国人民大学出版社, 2005.

[39] 屈广清. 国际民事程序与商事仲裁法 [M]. 北京: 法律出版社, 2006.

[40] 陈安. 国际经济法学刊 [J]. (不定期出版, 中国国际经济法学会刊物), 北京: 北京大学出版社, 2019.

[41] [美] John H. Jackson. 关贸总协定和世贸组织的法理 (第二版) [M]. 韩永红译. 北京: 高等教育出版社, 2003.

[42] [德] 彼德斯曼. 国际经济法的宪法功能与宪法问题 [M]. 何志鹏、孙璐、王彦志译. 北京: 高等教育出版社, 2005.

[43] [英] 施米托夫. 国际贸易法文选 [M]. 赵秀文译. 北京: 中国大百科全书出版社, 1993.

[44] [美] 柔沃. 合同法 (第四版影印本) [M]. 北京: 法律出版社, 1999.

[45] [美] Brain J. Arnold, Michael J. Mcintyre. 国际税收基础 [M]. 张志勇译. 北京: 中国税务出版社, 2005.

[46] John H. Jackson and William J. Davey and Alan O. Sykes, Jr. Legal Problem of International Economic Relations [M]. Fourth Edition, Oxford University Press, 2002.

[47] Andreas F. Lowenfeld, International Economic Law, Oxford University Press, 2002.

[48] Asif H. Qureshi, Perspectives in International Economic Law, Kluwer Law International, 2002.

